◎ 2020年教育部产学合作协同育人项目（202002076037）

◎ 2020年教育部产学合作协同育人项目（202002134010）

◎ 2022年用友·新道数智产教协同实践创新课题（XD20220719）

U0583300

数字化创新

应用与管理实践

张 斌——著

APPLICATION AND
MANAGEMENT PRACTICE OF
DIGITAL
INNOVATION

经济管理出版社

ECONOMY & MANAGEMENT PUBLISHING HOUSE

图书在版编目（CIP）数据

数字化创新应用与管理实践/张斌著 . —北京：经济管理出版社，2022.8
ISBN 978-7-5096-8682-9

Ⅰ.①数…　Ⅱ.①张…　Ⅲ.①信息经济—研究—中国　Ⅳ.①F492

中国版本图书馆 CIP 数据核字（2022）第 156595 号

组稿编辑：杨　雪
责任编辑：杨　雪
助理编辑：王　慧
责任印制：许　艳
责任校对：王淑卿

出版发行：经济管理出版社
　　　　　（北京市海淀区北蜂窝 8 号中雅大厦 A 座 11 层　100038）
网　　　址：www. E-mp. com. cn
电　　　话：（010）51915602
印　　　刷：唐山昊达印刷有限公司
经　　　销：新华书店
开　　　本：720mm×1000mm/16
印　　　张：16
字　　　数：251 千字
版　　　次：2022 年 9 月第 1 版　　2022 年 9 月第 1 次印刷
书　　　号：ISBN 978-7-5096-8682-9
定　　　价：79.00 元

前　言

　　2010 年前后迎来的人类社会第三次信息化浪潮，尤其是移动互联网、云计算、大数据、人工智能、物联网、区块链等数字化技术的重大突破，使得数据在促进企业决策、传统产业升级、国家治理优化中的重要性逐渐得以凸显，"数据+算力+算法"这一数字化过程所催生的社会经济价值也越发凸显。埃森哲公司基于大量资料的分析研究显示，20 世纪 60 年代的社会经济价值主要来自于硬件，但进入 21 世纪后，作为传统价值主要来源的硬件正逐步被数字经济价值所超越。2017 年 1 月，世界经济发展论坛联合埃森哲公司发布的《数字化转型倡议报告》显示，消费品、汽车、物流等十个行业的数字化转型价值达数万亿美元，由此引发的所有行业的数字化转型，其社会经济价值将在 2025 年超过 100 万亿美元。

　　自 2008 年美国次贷危机爆发以来，全球经济经历了 20 世纪"大萧条"以来最严重的衰退和最漫长、最不平衡的复苏周期，呈现出"三低两高"（低增长、低利率、低通胀、高债务、高收入分配失衡）的新特征、新问题，我国经济也经历了"三期叠加"（经济增长速度换档期、结构调整阵痛期、前期刺激政策消化期）与中美贸易争端升级交织的调整期。因此，培育新动能、发展新经济也在近年来成为我国经济的热点话题。

　　在此背景下，从经济视角思考数字化并将数字化作为经济发展新动能而进行的思考和研究也越发深入，"互联网+""数字经济"等表述也在 2015 年以来的《政府工作报告》中屡次被提及，数字化驱动下的创新发展也被概括为"数字化转型"。尤其是 2020 年新冠肺炎疫情暴发后的疫情防控与复工复产"两手抓"，涌现出了远程办公、教学直播、远程医疗等一批推动经济恢复和发展的新业态和新模式，更是凸显出企业数字化转型的重要性。数字化正在成为国民经济发展的新动能，"数字经济"作为"新经济"的典型形态被寄予厚望。由此，一系列顶层制度设计也相继出台：2020年4月9日，中共中央、国务院印发《关于构建更加完善的要素市场化配置体制机制的意见》，其中明确提出数据是一种新型生产要素；2021年3月，中共中央公布的《中华人民共和国国民经济和社会发展第十四个五年规划和2035年远景目标纲要》中更是明确提出要"加快数字化发展，建设数字中国"；2021年12月12日，国务院印发的《"十四五"数字经济发展规划》是国家"十四五"规划的重要组成部分，是我国数字经济领域的首部国家级规划。

时至今日，2020年初暴发的新冠肺炎疫情依然严峻，对全球秩序和经济活动造成了冲击。我国经济更是因此承载了"六稳""六保"的巨大压力，供给侧结构性改革和需求侧管理的协调推进越发紧迫。与此同时，数字化技术与传统商业模式、传统产业、实体经济在不同层面的融合爆发出了巨大潜力，不仅被视为微观企业应对宏观不确定环境的唯一确定性，也被视为我国经济转型的突破口和驱动力。因此，如何壮大"数字化"这一新动能，推进数字化技术与实体经济的深度融合，充分发挥数字技术在构建"双循环新发展格局"、高质量发展经济以及全面推进共同富裕中的作用，无疑是当下的现实热点。

正是基于上述认识，本书借鉴技术创新经济学理论的研究范式，围绕如何充分发挥数字化技术的重要作用进行研究，从价值创造的逻辑和数字化的本质出发，提出了"数字化创新"是在数据创造价值的基础上，不同主体通过对其数字化资源进行重组，以产生新的产品、服务、流程、商业模式的价值创造活动。其中，从创新结果来看，数字化创新包括新产品、新服务、新商业模式等；从创新过程来看，数字化创新是数字化基础设施、数字技术、数据要素等的赋能或价值增值。在此基础上，本书结合当下我国经济所处的时代背景，分别从技术视角、宏观视角、中观视角、微观视角以及具体案例等几个维度来深入分析数字化创新的应用机理及发展现状，目的在于更加全面、深入认识数字化技术背景下的创新发展和经济持续增长的内在机理、关键要素或关键环节，从而为政府基于宏观层面的顶层制度设计、为企业基于自身做强做优的战略调整提供一些参考依据。具体的研究框架如图 0-1 所示。

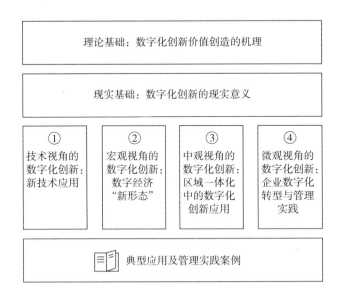

图 0-1　本书的研究框架

本书涉及的研究内容分为以下七个部分：

第一章是数字化创新价值创造的机理。本章阐述了数字化相关基本概念、数据创造价值的机理、数字化创新的价值创造路径，梳理了关于数字化发展与创新的相关理论与研究的逻辑和成果，目的在于进一步厘清数字化驱动创新发展的要素、路径和潜在风险。

第二章是数字化创新的现实意义。本章阐述了在当前全球大变局的背景下，我国经济发展现状以及所面临的构建"双循环"发展新格局和全面推进"共同富裕"等现实问题。在此基础上，进一步分析了数字化创新对于缓解或解决上述现实问题的内在机理。

第三章是技术视角的数字化创新：新技术应用。本章从数据获取、传输、存储、计算、分析、可信的数据全生命周期出发，全面阐述了新一代信息技术及其应用对数字化创新的促进作用，目的在于全面认识影响数字化创新成效的技术因素。

第四章是宏观视角的数字化创新：数字经济"新形态"。本章从数字化创新影响生产要素组合效率、重构生成函数而催生"数字经济"的宏观视角出发，分析了数字经济在全球主要发达国家和我国的发展现状与发展趋势，目的在于厘清数字化创新促进一国经济发展中的政府行为及其政策影响。

第五章是中观视角的数字化创新：区域一体化中的数字化创新应用。结合我国区域发展不协调不均衡的实际国情，本章从区域这一中观视角出发，阐述了数字化创新与区域协调发展的内在机理、主要载体和相关实证分析结果。在此基础上，对我国京津冀一体化、长三角一体化、西部大开发等区域协调发展战略推进中的数字化创新应用成效进行了梳理，目的在于总结出数字化创新促进区域一体化发展的关键要素。

第六章是微观视角的数字化创新：企业数字化转型与管理实践。本章从企业这一微观视角出发，基于对数字化创新提升企业管理效率、创新服务模式进而增强企业市场竞争力的认识，阐述了企业以数字化创新为重要抓手而进行变革促转型发展的动因、现状、关键环节及痛点，目的在于寻求企业应该如何在竞争激烈的市场环境下，充分挖掘并变现数据价值，从而通过数字化创新来培育并巩固自身的核心竞争力。

第七章是典型应用及管理实践案例。本章分别以第一、第二、第三产业中具有代表性的农业、制造业、金融业和公共服务业为例，重点介绍了数字化创新应用于传统产业、促进传统产业转型升级的实践案例，目的在于展示数字化创新在多产业多领域内的应用成效，也从侧面反映了数字化创新的普惠性和泛在性特征。

综上所述，本书立足于数据化创新在不同层面、不同领域的应用，力求全面且深入浅出地介绍数字化技术与实体经济融合并产生裂变，促进实体经济创新发展的内在机理、实施路径、产生效果。较之现有的同类研究，本书的主要特点在于以技术经济范式理论为基础，将数字化技术、价值创造与创新发展紧密结合并提出了"数字化创新"这一命题，在此基础上，聚焦现实问题，进一步探索数据作为一种新型生产要素将如何通过新一代信息技术来深刻改变传统企业的商业模式，以及如何影响当下的我国经济和社会发展。因此，本书不仅适合于相关理论工作者，还适合于企业管理者和政策制定者。但囿于笔者自身的认知和实践，再加上新一代信息技术的持续迭代升级、当今世界处于百年未有之大变局、我国经济步入新阶段等诸多的不确定性，本书对于数字化创新应用的认识可能并不充分，不免会有局限性，后续我们将持续跟踪、深入研究，以进一步完善研究成果。在此，也恳请社会各界提出宝贵意见和建议。

此外，在本书的撰写过程中，得到了中原证券股份有限公司首席经济学家邓淑斌博士的大力支持，她对数字经济和管理创新的认知使笔者受益颇丰，同时为本书提供了部分数据资源，并对本书的架构提出了建设性意见，在此笔者深表感谢！

张　斌

2022 年 3 月

目　录

第一章 数字化创新价值创造的机理

第一节 数字化相关基本概念界定

一、数字化与信息化

"数字化"首先是一个技术概念，是一种使用"0"和"1"两位数字编码来表达和传输一切信息的综合性技术，是信息处理及信息化的更高发展阶段，这一阶段在尼古拉·尼葛洛庞帝（Nicholas Negroponte）的《数字化生存》一书中被称为"后信息化时代"。

从信息时代信息化、数字化两个阶段的主要特征来看，信息化与数字化的核心区别在于对数据的管理和应用，具体如表 1-1 所示。

表 1-1　信息化阶段和数字化阶段的主要特征

阶段	主要特征
信息化阶段	1. 这一阶段的人类交易、沟通、协作、生产等活动以物理世界为主，少量活动借助于 IT 技术手段进行改善或提升效率； 2. 信息化是线下物理世界活动的支撑，是一种工具，不改变物理世界活动本质及其思维模式； 3. 信息化下的 IT 系统建设的核心是业务流程，软件系统只是一种工具，而数据则是软件系统运行过程中的副产品

阶段	主要特征
数字化阶段	1. 这一阶段是利用数字化技术（云计算、大数据、人工智能、区块链等）将物理世界重新构建于数字化世界（也即，将物理世界在计算机系统中仿真虚拟出来），人类的大部分活动及交互是通过数字技术在数字化世界中进行（如手机微信时刻更新着社交信息、智能穿戴设备随时记录运动数据），少量决策指挥信息在物理世界通过设备和机器完成操作，人与人之间的沟通协作以数字化世界为核心，以物理世界作为辅助和补充； 2. 数字化不仅是技术实现的过程，还是一种思维模式，更是业务本身。数据是物质世界在数字世界的投影，是分析人类活动进而改善人类活动的基础（也即一种与技术并列的生产要素）； 3. 流程和软件系统是产生数据的过程和工具

资料来源：笔者根据相关文献收集整理。

（1）信息化是通过信息技术（Information Technology，IT）系统对物理世界的人类活动进行少部分或局部优化、改进的技术，在一定程度上提高了活动效率，但缺乏对活动中产生数据的规划管理，进而限制了对活动相关信息的获取和利用。

（2）数字化是通过 IT 系统将物理世界的人类活动（交易、协作、管理等）进行仿真、虚拟并重构于数字化世界，由于人类大部分活动及交互均是通过数字技术在数字化世界中进行，活动中产生的数据就可以被更加有效地管理，并形成更多有用信息为人类活动决策提供参考，从而不仅可以提升人类活动的效率，还可能催生出新的业务模式或商业模式。

（3）相比较而言，信息化没有改变业务本身，其核心是业务流程，软件系统是实现流程的一种工具，数据则是软件系统运行过程中的副产品；数字化就是业务本身，其核心是数据，流程和软件系统则是产生数据的过程和工具。

二、数据与数据化

如上所述，信息化阶段与数字化阶段的主要区别在于对数据（Data）的应用与管理。在大数据时代，数据的重要性不言而喻，但关于数据的定义却尚未统一，就笔者所涉猎的文献来看，至少有如下六种：①1946 年，Data 一词首次被用于明确表示"可传输和可存储的计算机信息"；②美国质量学会（American Society for Quality，ASQ）将数据定义为"收集的一组事实"，美国资深数据质量架构师劳拉·塞巴斯蒂安-科尔曼进一步引申后提出："数据是对真实世界的对象、事件和概念等被选择的属性的抽象表示，通过可明确定义的约定，对其含义、采集和存储进行表达和理解"；③数据资产管理协会（Data Asset Management Association，DAMA）认为"数据以文本、数字、图形、图像、声音和视频等格式对事实进行表现"；④国际标准化组织（International Standardization Organization，ISO）认为"数据是以适合于通信、解释或处理的正规方式来表示的可重新解释的信息"；⑤新牛津美语词典（New Oxford American Dictionary，NOAD）将数据定义为"收集在一起的用于参考和分析的事实"；⑥麻省理工学院（Massachusetts Institute of Technology，MIT）在20世纪80年代建立的全面数据质量管理项目中，将数据视为业务流程和信息系统的产物进行管理。

因此，可以将数据简单归纳为一种表示符号，是对现实或事实的反映。数据使用约定俗成的关键字，对客观事物的数量、属性、位置及其相互关系等进行抽象表示，以适合在相关领域中用人工或自然的方式进行保存、传递和处理。从这个意义上讲，数据是形成信息、知识和智慧的源头，是人机对话的基础语言。在数据应用过程中需要注意：①数据不等同于现实或事实，只是对现实世界的抽象，只有在符合一定要求的前提下才能准确反映现实；②真实、准确是对数据的最基本要求，因为数据要支持分析、推理、计算和决策；③对于不同类型或不同场景下的数据，需要采取不同的存储与管理方式，要遵循特定的规范和标准。

数据化是指通过记录、分析和重组数据后，对业务指导的过程。简言之，数据化就是对数字化的信息进行条理化，通过智能分析、多维分析、查询回溯，为决策提供有力的数据支撑。数据化的核心内涵是对数据的深刻认识和本质利用，最直观的数据化就是企业各式各样的报表和报告。对企业而言，数据化是基于大量的运营数据（如信息化系统记录的数据），对企业的运作逻辑（管理经验）进行数学建模、优化，从而指导企业的经营管理持续优化。

三、智能化与数字化

"智能"是智慧和能力的总称，"多元智能理论"之父——霍华德·加德纳在其1983年发表的《心智的架构》一书中提出，人类的智能至少包括语言智能、数理逻辑智能、空间智能、肢体运动智能、音乐智能、人际智能、内省智能七个范畴，其在 1995 年进一步将"自然探索智能"也纳入到人类的智能范畴中。"智能化"是指事物在计算机网络、人工智能、大数据、物联网等技术的支持下，所具有的能满足人的各种需求的属性。在技术的支持下，通过智能化，事物或对象具备了灵敏、准确的感知功能、正确的思维与判断功能、自适应的学习功能和行之有效的执行功能，从而可以自动、自主地完成工作。具体操作中的智能化是将决策机制模型化后，由系统直接进行决策并直接指挥事物或对象。事物或对象接到指令后可以自动执行，从而提升管理人员（人工）决策和执行的效率。在现实生活中，人工智能（使机器系统能够完成一些通常需要人类智慧才能完成的复杂任务的技术和方法论）是实现智能化的主要途径。

简言之，"智能化"是在"数字化"基础上，依托信息管理系统，形成"数据—信息—知识—决策—执行"的闭环，从而实现从人工到自动、从自动到自主执行的决策执行动作。由此可见，"智能化"是对数字化产生结果的应用，其对于各项技术及基础设施的要求更高，是数字化的更高级发展阶段，也是信息化、数字化、数据化最终的目标，各阶段对比如表 1-2 所示。

表 1-2　信息化、数字化、数据化、智能化的简要对比

名称	聚焦点	说明
信息化	聚焦业务流程管理	传统业务中的流程和数据通过计算机信息系统处理后，业务流程进一步固化或标准化，从而提高基层人员的工作效率
数字化	聚焦业务资源重构与调用	基于数字技术所提供的赋能，让业务和技术真正产生交互与融合，从而变革传统商业运作模式
数据化	聚焦执行层面	将数字化的信息进行条理化，通过智能分析、多维分析、查询回溯，为决策提供有力的数据支撑
智能化	聚焦工作过程的自动、自主应用	使对象具备灵敏、准确的感知功能，正确的思维与判断功能，自适应的学习功能，以及行之有效的执行功能而进行的工作

资料来源：笔者根据相关文献收集整理。

四、数字化技术与数字化转型

数字化技术（Digitization Technology，DT）是指将许多复杂多变的信息运用"0"和"1"两个数字编码转变为可以度量的数字、数据，并通过计算机、光

缆、通信卫星等设备进行统一处理（存储、处理和传输）的技术，具有高速、高效、高新的特点。"数字化技术"具有狭义和广义之分。狭义的数字化技术是指将信息转换成二进制数字格式的过程，包括数字编码、数字压缩、数字传输、数字调制解调等技术，并融合了网络通信技术、计算机视觉技术、现代控制技术等现代化技术。广义的数字化技术则是指赋能企业商业模式创新和突破的核心力量，包括人工智能、大数据、云计算、物联网和区块链等技术。数字化技术的发展和应用，使得各类社会生产活动能以数字化方式生成可记录、可存储、可交互的数据，并由此形成更有用的信息和知识。数据也由此成为新的生产资料和关键生产要素，从而催生出了"数字经济"。

关于数字化转型的内涵，不同机构从不同视角有不同的阐述，如表1-3所示。但归纳起来至少可以从三方面认识数字化转型：①数字化转型的前提是数字技术（以人工智能、大数据为代表的新一代信息技术）与业务深度融合；②数字化转型的主线是将业务、运营、人员（包括员工和客户）的数字化贯穿到全业务链，实现全业务链数据的汇总、管理和分析，以便为组织的经营决策提供数据支撑；③数字化转型的目标是通过大数据的分析，重构流程、重构用户体验、重塑模式，实现业务转型和创新发展，即实现转型目标的驱动力是"数据驱动"。

表1-3　不同机构对数字化转型的表述

机构	文献	数字化转型表述
国际数据公司（International Data Corporation，IDC）	—	数字化转型是指利用数字技术，驱动组织的商业模式创新和商业生态系统重构的途径和方法，从而实现企业的转型、创新和增长
麦肯锡	《2018年BCG全球挑战者——数字化驱动：一日千里》	全球挑战者应用数字化技术进行数字化转型有四大特征：①使用工业4.0和服务4.0等新兴技术来提高生产力、优化核心业务；②密切关注数字化参与度高的客户和消费者，专注于数字化的客户体验，提供个性化的服务、强化客户参与度，与客户建立长期合作关系；③追求商业模式创新，涉足全新的数字商业领域，建立新模式以打破现有的价值池；④嵌入"数字驱动器"，不限于应用数字化技术，而是在整个组织中嵌入新技术为自身赋能

机构	文献	数字化转型表述
IBM	《企业面临数字化重塑》	数字化的颠覆主要体现在它不仅影响客户和市场、行业和经济以及价值链，还影响整个价值体系。此外，它还与体验和互动、营销和配送、运营和生产以及组织、协同与合作激烈碰撞
Infor	—	数字化转型，是指通过重构业务、创造新的数据驱动的模式交付更好的体验、服务和产品，提高运营效率、提升客户和员工的参与度
国务院发展研究中心课题组	《传统企业数字化转型的模式与路径》	数字化转型就是利用新一代信息技术，构建数据的采集、传输、存储、处理和反馈的闭环，打通不同层级与不同行业间的数据壁垒，提高行业的整体运行效率，构建全新的数字经济体系。"数字经济"中的"数字"根据数字化程度不同，可以分为三个阶段：信息数字化、业务数字化、数字转型
华为	—	数字化转型是通过新一代数字技术的深入运用，构建一个全感知、全连接、全场景、全智能的数字世界，进而优化再造物理世界的业务，对传统管理模式、业务模式、商业模式进行创新和重塑，实现业务的成功
阿里研究院	—	数字化转型的本质：在"数据+算法"定义的世界中，以数据的自动流动化解复杂系统的不确定性，优化资源配置效率，构建企业新型竞争优势

简言之，数字化转型是以数据为核心，通过技术与业务的深度融合，将企业的数据资产进行梳理、集成、共享、挖掘，从而帮助企业管理者发现问题、优化决策，进而驱动创新与转型发展。

埃森哲公司（Accenture）针对数字化技术对各行各业的影响程度而建立的可颠覆性指数显示，在全球18个行业、106个细分市场、约1万家上市企业的样本中，89%的企业数字化颠覆程度正在加速，其中：①高科技、软件平台类企业的颠覆已经完成，这类行业中没有转向数字化的企业基本上已经倒闭；②生命科学、医疗保健、化工等领域企业的数字化颠覆程度虽然存在，但是不足以颠覆其行业的核心本质，数字化更多的是在前端提升客户体验、后端提升运营效率；③基础设施、保险行业、银行等领域的企业，除了一些个性化的服务还需要人工支持，其余大量流程性或重复性的工作都会被数字技术所取代。因此，对于多数行业和企业来说，必须要考虑到如何结合行业特征和企业的核心能力进行数字化转型。数字化转型不再是一个选择项，而是一个必选项。

进一步的分析显示，数字化之所以能够颠覆传统模式，就在于它所拥有的"五全"特征（全空域、全流程、全场景、全解析、全价值），具体如下：①"全空域"是指打破区域和空间障碍，从天到地、从国内到国际可以泛在地连成一体；②"全流程"是指关系到人类所有生产、生活流程中的每一个时点、每天24小时都在不停地积累信息；③"全场景"是指跨越行业领域，把人类所有生活、工作中的行为场景全部打通；④"全解析"是指通过人工智能的数据收集、分析和判断，预测人类的行为信息，进而产生不同于传统的全新认知、全新行为和全新价值；⑤"全价值"是指打破单个价值体系的封闭性，并且能贯穿所有价值体系，进一步整合与创建出新的巨大价值链。

第二节　数字化相关的创新与价值创造

一、价值创造与创新发展的内在联系

1. 价值创造及其实现途径

在许多社会科学学科中，价值都是核心或基本的概念。在哲学中，价值代表的往往是终极追求；在马克思主义政治经济学中，价值是人类一般劳动的凝聚，是商品交易的基础；在西方古典经济学中，价值则是消费者对效用的主观评价；在企业财务理论中，价值通常是指企业在资本市场上的市值；在企业战略理论中，"卖方"（供给）角度的价值是产品（服务）本身的功能属性、是向顾客提供的客观利益，"买方"（需求）角度的价值是顾客对产品（服务）为其带来利益的评估，供给需求一体化角度的价值则是主客观因素的统一。随着经济全球化以及资本市场的不断创新，企业价值逐步代替利润成为衡量企业经营管理成效的标志，也成为企业获得新的资源投入从而获得新发展机会的最主要的前提条件。因此，价值创造逐渐成为企业生存的最佳模式，相关的理论研究也逐渐深入。其中较为有影响力的是价值链管理理论和迈克尔·波特（Michael Porter）在其经典著作《竞争战略》中提出的"价值链模型"。

价值链模型是一个将公司的活动按其对成本及价值创造的影响分解为各种战略重要性活动的分析框架。波特认为，要达到价值创造的目的，公司的各项活动都是不可缺少的，但具体到某一项或多项活动是价值创造活动还是成本驱动因素，则要进行具体分析。为此，应将公司的活动分解为不同的具体活动，这些活动的组合创造出对顾客有价值的产品，从而既形成了公司的竞争优势，又增强了公司的价值创造力。波特将公司的活动分为基本活动和辅助活动两大类。其中，基本活动是指在物质形态上制造产品，销售和发送至客户手中以及售后服务中所包含的种种活动；辅助活动是指技术开发、人力资源管理、企业基础设施等活动。在价值链理论的基础上，学者们又相继提出了商品链、全球商品链、知识价值链、虚拟价值链等相关概念，这一过程也是知识、信息和数据等非实物性质的资源在价值创造中的作用逐步被认识和重视的过程。

价值链管理理论认为，企业的任务就是不断地创造价值，企业就是一系列创造价值和支持价值创造的功能活动的集合。企业创造价值的过程就是由一系列互不相同，但又相互联系的增值活动（波特所言的基本活动和辅助活动）所组成，通过有效管理组成企业价值链的内部活动可以创造竞争优势。对企业价值创造效能或价值创造力的衡量有不同维度，一般最为常用的基本工具是现金流评估法，即企业价值 $V = \sum_{t=1}^{n} \dfrac{CF_t}{(1+r)^t}$，若进一步假定企业永续经营，自由现金流和营业利润均以固定比率 g 增长，则有企业价值 $V = \dfrac{FCF_{t=1}}{WACC-g}$，式中，$FCF_{t=1}$ 为期初自由现金流（是指扣除新增资本投资后企业核心经营活动产生的现金流），$WACC$ 为加权平均资本成本。

考虑到：自由现金流（FCF）＝扣除调整税后的净营业利润（$NOPLAT$）－净投资；净投资＝扣除调整税后的净营业利润×投资率（IR）；投资率（IR）＝营业利润增长率（g）/投资回报率（$ROIC$）。因此，可将企业价值的评估或价值创造力的衡量进一步分解表述为：$V = \dfrac{NOPLAT_{t=1}\left(1 - \dfrac{g}{ROIC}\right)}{WACC - g}$，这一公式说明了影响企业价值创造力的主要决定因素（Value Driver，也称为"价值驱动因素"）包括期初扣除调整税后的净营业利润、投资回报率、加权平均资本成本、每年营业利润和现金流的增长率四个指标，其中：①企业价值的高低与加权平均资本成本（$WACC$）负相关、与投资回报率（$ROIC$）正相关；②加权平均资本成本（$WACC$）依赖于企业的融资渠道和融资决策；③投资回报率（$ROIC$）依赖于企业的资金或资源配置效率，其大小反映了企业有限的资源是否实现了效益最大化配置，而这一指标也是企业运营及决策等管理效能的综合反映。

综上所述，价值创造包括了生产力的提高、利润的改善、成本的降低、竞争优势和企业绩效的提升等（Hitt and Brynjolfsson，1996），这一过程也是企业价值增值的过程。现实中，价值创造至少来源于两类途径：一类是改善传统生产工艺和技术、优化资源配置、降低成本；另一类是增加新产品、新服务。如果从生产力与生产关系的辩证关系这一视角来思考，则价值创造或价值增值的途径一方面是通过新技术、新工具来提高生产力；另一方面则是通过优化企业内部的组织架构、流程、机制等方式改善生产关系。

2. 创新与价值创造的内在联系

根据笔者所涉猎的相关研究文献，"创新理论"最早是由熊彼特在其《经济发展理论》这一专著中提出的。在《经济发展理论》一书中，熊彼特不仅定义了创新，还把创新与企业家、创新与经济发展以及经济周期紧密相连。

关于"创新"的定义，熊彼特在《经济发展理论》一书中首先提出：创新不同于发明，创新要实际应用；创新是一种市场行为，要接受市场的检验，要遵循投入和产出的规律；创新是生产手段的新组合，主要包括五种情形：①采用一种新的产品，也就是消费者还不熟悉的产品或一种产品的新特性；②采用一种新的生产方法，也就是在有关的制造部门中尚未通过经验检定的方法，这种新的方法并不需要建立在科学新发现的基础之上，并且可以存在于在商业上处理一种产品的新的方式之中；③开辟一个新的市场，也就是有关国家的某一制造部门以前不曾进入的市场，不管这个市场是否存在过；④掠取或控制原材料或半成品的一种新的供应来源，而不问这种来源是已经存在的还是第一次创造出来的；⑤创造出一种新的企业组织形式，比如形成一种垄断地位（如通过"托拉斯化"），或打破一种垄断地位。

关于创新与经济发展和经济周期的关系，熊彼特在《经济发展理论》一书中提出：发展是经济生活中的内生现象，是通过一个个引领经济发展的周期完成的；发展是创新的结果、创新的函数，创新是"生产函数的变动"，并且这一函数无法分解为无限小的步骤。从这个意义上讲，创新是经济发展中的一种质的变化，是经济发展的根本现象。在熊彼特看来，创新诞生了新的产业，打破了旧有的均衡，这一过程的周而复始导致产业不断升级并引领经济高质量发展。根据熊彼特的考察，人类经济发展的重大创新引发了经济发展过程中的长周期，从而使得人类经济生活发生了里程碑式的改变。同样研究经济周期的西蒙·库兹涅茨在其《生产和价格的长期运动》一书中，对新技术的出现如何引领经济周期和经济发展做出了与熊彼特完全一致的论述。

关于创新与企业家的关系，熊彼特认为：首先，只有在市场经济下才有持续不断的创新，只有企业家才能完成新组合，创新的主体是企业家；其次，作为创新者的企业家要克服惰性，要善于战胜自我，善于打破习惯的力量，要存在征服的意志和冒险的精神。与此相似，凡勃伦在其《企业论》一书中也提出了企业家在工业体系中居于中心地位。专门研究创新与经济发展的威廉·鲍莫尔在其《资本主义的增长奇迹》一书中也指出：企业家能够大胆而又富有想象力地突破现行商业模式和惯例，不断寻求各种机会推出新的产品和新的工艺，进入新的市场并且创造新的组织形式。

因此，结合涉猎的相关研究文献，笔者认为，关于创新的内涵及特征可以概括为：第一，创新就是一种资源的组合或配置，主要包括新市场、新原料、新产品、新技术和组织管理创新；第二，创新是"生产函数的变动"，这一函数变动的过程就是价值创造的过程，即"创新"这一市场行为本身就意味着"价值创造"，但两者并不等同，"创新"对"价值创造"而言是一种充分条件而非必要条件。

二、数据与数据价值链的价值创造机理

1. 数据创造价值的内在机理

由于人总是有欲望和需求的，并且追求多种欲求的同时满足，由此创造出了市场、社会、企业三类内在运行逻辑不同，但相互之间互补共生的交换系统。其中，企业是其组织成员为满足各自需求而创造出的一个集团交换系统，它通过与市场和社会的交换活动（企业的活动在市场中要考虑经济效率，在社会中要考虑和谐公正），来维持自身的存续和成长。因此，作为一种配置资源的组织，企业竞争的本质就是资源配置效率的竞争——在不确定性和资源稀缺的客观环境下追求最小化的交易费用和最大化的产出或价值。

随着一次次的信息化浪潮和在此期间数据生成方式的变革，人类社会认识客观世界的方法论也依次经历了"观察+抽象+数学"的理论推理、"假设+实验+归纳"的实验验证、"样本数据+机理模型"的模拟择优、"海量数据+大数据分析模型"的大数据分析四个阶段演进（见表1-4）。数据要素在帮助人类应对不确定性、提升认知水平方面的重要性越发凸显，其价值在于重建了人类对客观世界理解、预测、控制的新体系、新模式。在需求日益碎片化、个性化、场景化、实时化的当下，企业资源优化配置的科学性、实时性、有效性也更加依赖于在正确的时间，以正确的方式，把正确的数据传递给正确的人和机器。

表 1-4　人类认识客观世界的方法论演进

发展阶段	典型案例	发展时间	关键要素	主要特点
理论推理	牛顿定律、爱因斯坦相对论	19世纪末发展到极致	观察+抽象+数学	依赖于少数天才科学家严密的逻辑关系
实验验证	爱迪生发明灯泡	16世纪文艺复兴开始萌芽，20世纪伴随着工业化进入鼎盛时期	假设+实验+归纳	依赖于设备材料的高投入，实验过程大协作、长周期，可以直观地验证结果
模拟择优	波音777研发周期缩短（基于模型的企业 Model-Based Enterprise，MBE）	20世纪80年代	样本数据+机理模型	依赖于高质量机理模型的支撑，机理模型和实验验证的协同，投入少、周期短

续表

发展阶段	典型案例	发展时间	关键要素	主要特点
大数据分析	美国通用电气公司风电设备提高2%发电量	21世纪初	海量数据+大数据分析模型	依赖于海量数据的获取，计算、存储资源的低成本和高效利用，数据驱动的价值创造

资料来源：李纪珍，钟宏．数据要素领导干部读本［M］．北京：国家行政管理出版社，2021．

现实中，数据生成方式的变革导致数据作为一种要素融入到劳动、资本、技术等每个单一要素后，不仅将促进上述传统单一要素的生产效率提高，还将促进上述传统要素之间的资源配置效率的提高，推动传统生产要素革命性聚变与裂变，数据产生方式的演变如表1-5所示。这一过程中，数据要素创造的价值不是数据本身，而是数据与基于商业实践的算法和模型聚合后（这一聚合也是数字化技术与业务融合的数字化过程）所释放出的价值创造力。因为基于"数据+算力+算法"可以对物理世界进行状态描述、原因分析、结果预测、科学决策，从而可以将正确的数据（所承载的知识）在正确的时间传递给正确的人和机器，以信息流带动技术流、资金流、人才流、物资流，优化资源的配置效率，实现价值创造并促进创新发展。因此，数据的价值创造离不开企业具体的生产活动，数据是伴随企业生产活动的各个环节而不断流动的。

表1-5　数据产生方式的演变

阶段	数据生成方式	主要特点
第一阶段	运营式系统下的被动生成	数据伴随着运营活动而产生，并记录于数据库中，数据产生具有被动性
第二阶段	用户原创内容下的主动生成	以博客、微信、微博等自助服务模式为主的Web2.0技术，使得上网用户成为内容生产者，再加之智能手机等移动设备的广泛应用，使得"用户原创内容"不断被储存、加工和传输，大大丰富了互联网世界的公开数据，这一阶段的数据产生具有主动性的特点
第三阶段	感知式系统下的自动生成	物联网中包含的传感器、视频摄像头等设备时时刻刻都在自动生成更密集、更大量的数据，即物联网的发展促使人类社会的数据量实现了质的飞跃

资料来源：林子雨．大数据导论——数据思维、数据能力和数据伦理［M］．北京：高等教育出版社，2020．

因此，数据创造价值的逻辑在于"数据+算力+算法"的组合在促进数字技术与业务融合后激活了其他要素——这正是数字化的过程，如图 1-1 所示。这一过程不仅提高了产品、商业模式的创新能力，还激活了个体及组织的创新活力，用更少的物质资源创造了更多的物质财富和服务。仅以移动支付会替代传统ATM 和营业场所为例，根据波士顿咨询（Boston Consulting Groupin，BCG）的估计，过去十年由于互联网和移动支付的普及，我国至少减少了 1 万亿传统线下支付基础设施建设。

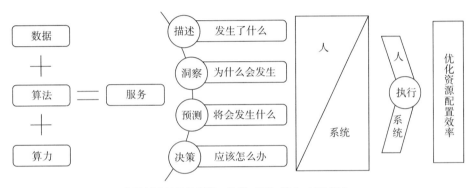

数据创造的价值逻辑：数据+算法+算力=四种服务

图 1-1　数据创造价值的逻辑

资料来源：李纪珍，钟宏．数据要素领导干部读本［M］．北京：国家行政管理出版社，2021.

2. 数据价值链的特征及其价值创造机理

随着数据对价值创造重要性的不断提高，数据沿着生产链条的流动也引起了学者的关注，传统价值链理论被拓展为数据价值链。米勒（Miller）和彼得（Peter）认为数据价值链是由从数据获取到做出决策的整个数据管理活动、提供支撑辅助的各种利益相关者和相关技术构成的框架，并将其划分成数据发现、数据集成和数据探索三大过程。古斯塔夫森（Gustafson）和芬克（Fink）将数据价值链划分为数据获取、数据存储、数据分析及数据应用四个基本阶段。与之类似的研究还有库瑞斯塞恩（Kriksciuniene）等提出的四环节模型和库里（Curry）提出的五环节模型。简言之，国内外学者多从数据生命周期的角度来定义并分析数据价值链，将其概括为数据从生成到利用（利用时会创造经济价值）的一系列环节。因此，从这个意义上讲，数据价值链是沿着企业生产链条数据流动与价值创造相伴而动的过程，价值创造的每一个环节都涉及数据的生产、传输、收集、储存、分析和利用。

数据价值链与传统价值链一样都关注沿着企业生产过程的价值创造，但二者在关注重点、流动方向、资源配置范围、推动因素等方面均存在如下差异性：首先，在关注重点方面，传统价值链关注以有形形态存在于各种基本生产活动中，这些生产活动一环扣一环地向最终交付并实现产品和服务的价值演进；数据价值链则关注数据在生产过程及各生产经营部门的流动中，与生产工具、生产要素相结合后创造出的价值。其次，在流动方向方面，传统价值链中的物质产品、服务等有限的信息沿着生产过程单向流动；数据价值链中的数据呈现出多向流动的特点，包括正向数据流动、逆向数据流动、环节内数据流动、外部数据注入，并形成流动的闭环。再次，在资源配置范围方面，传统价值链侧重于企业内部资源的配置，而数据价值链突破了企业组织边界的限制，供应商、用户、政府、互联网平台及其他企业的数据都能够通过与企业内部数据的连接交互或关联来创造价值。最后，在驱动因素方面，传统价值链的价值创造主要依赖于行业特定的知识和技术（如优化生产线或工艺参数）来驱动，而数据价值链则是行业特定技术与作为通用目的技术的新一代信息技术（物联网、移动互联网、云计算、大数据和人工智能等）高度融合来创造价值，这一过程中的信息技术起到了行业特定技术价值创造的放大器、加速器作用。

在数据价值链中，数据既有沿着生产方向的正向流动，同时也存在生产的后续环节向前向环节的反馈，形成全流程的数据闭环。这一过程中的数据价值创造机理体现在研发、制造、营销、服务等生产环节（见表1-6）。从中也可以看出，数据价值链的价值创造力或效能除受到数据数量、数据质量的影响外，还与数据在生产链条中流动而体现出的数据的精细化程度（颗粒度）、时效程度（鲜活度）、连接程度以及对数据的反馈度、响应速度、加工度等因素有较大关系。因此，数据价值链价值创造作用的发挥离不开新一代信息技术的发展与新型数字基础设施的支撑。

表1-6 不同生产环节的数据价值创造

环节	数据的价值创造机理
研发环节	一是提高研发效率，降低研发成本。在人工智能技术支持下对研发数据进行分析，可以大幅缩减企业的研发周期，降低研发成本。二是提高研发针对性，降低研发风险。通过对用户购买、搜索、使用、评价等各方面海量数据的收集和分析，企业能够更准确地了解用户喜好、预测需求变化，从而提升市场化导向的研发活动的精准度
制造环节	一是提高生产线局部的效率。通过对积累的产业知识的软件化或者通过机器学习掌握生产过程中的规律，可以用人工智能系统替代过去机械化或人工从事的工作，大幅提高设备运行效率。二是通过整个制造过程的数字化、智能化，实现数据和算法驱动下的智能制造。三是通过对生产过程各种设备、各个环节产生的数据进行分析，进行参数优化，降低物料损耗。四是通过对销售、库存等供应链各环节数据的追踪和实时分析，合理安排物流采购和生产排产，实现产销精确对接
营销环节	大数据的普遍采用使得用户，特别是个人消费者在互联网上的活动产生大量可以被记录的信息，通过进一步的用户画像分析，可以将商品信息更精准地传递给用户并使用户产生购买意愿
服务环节	数据价值链为生产企业更好地优化增值服务提供了条件。通过对产品运行状况、用户使用状态的实时数据分析，企业可以提供远程监控、预防性维护等服务，为用户提供更加贴心、个性化的使用建议，从而改善用户体验、提高用户满意度；通过对用户需求的实时响应，使产品基于软硬件结合为用户提供个性化的功能，实现"千人千面"的差异化

资料来源：李晓华，王怡帆. 数据价值链与价值创造机制研究［J］. 经济纵横，2020（11）：2+54-62.

三、数字化创新及其价值创造的主要特征

伴随着企业数字化实践的深入，学术界关于数字技术对创新及价值创造影响的关注和研究逐步增多，由此也有了所谓的"数字化创新"概念，相关研究可以从以下四个方面进行探讨：

一是Yoo（2010）、Jahanmir和Cavadas（2018）、Nambisan等（2017）从创新的结果出发，基于服务主导逻辑、价值共创、技术可供性的理论视角，将数字化创新定义为数字组件和物理组件的重新组合以产生新产品、新服务、新商业模式。这一创新过程是通过数字化资源为现有的非数字产品和服务添加新属性而实现的。

二是Boland（2007）等从创新的过程出发，基于创新扩散、技术接受、意义建构等理论或模型视角，将数字化创新定义为企业使用新的数字化渠道、工具和

相关方法来改善企业的运营。这一创新过程是通过数字化资源应用于流程管理、项目管理、信息管理、沟通工具从而提高企业创新的效率。

三是 Fichman 等（2014）、Abrell 等（2016）、Huang 等（2017）结合创新的过程和结果，基于生态系统和架构的视角，将数字化创新定义为重组数字化资源的过程，是对层次模块架构中的数字组件进行重组从而为用户或潜在用户创造新的使用价值。这一过程产生了新产品、新服务、新流程、新商业模式。

四是对于数字化资源的特性，Yoo 等（2012）认为数字技术的可供性使得创新呈现出生成性和融合性两个基本特征；Yoo（2010）、Abrell 等（2016）认为数字化为物理组件带来了可重编程、可寻址、可感知、可交流、可储存、可追溯、可关联 7 个特性；谢卫红等（2020）认为数字技术使得创新结果具有了计算机、互联网、传感器的功能，从而呈现出可计算、可通信、可感知的技术特征和创新平台化、创新组合化、创新分布化的管理特征。

从上述对现有研究文献的梳理和进一步归纳可以看出，传统的 IT 创新与数字化创新相比较，二者的区别主要在于：首先，产生背景不同。IT 创新出现于互联网、企业信息系统诞生时期；数字化创新产生于 3D 打印、区块链、大数据、云计算、人工智能技术快速发展的情境下。其次，知识基础不同。信息技术是一种通用目的技术，可应用到知识各异的各行业的各环节中，因此 IT 创新侧重于技术的应用；数字化创新更强调多学科的深度融合，特别是与信息技术和控制技术等的深度融合。最后，侧重点不同。IT 创新研究侧重于 IT 技术采纳对企业绩效的影响，数字化创新侧重于数据资源的驱动、数字技术的嵌入带来的新属性所导致的产品、服务、流程、商业模式的创新。

基于上述认识，笔者认为，数字化创新是在数据创造价值的基础上，对数字化资源进行重组，以产生新的产品、服务、流程和商业模式的价值创造活动。其中，从创新过程来看，数字化创新是数字化基础设施、数字技术和数据要素等的赋能或价值增值；从创新结果来看，数字化创新是新产品、新服务和新商业模式等。在这一过程中，价值创造路径包括用户参与、迭代、创新尾迹、知识重用、用户生成内容等（Boland et al.，2007；Flath et al.，2017）。最终本书通过三种方式实现价值创造：①提高效率。通过提高企业研发、营销等活动的效率而实现价值增值或价值创造，这一方式以企业为行动主体，需要企业具备大数据处理分析能力。②跨界融合。通过融合不同用户的体验、融合物理和数字组件、融合不同的行业而实现价值创造，即在重组不同形式或类别的信息或知识中创造价值。这种融合的价值创造方式主要以企业为行动主体，需要企业基于市场定位，通过数字化能力对数据资源进行采集、连接、分析，形成信息和知识，为用户决策提供服务。③生成新能力。借助数字技术的可供性或数字功能的迭代性生成新能力从而实现价值创造，这种价值创造方式的行动主体主要为用户，需要用户或消费者愿意并能够根据自己对产品的理解和体验进行各种创作、修改和分享。

四、数字化创新下的数字经济

"数字经济"最早由加拿大商业策略大师唐·塔普斯科特（Don Tapscott）于1996年在其《数字经济：网络智能时代的前景与风险》一书中提出。该著作描述了互联网将如何改变世界各类事务的运行模式并引发若干新的经济形式和活动，而数字经济作为网络智能时代的产物，具有知识性（Knowledge）、数字化（Digitization）、虚拟化（Virtualization）、分子化（Molecularization）、集成化/网络化（Integration/Internetworking）、去中介化（Disintermediation）、汇聚性（Convergence）、创新性（Innovation）、生产消费一体（Prosumption）、即时性（Immediacy）、全球化（Globalization）、不和谐性（Discordance）十二项特征。2002年，美国学者金范秀（Beomsoo Kim）将数字经济定义为"商品和服务以信息化形式进行交易"的一种特殊经济形态。早期学者们关注探讨并使用的"数字经济"，主要是用于描述互联网给商业行为带来的影响，这与当时的信息技术对经济的影响尚未具备颠覆性有一定关系。

随着信息技术的不断发展，尤其是大数据时代的到来，对数字化创新及其价值创造的研究和其在企业活动中的实践不断深入相关。信息技术开始从助力社会经济发展的辅助工具向引领社会经济发展的核心引擎转变，进而催生一种新的经济范式——数字经济。数字经济因其与农业经济、工业经济相提并论的经济形态而得以重视。数字经济的内涵也较之早期研究发生了较大变化，较具有代表性的是2016年G20杭州峰会通过的《二十国集团数字经济发展与合作倡议》中所提出的：数字经济是指以使用数字化的知识和信息作为关键生产要素、以现代信息网络作为重要载体、以信息通信技术的有效使用作为效率提升和经济结构优化的重要推动力的一系列经济活动。在中国信息通信研究院（CAICT）发布的《中国数字经济发展白皮书（2020年）》中也提出：数字经济是以数字化的知识和信息为关键生产要素，以数字技术创新为核心驱动力，以现代信息网络为重要载体，通过数字技术与实体经济深度融合，不断提高传统产业数字化、智能化水平，加速重构经济发展与政府治理模式的新型经济形态。

简言之，数字经济是围绕数据这一要素的价值创造而进行的一系列生产、流通和消费的经济活动的总和，是数据作为关键生产要素重构既有生产要素配置而引发的生产方式、经济结构根本性变革的一系列经济活动或经济形态。较之传统经济活动，数字经济活动的核心体现在三方面：一是数据作为关键生产要素重构既有生产要素；二是生产方式数字化转型构建现代产业体系；三是数字化创新引领经济结构的根本性变革。在实际运作中，数字经济呈现信息化引领、开放化融合、共建共享普惠性三大特征。具体而言：①信息技术深度渗入各个行业，促成其数字化并积累大量数据资源，进而通过网络平台实现共享、汇聚以及进一步的数据挖掘、分析后，使得传统行业变得趋于智能；②数据的开放、共享与流动，使得组织内各部门间、价值链上各企业间，甚至跨价值链跨行业的不同组织间开展大规模协作和跨界融合，从而实现价值链的优化与价值重组、创造；③无处不在的信息基础设施、按需服务的云模式和各种商贸、金融等服务平台降低了参与经济活动的门槛，使得数字经济出现"人人参与、共建共享"的普惠格局。

根据数字经济的上述内涵，通常将其划分为数字产业化、产业数字化。其中，数字产业化指信息技术产业的发展，包括电子信息制造业、软件和信息服务业、信息通信业等数字相关产业；产业数字化指以新一代信息技术为支撑，对传统产业及其产业链上下游全要素的数字化改造，通过与信息技术的深度融合，实现赋值、赋能。此外，经济发展离不开社会发展，数字经济也不例外。现实社会中，数字政府、数字社会、数字治理体系建设等构成了数字经济发展的环境，而数字基础设施建设以及传统物理基础设施的数字化则是数字经济发展的基础。总之，数字经济的发展离不开三要素：新技术——信息通信技术，也即数字技术；新要素——数字化的知识和信息，或者说数据；新设施——现代信息网络，也即新基建。

第三节　数字化发展与创新相关理论及研究综述

一、技术发展视角下的数字化理论

从 1946 年发明第一台电子计算机算起，数字技术经历了计算机（1946～1970 年）、互联网（1969～2015 年）、新一代信息技术（2016 年至今）三个阶段。其中，具有标志性意义的重大事件分别是：①1946 年 2 月 14 日，第一台可编程的通用计算机 ENIAC 在宾夕法尼亚大学宣布诞生，标志着数字时代的来临；②1969 年 10 月 29 日，美国国防部高级研究计划局（ARPA）组建的阿帕网（ARPANET）第一期工程投入使用，并连接了加州大学洛杉矶分校（UCLA）、斯坦福研究院、加州大学圣巴巴拉分校和犹他大学四个节点，标志着数字技术进入以互联网为主的发展阶段；③1989 年 3 月，欧洲核子研究中心（CERN）的英国工程师蒂姆·伯纳斯-李（Tim Berners-Lee）提交了一份题为《信息管理：建议书》的万维网（World Wide Web，WWW）的项目开发计划，标志着互联网进入万维网时代①。在我国，"新一代信息技术"是在《国务院关于加快培育和发展战略性新兴产业的决定》中首先提出的。这里之所以将 2016 年作为迈入新一代信息技术阶段的时间标志，主要在于：从整个数字技术发展史来看，2016 年是计算机发明 70 周年、人工智能提出 60 周年、光纤通信提出 50 周年、微处理器发明 45 周年、量子计算机提出 35 周年、电子商务提出 20 周年、云计算提出 10 周年。同时，在 2016 年，我国印发了《国家信息化发展战略纲要》，成功举

---

① 1991 年全球第一个网站诞生（http://info.cern.ch），蒂姆因此被称为"互联网之父"；1993 年 4 月 30 日 CERN 宣布万维网对所有人免费开放，1994 年 4 月 20 日中国全功能接入国际互联网。

办了 G20 杭州峰会并发布了全球第一个由多国领导人共同签署的数字经济文件——《二十国集团数字经济发展与合作倡议》。一个计算无处不在、软件定义一切、网络包容万物、连接随手可及、宽带永无止境、智慧点亮未来的时代已经来临，数字革命进入了融合深化的新时代（邬贺铨，2019）。

发展至今，数字技术的典型特征是指数增长。相关理论或定律主要有关于计算（Compute）研究的摩尔定律、关于带宽（Bandwidth）研究的吉尔德定律、关于网络（Network）研究的梅特卡夫定律、关于数据（Data）研究的大数据定律、关于能耗（Energy）研究的库梅定律，上述数字技术的五个基本定律合称为"CBNDE 定律"，其中的摩尔定律、吉尔德定律和梅特卡夫定律又被称为"互联网三大定律"。

（1）摩尔定律（Moore's Law）。摩尔定律是由英特尔公司（Intel）创始人之一的戈登·摩尔于 1965 年提出的，其核心内容为：集成更多的晶体管，每隔 18 个月单芯片集成的晶体管数目翻一番；实现更高的性能，每隔 18 个月性能提高 1 倍；实现更低的价格，单个晶体管的价格每隔 18 个月减少 50%。1965 年 4 月 19 日，时任仙童半导体公司工程师的戈登·摩尔在《电子学》杂志上发表名为《让集成电路填满更多的元件》的文章。文中预言"在最小成本的前提下，集成电路所含有的元件数量大约每年便能增加 1 倍"。1968 年，摩尔和集成电路的发明者罗伯特·诺伊斯（Robert Noyce）一起退出仙童公司，创办了英特尔公司（Intel）。其后，"每年翻一番"的论断先后被修正为"每两年翻一番""每 18 个月翻一番"，从而有了今天常见的表述——"集成电路上晶体管数量每 18 个月翻一番"。发展至今，摩尔定律依然有效，被视为是计算机第一定律、数字时代的核心准则，也被历史学家称为"现代世界的节拍器"。

（2）吉尔德定律（Gilder's Law）。吉尔德定律由乔治·吉尔德（George Gilder）于 2000 年提出，其核心内容为：在未来 25 年，主干网的带宽每 6 个月增长 1 倍，12 个月增长两倍。吉尔德认为宽带的增长速度是摩尔定律预测的 CPU 增长速度的 3 倍，并预言将来上网会免费。乔治·吉尔德出生于 1939 年，是当代美国经济学家、未来学家，并被誉为"数字时代"的三大思想家之一。他不仅是美国科技与经济思想领袖，还是供应学派经济学的代表人物，代表著作有《财富与贫穷》《通信革命》《企业之魂》等，由于其对新经济走向的准确把握，也被誉为高科技领域预言家之王、投资者的"教主"。

吉尔德定律的另一个表述是：最为成功的商业运作模式是尽可能使用价格最低的资源、节约更昂贵的资源，即最好的商业模式是以成本最低的资源消耗获取最大的经济价值，这也是当前互联网低价模式、免费模式等新商业模式的理论根源。吉尔德定律的两种表述揭示了现实生活的两大现象：一是以"带宽"为代表的信息技术日新月异；二是高速发展的技术及其应用将促使边际成本降低甚至趋于零，从而获得更优的价值创造路径，实现更为充分的规模经济效应，最终形成更为节约的商业运作模式。

（3）梅特卡夫定律（Metcalfe's Law）。梅特卡夫定律是由乔治·吉尔德提出，以计算机网络先驱、以太网络的发明人、3COM公司的创始人罗伯特·梅特卡夫的名字命名的。该定律的核心内容是：一个网络的价值等于该网络内的节点数的平方，而且该网络的价值与联网的用户数的平方成正比（即网络的价值 $V = K \cdot N^2$，其中，K 为价值系数，N 为用户数量）。梅特卡夫定律是关于网络资源的定律，揭示了互联网的价值随着用户数量的增长而呈算术级数增长的规律，若一个网络的用户数目越多，那么整个网络和该网络内的每台计算机的价值也就越大，这也为评估互联网企业价值提供了一个简易方法——用户数越多、价值越高，如图 1-2 所示。

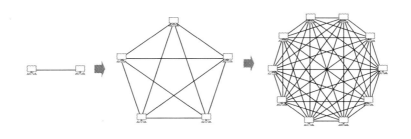

图 1-2　梅特卡夫定律

资料来源：笔者根据相关文献收集整理。

由于信息资源不仅可以被无损耗的消费，而且信息的消费过程可能同时就是信息的生产过程，它所包含的知识或感受在消费者那里可能催生出更多的知识和感受，这就意味着消费信息资源的人越多，其所包含的资源总量就越大。因此，梅特卡夫定律背后隐藏的经济管理逻辑在于：每一个新上网的用户都因为别人的联网而获得了更多的信息交流机会，从而催生出更多的知识和感受，使得网络的资源价值得到进一步增强，比如电话的价值随着使用用户数量的增加而增加。也即，网络具有极强的外部性和正反馈性，网络（或新技术）消费存在效用递增的经济管理规律。

（4）大数据定律（Big Data Law）。大数据定律源于"全球数据量每两年翻一番"这一 IT 界公认和流行的说法。该指数增长规律尚未命名，在个别研究文献中被称为"大数据定律"（闫德利，2021）。

（5）库梅定律（Koomey's Law）。库梅定律由斯坦福大学乔纳森·库梅教授于 2011 年提出，其核心内容是：计算机的能源效率大约每 18 个月翻一番，即计算设备的耗电量每 18 个月就会下降一半。伴随着数据大爆炸时代的来临，给人们的直观感受是计算机耗电量必随之大幅增加。但研究表明，数据中心耗电量并不会和数据规模同步增长，效率的提高使能耗占比几乎保持不变。库梅指出，从 1946 年第一台电子计算机 ENIAC 诞生之日算起，相同的计算量所需能耗一降再降。微软和英特尔曾经联手对 ENIAC 的峰值功耗进行了计算——每秒运行 5000次加法，所需功耗为 150 千瓦，而如今所需功耗仅仅是 ENIAC 时期的四万分之一。

二、数字技术企业的竞争理论

纵观数字技术发展史，被 IT 界视为最重要的技术发明是电子计算机、晶体管、集成电路、微处理器、UNIX 和 C 语言、光纤通信、阿帕网、TCP/IP 协议、万维网和人工智能 10 项（见表 1-7）。被视为深刻揭示数字化时代 IT 企业经营和竞争特点的基础理论则至少包括反摩尔定律和安迪比尔定律。

（1）反摩尔定律（Inverse Moore's Law）。反摩尔定律由 Google 前 CEO 埃里克·施密特提出，其核心内容是：如果反过来看摩尔定律，一个 IT 公司如果今天和 18 个月前卖掉同样多的、同样的产品，它的营业额就要降一半。该定律一方面要求所有硬件设备公司必须赶上摩尔定律所规定的更新速度，否则将面临产品被市场淘汰的危机；另一方面也预示着新兴的 IT 小公司有可能在发展新技术方面和大公司处在同一条起跑线上，甚至可能取代大公司原有的市场主导地位。也即，数字技术企业要在数字产业化进程中获得持续发展，其产品或服务不仅要有量变和质变，还要有速度。

表1-7　数字技术领域的十项重大技术发明

序号	领域	发明	时间	事件
1	计算机	电子计算机	1946 年	世界第一台电子计算机 ENIAC 在美国宾夕法尼亚大学诞生
2		晶体管	1947 年	贝尔实验室肖克利、巴丁、布拉顿发明了晶体管
3		集成电路	1958 年	仙童公司罗伯特·诺伊斯、德州仪器公司杰克·基尔比分别发明了集成电路
4		微处理器	1971 年	第一台微处理器——Intel4004 问世
5	操作系统与程序语言	UNIX 和 C 语言	1969~1973 年	1969 年，贝尔实验室的丹尼斯·里奇和肯·汤普森研发出 UNIX 操作系统；1971 年，两人共同发明 C 语言；1973 年，第 4 版 UNIX 用 C 语言重写
6	通信	光纤通信	1966 年	华裔物理学家高琨开创性提出光导纤维在通信上应用的基本原理
7	互联网	阿帕网	1969 年	美国国防部高级研究计划局发明阿帕网（ARPANET）
8		TCP/IP 协议	1974 年	美国国防部高级研究计划局信息处理技术办公室的罗伯特·卡恩和斯坦福大学的温特·瑟夫提出 TCP/IP 协议
9		万维网	1989 年	欧洲核子研究中心（CERN）的英国工程师蒂姆·伯纳斯-李发明万维网
10	人工智能	人工智能	1956 年	达特茅斯会议提出"人工智能"

注：严格来说人工智能不是一项发明，而是一种方法或者技术领域。自达特茅斯会议提出"人工智能"以来，马文·明斯基、约翰·麦卡锡、艾伦·纽厄尔、赫伯特·西蒙、犹大·伯尔、约舒亚·本希奥等众多科学家都在不断推动该技术的进步。

资料来源：腾讯研究院。

（2）安迪比尔定律（Andy and Bill's Law）。安迪比尔定律是对 IT 产业中软件和硬件升级换代关系的一个概括。这里的安迪指英特尔前 CEO 安迪·格鲁夫，比尔指微软前任 CEO 比尔·盖茨，该定律原话是"Andy gives，Bill takes away"（安迪提供什么，比尔拿走什么），其含义是：硬件提高的性能，将很快被软件消耗掉。因为按照摩尔定律，每 18 个月硬件性能提升一倍，与此同时，不断更新的软件也在迅速消耗硬件性能提升带来的好处，这种消耗让硬件提升的好处几乎察觉不到。为此，硬件企业只得不断升级硬件功能，消费者也只能不断更新硬件，最终让硬件从耐用品转变为消耗品，从而大大促进了硬件行业的繁荣。这一定律不仅解释了是什么动力促使人们不断地更新自己的硬件，从而导致近几十年来世界上 PC（包括个人计算机和小型服务器）的销量远远高于经济增速。该定律还说明了数字化时代的企业尤其是数字技术企业应树立"竞争即合作"的创造价值和获取价值的新思维，而这正是合作竞争理论在现实中的体现。

三、经济视角的数字化研究综述

目前，国内外学者对于数字化驱动创新方面的研究大致可以归纳为以下几个方面：

一是创新绩效的测量研究，主要包括竞争优势和企业决策效率方面。Benitez 等（2018）、Ghasemaghaei 等（2020）的研究表明，IT 基础设施提供了企业感知和探索业务机会的灵活性，从而有助于企业发展业务能力、提升决策效率、提高业绩。郭海和韩佳平（2019）提出，在数字化情境下，创新开放深度对于企业的创新绩效有明显的促进作用，并且商业模式在开放深度和企业绩效之间可以起到一定的中介作用。Teece（2018）、谢卫红等（2020）提出，数字技术不仅提高了创新研发效率、增加了跨界融合的可能性，而且丰富了价值创造方式、拓展了价值创造的主体和地点等边界，从而让企业应对环境变化变得更加灵活，实现更卓越的绩效。

二是数字化对管理创新的影响。Urbinati 等（2019）认为公司可以使用和实施数字技术来管理一个更加开放的创新过程，从而使企业更容易访问和共享所创建的知识。Tumbas 等（2014）认为由计算机、移动设备、宽带网络连接、应用平台等组成的相对廉价、易于使用的数字基础设施为所有业务专业人员提供了参与创新过程并为其组织的成功作出贡献的机会。吴绪亮（2020）提出数字化催生的新基建具有基础性、先导性和战略性特征，从而将从竞争策略、商业决策、生产管理、市场营销、组织结构、财务管理等方面推动组织管理的数字化革命。其中，竞争战略将经历从基于线性价值链的传统竞争范式到繁荣共生的数字生态共同体的变革；商业决策将经历从基于主观经验的滞后离散决策到基于数据智能的实时连续决策的变革；生产管理将经历从基于工厂制造的生产经济到基于平台引领的服务经济的变革；市场营销将经历从传统的 4P［即产品（Product）、价格（Price）、促销（Promotion）、渠道（Place）］营销到全链路、全生命周期的数字化营销的变革；组织结构将经历从集中式的科层组织到分布化、弹性化的网络组织的变革；财务管理将经历从传统资产管理到数据资产管理的变革。

三是数字化对产品创新的影响。Dreme 等（2017）提出，组织为了更好地满足利益相关者的需求，往往会利用收集数据的技术来增加实物产品的可用性。比如，在医疗保健领域用于远程医疗的可穿戴设备能够为电子健康记录、医生、患者及其家庭生成大量的数据（Dimitrov，2016）。Porter 和 Heppelmann（2014）研究发现，产品之间相互连接的能力正在改变竞争格局，因为数字技术让产品超越其主要功能，成为其他产品所需数据的"智能"生成器。例如，应用程序编程接口（Basole，2016）、微服务架构和区块链技术等能够生成新的产品（Yoo，2015）。这些新的数字化产品是推动整个行业数字化转型的重要创新（Nakamura，2017）。

四是数字化对商业模式创新的影响。Rai 等（2006）认为数字平台在管理供应链活动和为企业带来绩效收益的伙伴关系方面发挥着关键作用，制造企业通过在产品中嵌入数字技术，为客户提供数字服务，可以帮助制造企业增加创造新价值的机会，并且将企业的产品从有形产品发展到有关于数字化的服务；Amit 和 Zott（2001）通过对互联网条件下企业商业模式创新的研究指出，互联网技术对于促进企业商业模式的创新有正向促进作用；杨东等（2021）提出，数字资源是数字创新中价值创造和价值获取的基本构建单元，其不仅属于特定的价值空间，还会形成价值连接从而影响着创新的多条路径。

五是数字化对创新发展的影响。数字化通过对经济发展供给侧优化和需求侧挖潜实现对创新发展的促进。王凯（2021）认为，数字化将促进生产函数

$Y = A \cdot F(L, K)$ 中劳动 L 与资本 K 的结合更加高效，从而在供给侧提升生产的规模经济和范围经济效应，并进一步扩展企业边界，缓解生产领域的市场失灵问题；数字化催生的具有网络效应的电子交易市场和商业生态圈、商业场景模式，又将进一步激发需求端的潜力。闫德利（2020）认为，在互联网商用之后，人类掌握数据、处理数据的能力发生了质的跃升，使得数据不仅改变了人们的生产、生活和消费模式，还提高了全要素生产率，从而成为与土地、劳动、资本和企业家相提并论的生产要素，在经济增长和创新发展中发挥着重要作用。戚聿东等（2020）认为，数字化一方面有效推动了供给体系的进一步优化、高效和多样化，提高了创新要素的跨部门协调能力进而推动多主体、多领域、多部门和多维度的深度融合创新；另一方面也使得拉动经济增长需求侧的"三驾马车"的动力源发生深刻变化，进而向新基建、消费升级和数字贸易转变。

此外，上述对数字化驱动创新发展的多维度、多层面分析也显示，数字技术促使生产主体趋于多元化、微粒化，使得生产组织趋于平台化、网络化，使得生产过程更具个性化、模块化，使得生产关系趋于虚拟化、垄断化，从而催生了以数据为关键生产要素的数字经济形态。这一经济形态表现出参与者身份相对模糊、更关注产品使用和服务延伸等与传统经济不同的形式，由此也正在引发交易成本理论、信用理论、资源基础理论、竞争理论、产权理论、垄断理论等基础经济学原理或理论的变革，从而增加现实社会和经济生活的不确定性。这也同时说明，数字化驱动创新发展的研究与实践不仅需要进一步加强数字经济的理论基础研究，还需要自上而下聚焦并参与到数字基础设施构建、数字信用体系建设、数据要素市场培育和治理、数字经济下反垄断与竞争规制完善等重要议题中。

第四节　小结

本章在介绍数字化相关基本概念、阐述数据创造价值的机理、剖析数字化创新价值创造的路径的基础上，梳理了关于数字化发展与创新相关理论与研究的逻辑和成果，目的在于进一步厘清数字化驱动创新发展的要素、路径和潜在风险。通过上述分析，获得以下五个方面的启示：

（1）数字化相关基本概念中，"数字化"首先是一种使用"0"和"1"两位数字编码来表达和传输一切信息的综合性技术，但在技术应用中，数字化就是业务本身，具有全空域、全流程、全场景、全解析、全价值特征；"数据化"是对是数字化的信息进行条理化，为决策提供有力的数据支撑；"智能化"是应用数字化产生的结果，形成"数据—信息—知识—决策—执行"的闭环，从而实现从人工到自动、从自动到自主执行的决策执行动作。与之相关的企业数字化转型，则是以数据为核心，通过技术与业务的深度融合，将企业的数据资产进行梳理、集成、共享、挖掘，从而帮助企业管理者发现问题、优化决策，进而驱动创新与转型发展。

（2）价值创造一方面是通过新技术和新工具，提高生产力；另一方面则是通过优化企业内部的组织架构、流程、机制等来改善生产关系。创新是一种资源的组合或配置、是生产函数的变动，这也正是价值创造的过程，即"创新"这一市场行为本身就意味着"价值创造"。数据创造价值的逻辑在于"数据+算力+算法"的组合在促进数字技术与业务融合后激活了其他要素，这正是数字化的过程。这一过程不仅提高了产品、商业模式的创新能力，还激活了个体及组织的创新活力，用更少的物质资源创造了更多的物质财富和服务。同时，数据创造价值的每一个环节都涉及数据的生产、传输、收集、储存、分析和利用，最终效果除受到数据数量、数据质量的影响外，还与数据在生产链条中流动而体现出的数据的精细化程度（颗粒度）、时效程度（鲜活度）、连接程度以及对数据的反馈度、响应速度、加工度等因素有较大关系，这无疑离不开新一代信息技术的发展与新型数字基础设施的支撑。

（3）"数字化创新"是在数据创造价值的基础上，通过重组数字化资源以产生新的产品、服务、流程和商业模式的价值创造活动。其中，从创新过程来看，数字化创新是数字化基础设施、数字技术和数据要素等的赋能或价值增值；从创新结果来看，数字化创新是新产品、新服务和新商业模式等。由于围绕数据这一要素的价值创造而进行的一系列生产、流通和消费的经济活动的总和，较之传统经济活动具有显著区别，尤其体现在：生产主体趋于多元化、微粒化，生产组织趋于平台化、网络化，生产过程更显个性化、模块化，生产关系趋于虚拟化、垄断化。因此，人们将这一以数据为关键生产要素的经济活动总和或经济形态，称之为"数字经济"。这一经济活动的核心体现在三方面：一是数据作为关键生产要素重构既有生产要素；二是生产方式数字化转型构建现代产业体系；三是数字化创新引领经济结构的根本性变革。数字经济的发展离不开三要素：新技术——信息通信技术，即数字技术；新要素——数字化的知识和信息，即数据；新设施——现代信息网络，即新基建。

（4）数字技术的发展史表明，数字技术的典型特征是指数增长，相关理论或定律主要包括关于计算（Compute）研究的摩尔定律、关于带宽（Bandwidth）研究的吉尔德定律、关于网络（Network）研究的梅特卡夫定律、关于数据（Data）研究的"大数据定律"、关于能耗（Energy）研究的库梅定律，其中的摩尔定律、吉尔德定律和梅特卡夫定律被称为"互联网三大定律"。此外，被视为深刻揭示数字化时代 IT 企业经营和竞争特点的反摩尔定律和安迪比尔定律，在一定程度上说明，数字技术企业要在数字产业化进程中获得持续发展，其产品或服务不仅要有量变和质变，还要有速度。数字化时代的企业尤其是数字技术企业应树立"竞争即合作"的创造价值和获取价值的新思维。

（5）就笔者涉猎的有限研究文献来看，国内外学者对于数字化驱动创新方面的研究大致可以归纳为以下五方面：一是创新绩效的测量研究；二是数字化对管理创新的影响；三是数字化对产品创新的影响；四是数字化对商业模式创新的影响；五是数字化对创新发展的影响。上述多维度、多层面的分析也显示，数字化驱动创新发展过程中的不同主体活动，正在引发交易成本理论、信用理论、资源基础理论、竞争理论、产权理论、垄断理论等基础经济学原理或理论的变革，从而增加现实社会和经济生活的不确定性。这就需要社会各界各层面投入更多精力和资源来关注数字经济理论基础研究、数字基础设施构建、数字信用体系建设、数据要素市场培育和治理、数字经济下反垄断与竞争规制完善等重要议题。

第二章　数字化创新的现实意义

第一节　全球大变局下的中国经济发展逻辑

一、中国经济的"新常态"

自 1978 年实行改革开放以来，我国经济和社会发展取得了举世瞩目的成就。1978 年，我国的人均 GDP 仅有 156 美元，出口和进口占 GDP 的比重分别仅有4.1%、5.6%，75%的出口产品是农产品或农产加工品。而在改革开放 40 年后的2018 年，我国经济保持了年均9.5%的 GDP 增速和14.5%的贸易增长，成为了世界第二大经济体、第一大贸易国①。

不同国家在类似的增长时期，人均 GDP 翻一番所需要的时间各有差异。其中，英国 58 年（1780～1838 年）、美国 47 年（1839～1886 年）、日本 34 年（1885～1919 年），韩国 11 年（1966～1977 年），而我国只用了 9 年（1978～1987年），紧接着在 1987～1995 年和 1995～2004 年分别用 8 年、9 年再次两度翻番，并于 2011 年仅花了 7 年时间翻了一番。我国改革开放前 30 年的经济增速可谓是

---

① 林毅夫. 新时代的中国和世界［J］. 经济导刊, 2018（10）: 22-24.

高速发展，Wind 资讯的相关数据统计显示，1978～2012 年，我国 GDP 的年平均增长率近 10%[①]。

但近十年来，我国经济无论是实际增长率还是潜在增长率都呈现增速放缓的"新常态"特征。根据 Wind 资讯数据统计显示，自 2012 年 GDP 增长率降至 8% 以下后，GDP 增速逐年下降。2013～2019 年，我国 GDP 年均增长率为 6.9%，较此前 30 多年的年均增速下降了近 3 个百分点，见图 2-1。蔡昉等（2017）根据新古典经济增长模型 $Y=AF（K，L，T）$，其中，K 为资本，L 为劳动力，T 为土地，对 GDP 及其潜在增长率的测算也显示，我国经济由生产要素供给和全要素生产率提高支撑的潜在增长率在 1978～2010 年平均为 10% 左右，在 2011～2015 年的"十二五"期间降至 7.6%，在 2016～2020 年的"十三五"期间降至 6.2%。

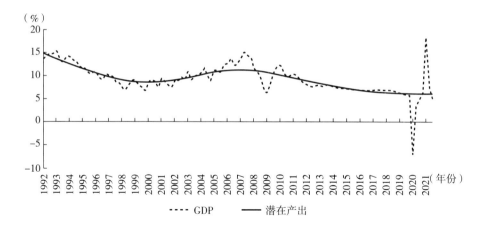

图 2-1　1992～2021 年我国的实际 GDP 增速与潜在产出

资料来源：Wind 资讯，中原证券研究所。

潜在增长率是指在满足充分就业且不引发通货膨胀条件下，宏观经济所实现的可持续增速。实现潜在增长率的隐含条件是，宏观经济的供给能力得到充分释放，即充分利用了技术、资本和劳动力等生产要素。根据索洛增长模型（Solow Growth Model），通过计量方法测算技术、资本和劳动力三个要素对于我国经济潜

---

① 蔡昉. 读懂中国经济：大国拐点与转型路径［M］. 北京：中信出版集团，2017.

在增速的贡献，以进一步分析我国经济增速的放缓原因。其中：①资本存量的计算采取永续盘存法进行估计；②由于我国劳动力具有的城乡二元结构特征，我国劳动力要素的贡献包含了就业人口总量增长、城乡劳动力结构流动两个方面。因此对于劳动力要素，分别按照城乡就业人口、城镇就业人口两种口径进行测算，再根据技术贡献的差值，剥离并识别城乡劳动力流动带来的增长贡献。为了方便表述，将前者称之为劳动力总量模型，后者称之为劳动力结构模型。在此基础上，对 1953~2019 年的实际 GDP 增速进行分解。结果显示：两种数据处理方法拟合整体一致，R^2 分别为 68%、67%，模型解释力较强，分析结果可信度较高，见表 2-1。

表 2-1 两种索洛模型的拟合优度结果

劳动力总量模型		劳动力结构模型	
内部参数	参数值	内部参数	参数值
Multiple R	0.82	Multiple R	0.82
R^2	0.68	R^2	0.67
Adjusted R^2	0.66	Adjusted R^2	0.65
标准误差	0.06	标准误差	0.06

资料来源：中原证券研究所。

根据劳动力总量模型与劳动力结构模型的回归结果，以我国经济历史中的重大事件作为节点进行时间划分，计算期间各要素的贡献均值，见图 2-2、图 2-3 和表 2-2。考虑到劳动力总量模型的技术要素包含了城乡劳动力流动的贡献，而劳动力结构模型不包含这一贡献，为此，将两个模型的技术贡献差值统计为"城乡劳动力流动贡献"，最终将表 2-2 合成得到表 2-3。

表 2-2、表 2-3 的数据分析在一定程度上反映了 1953 年以来我国经济的增长情况：

（1）1978 年改革开放前的经济增长效率较低，不含劳动力流动的技术贡献仅有-2.6%，经济增长主要依赖重工业与劳动力增长。

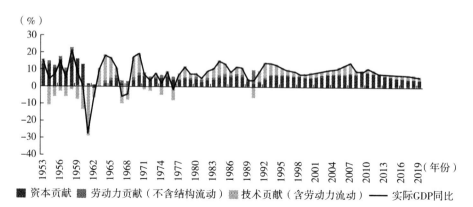

图2-2　1953～2019年劳动力总量模型的增速分解结果

资料来源：Wind资讯，中原证券研究所。

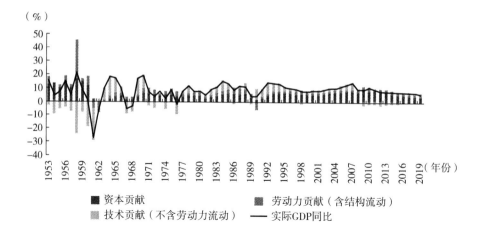

图2-3　1953～2019年劳动力结构模型的增速分解结果

资料来源：Wind资讯，中原证券研究所。

表2-2　重要时间区间内各要素对我国经济贡献分解1　　　　单位：%

时间	资本贡献	劳动力贡献（不含结构流动）	技术贡献（含劳动力流动）	资本贡献	劳动力贡献（含结构流动）	技术贡献（不含劳动力流动）
1953～1978年	7.0	1.1	-1.3	6.8	2.5	-2.6
1978～2000年	5.7	1.1	3.0	5.6	1.7	2.5
2000～2008年	7.5	0.3	2.7	7.3	1.7	1.4

续表

时间	资本贡献	劳动力贡献 （不含结构流动）	技术贡献 （含劳动力流动）	资本贡献	劳动力贡献 （含结构流动）	技术贡献 （不含劳动力流动）
2008~2015 年	8.0	0.1	0.6	7.8	1.5	-0.7
2015~2019 年	5.4	-0.1	1.4	5.2	1.1	0.4

注：表中的各要素贡献均为统计区间的要素贡献均值，如"资本贡献"是指统计区间的资本贡献均值。

资料来源：中原证券研究所。

表 2-3　重要时间区间内各要素对我国经济贡献分解 2　　单位：%

时间	资本贡献	劳动力总量贡献	城乡劳动力流动贡献	技术贡献	平均实际增速
1953~1978 年	7.0	1.1	1.3	-2.6	6.9
1978~2000 年	5.7	1.1	0.5	2.5	9.8
2000~2008 年	7.5	0.3	1.3	1.4	10.5
2008~2015 年	8.0	0.1	1.3	-0.7	8.7
2015~2019 年	5.4	-0.1	1.1	0.4	6.8

注：表中的各要素贡献均为统计区间的要素贡献均值，如"资本贡献"是指统计区间的资本贡献均值。

资料来源：中原证券研究所。

（2）1978~2000 年，我国经济增长的技术贡献均值大幅提升，不含劳动力流动的技术贡献由-2.6%上升至 2.5%，从而将经济潜在增长中枢拉升了约 5%。

（3）2000~2008 年，加入世界贸易组织（World Trade Organization，WTO）后，我国积极融入全球贸易链，再次为我国增长注入新的动能，技术贡献较之改革开放后的前 20 年略有下滑，但整体贡献仍保持较高水平。与此同时，劳动力人口总量带来的增长贡献明显下滑，乡村劳动力向城镇转移的红利效应显著提升。

（4）2008~2015 年，我国经济潜在增速出现持续下滑势头，这与 2008 年美国次贷危机引发的全球金融危机有较大关系，这一阶段的技术贡献下降最为明显，进而导致经济潜在增速的下移幅度达到近 2%。

（5）2015~2019 年，经济增速中的技术贡献较前一阶段中枢上行了约 1%，这在一定程度上得益于供给侧结构性改革带来的新动能。同期，"出清旧产能"

等一系列增长模式的转变使得资本对于我国经济增长的贡献下降了约2.5%。此外，这一阶段的劳动力约束越发明显，劳动力人口总量的增长停滞已经成为经济负贡献，而城乡劳动力流动带来的红利也由上一阶段的1.3%左右下降至1.1%左右。

综上所述，2008年以来，我国经济增速放缓的"新常态"主要有三个方面的原因：第一，资本贡献下滑显著。2015年以来，我国转变了经济发展模式，逐步摆脱投资依赖，尤其是对于重工业的无效投资优先出清，导致资本贡献下移近2.5%。第二，技术要素先降后升，整体下移。2008年后，我国技术要素贡献快速下降，尽管2015年供给侧改革带来了一定新动能，但增长的技术贡献较2008年前依然下降近1%。第三，劳动力约束问题凸显。2008年后，劳动力总量增长的贡献已经明显放缓；2015~2019年，人口问题更加凸显，劳动力总量对经济增长转为负贡献，而城乡劳动力流动带来的人口红利也由原先的1.3%降至1%。上述的资本和技术两要素贡献度下降归根于经济驱动模式的转换问题，而劳动力贡献度的下降则归根于人口问题。

二、中国经济的"新挑战"

1. 国内投资效率不高，消费释放不足

从支出的角度来看，经济增长由投资、消费和净出口"三驾马车"拉动。长期以来，相比其他世界主要经济体，我国总支出中消费占比偏低、投资占比偏高。也即，我国经济过去的高速增长主要依赖于物质资本要素的投入来驱动。这种"投资依赖性"的经济增长模式最终使得经济发展到一定阶段后，出现大量投资导致产能过剩、效率低下、过量消耗资源和消费释放不足等问题，从而制约了经济的可持续增长。

根据国际货币基金组织（International Monetary Fund，IMF）以及我国国家统计局的数据显示，1980~2020年，我国国内投资率远高于世界平均水平（见图2-4）。截至2020年，我国国内总投资率为43.12%，而同期世界平均水平为26.57%，G7国家平均水平则仅有21.49%。截至2020年，我国单位GDP能耗为0.571吨标准煤，尽管近年来趋势下移，但与国际水平相比在生产效率上仍有一定差距。根据世界银行2015年的统计数据，G7成员国的单位能耗产出均值为12

美元，而同期我国估算值仅为 5.47 美元。2020 年，我国单位能耗产出为 5.63 美元，较 2015 年有所增长，但较 G7 成员国依然有一定差距。过量消耗资源导致环境污染问题日趋严峻，从而也在很大程度上制约了经济的可持续增长。

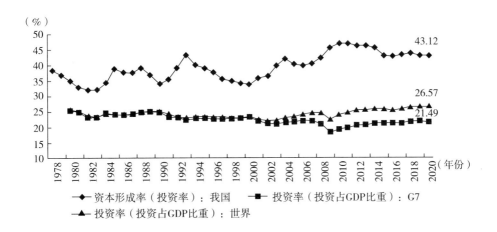

图 2-4　1978~2020 年以来我国投资率与 G7、世界平均水平对比

资料来源：Wind 资讯，中原证券研究所。

此外，"投资依赖"型增长模式由于资源有限性的客观存在，可能会导致消费需求释放不足从而制约经济的持续增长。而消费需求释放不足，一方面是因为供给与需求不匹配，即供给侧无法适应消费结构升级，以及无法满足人民日益增长的优质消费需求；另一方面则与人均收入水平有极大关系。当前我国消费需求不足的核心矛盾是收入端矛盾，根据国家统计局网站公布的数据显示，2020 年全国居民人均可支配收入为 32189 元，中位数为 27540 元。按常住地分，城镇居民的人均可支配收入为 4.38 万元人民币，中位数为 4 万元人民币；按全国居民五等份收入分组，低收入组、中间偏下收入组、中间收入组、中间偏上收入组、高收入组的人均可支配收入分别为 7869 元、16443 元、26249 元、41172 元、80294 元，即高收入组的人均可支配收入是低收入组的 10 倍多①。

---

①　2020 年全国居民人均可支配收入［EB/OL］. http://www.gov.cn/guoqing/2021-04/09/content_5598662. htm.

2. 国内人口特征的变化导致"人口红利"趋减

一个国家在人口总体年龄结构的动态变化中，由于出生率和死亡率的下降在时间上的先后和速度上的快慢不同，人口年龄结构将经历高少儿扶养比、高劳动力人口比、高老年人扶养比三个阶段。当人口结构转型为高劳动力人口比（即"中间大，两头小"）阶段时，便形成了人口结构优势，产生了有利于经济增长的盈余效应或黄金时期，国际学术界将此效应或因果影响称为"人口红利"或"人口机会窗口"。人口红利由劳动年龄人口比例决定，而潜在增长率由劳动力投入、资本投入和技术进步决定。因此，人口红利消失和人口老龄化将影响到生产、消费和储蓄领域，从而导致潜在增长率放缓，这是经济发展到一定程度的国家所需要面对的问题。

根据国家统计局公布的相关数据显示，中华人民共和国成立以来，我国人口增速变动大致可以分为四个历史阶段（见图2-5）：第一阶段是1949~1970年，人口红利快速积累，除去三年自然灾害时期，全国人口长期维持在3%左右的高增速水平，是我国的"人口大爆炸时期"；第二阶段是20世纪70年代，人口增速显著迅速放缓。从1970年2.88%的高点迅速回落至1980年1.19%的低点，10年间人口增速放缓了近1.7个百分点；第三阶段是20世纪80年代，受经济整顿

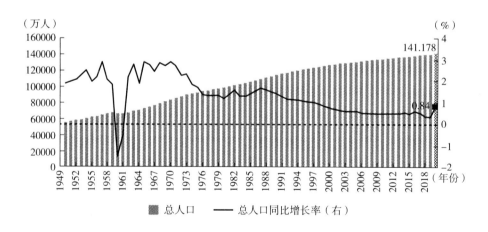

图2-5 1949年以来的中国总人口数与同比增长率

资料来源：Wind资讯，中原证券研究所。

的影响，全国人口增长潜力部分释放，人口增速在这一阶段再度抬升，1987 年人口同比增速为 1.67%，达到这一时期增速的高点；第四阶段是 20 世纪 90 年代至今，人口增速长期趋势性放缓，由 1990 年的 1.45%下降至 2019 年的 0.33%，30 年间下滑了 1.12 个百分点。尽管 2020 年人口普查结果显示的人口同比增速 0.84%较之 2019 年有所提升，但仍处于较低水平。

国家统计局发布的第七次全国人口普查公报（第二号）数据显示，截至 2020 年末，我国总人口为 14.1 亿人，从 1953 年第一次人口普查至 2020 年，65 岁及以上的"老龄人口"占比由 4.4%上升至 13.5%，而 0~14 岁的人口则由 36.3%下降至 17.95%。而根据 1956 年联合国《人口老龄化及其社会经济后果》确定的划分标准，当一个国家或地区 65 岁及以上老年人口数量占总人口比例超过 7%时，则意味着进入老龄化；65 岁及以上老年人达到总人口的 14%，即进入深度老龄化；达到 20%为超级老龄化。如参考这一标准，则我国已经接近深度老龄化社会。

我国七次人口普查结果的结构形态变迁如图 2-6 所示。

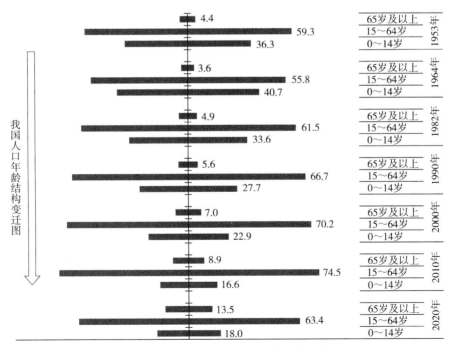

图 2-6　中国七次人口普查结果的结构形态变迁

资料来源：Wind 资讯，中原证券研究所。

随着人口特征的变化，一是导致此前凭借低用工成本发展起来的劳动密集型产业面临瓶颈，倒逼产业空间转移和产能优化；二是有效劳动力数量的减少，直接导致企业用工成本上升；三是导致社会总储蓄率逐步下滑，从而进一步导致消费需求和投资需求转弱。因此，从全要素贡献的角度看，人口是经济持续长期增长的重要组成部分（劳动力源源不断的供给，使得资本利用率维持较高水平）。但从当前我国劳动力市场的国情来看，我国社会已经进入人口结构老龄化阶段。短期内，如何提高人口质量、提高劳动力参与率，从而抑制人口红利消失对经济增长带来的负面影响，将是当前经济持续稳定发展面临的重大调整之一。

3. 出口导向型发展模式遭遇全球化逆流

传统国际贸易理论认为，作为驱动总需求增长的主要变量之一的贸易顺差与短期产出之间存在正相关关系。出口导向经济增长战略一直被西方主流经济学派誉为最理智、最务实的经济发展战略。尤其在某些东亚新兴市场国家，以新重商主义为理论基础的"后发外生型"现代化赶超模式一度盛行。在此背景下，自20世纪80年代末我国开始以自身特有的要素禀赋结构逐渐融入经济全球化浪潮，推行以出口为导向的外向型经济，依赖于资源和劳动力比较优势以及较为宽松的国际环境，我国向欧美等发达国家出口物美价廉的产品，并在较短时间内迅速占据了较大的市场份额。

长期以来，出口导向型经济发展模式大大促使我国日益成为全球制造业的生产基地和出口基地，贸易顺差不断扩大，经济发展迅速驶入国际化快车道。1978~2009年，我国由贸易小国迅速崛起为世界排名第三位的贸易大国，且对国际贸易增长的贡献率超过12%，外汇储备跃居世界第一；同期，我国经济总量占世界经济的份额也从1978年的1.8%提高到2021年的17%左右，排名从全球第13位攀升至第2位。相关研究根据国民收入恒等式：Y = 消费 C + 投资 I + 政府支持 G + 出口 X - 进口 M 的测算显示，从2001年加入WTO至2008年金融危机爆发前，外贸对于我国经济增长的贡献率常年高于15%。

近些年，净出口对我国GDP增长的贡献率如图2-7所示。

2008年金融危机以后，各发达经济体纷纷采取以保护国内产业和提高贸易壁垒为主要内容的逆全球化措施，频繁对我国出口产品实施反倾销、绿色壁垒、

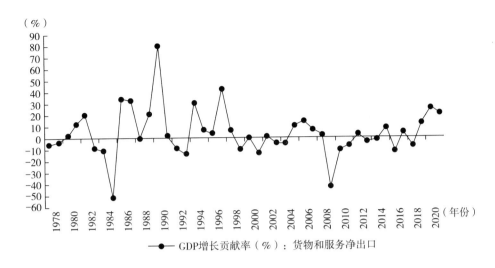

图 2-7　净出口对中国 GDP 增长的贡献率

资料来源：Wind 资讯，中原证券研究所。

技术壁垒等贸易保护政策。我国面临的宽松贸易环境逐渐发生变化，外贸对经济增长的贡献率也逐步回落至 10% 左右。伊恩·布莱默认为，"逆全球化"就是"每个国家都为自己"的模式行事，其根源在于资本的逻辑和民族国家的利益诉求——资本追求的成本最小化和利益最大化势必要求全球范围内广泛的分工与协作，而民族国家则主张以本国利益为先，当两者相背离时，则会阻碍经济全球化的发展。2018 年以来，美国利用国内法对我国发动单边贸易制裁，施压使人民币升值，对我国实施严格的高科技出口管制，并通过 WTO 对我国发起反倾销、反补贴和特别保障措施的调查以及反复利用"入世"协议中"非市场经济地位"和"特别保障"问题牵制我国。进入 2020 年，中美贸易摩擦的影响升级，美国传统保守主义势力越发强势。因此，我国作为全球化的参与者和受益者，其经济发展无疑将受到各类"逆全球化"举措的冲击。

三、中国经济的"新动能"与供给侧结构性改革

影响经济增长的因素包括供给和需求两方面，因此对于一国经济的分析和调控一般从供给和需求两侧着手。其中，从需求侧来看，国内生产总值是由投资、

消费和进出口"三驾马车"构成，因此，需求是现实的投入，产出的效益非常直接，需求侧主要解决的是总量问题；从供给侧来看，生产函数 $Y=AF(K, L, T)$，其中，K 为资本，L 为劳动力，T 为土地，即国内生产总值是由劳动、资本、技术、制度等形成的，供给侧更多的是通过提升经济发展质量来提高经济的潜在增长率，解决的是结构性问题。就我国近十年来的经济增长放缓情况来看，不仅仅是周期问题，还有供给端导致的潜在增长率下降问题。因此，长期来看，制约我国经济增长的还是劳动力、资本及其生产率和全要素生产率等要素。

关于经济"新常态"下如何促进经济的稳定增长，2015 年 11 月 10 日，习近平总书记在中央财经领导小组第十一次会议上首次提出，在适度扩大总需求的同时，着力加强供给侧结构性改革，着力提高供给体系质量和效率，增强经济持续增长动力，推动我国社会生产力水平实现整体跃升。而在此前的 2014 年 11 月 9 日亚太经合组织工商领导人峰会开幕式上，习近平总书记提到了我国经济"新常态"的三个特点：一是从高速增长转为中高速增长；二是经济结构不断优化升级，第三产业、消费需求逐步成为主体，城乡区域差距逐步缩小，居民收入占比上升，发展成果惠及更广大民众；三是从要素驱动和投资驱动转向创新驱动。因此，我国经济"新常态"意味着经济增长速度将由高速转为中高速，经济增长动力将由要素驱动向创新驱动转变，经济发展主线则变成了经济增长方式的转变和经济驱动新动能的培育。这就需要通过供给侧的结构性改革优化组合各个生产要素、培育新动能，从而提升生产要素的使用效率，实现经济的高质量发展和中高速增长。

"供给侧结构性改革"是党的十八大后党中央在综合分析世界经济长周期和我国经济发展新常态的基础上做出的重大决策，是贯穿我国国民经济和社会发展"十三五"规划的发展主线（"三去一降一补"——去产能、去库存、去杠杆、降成本、补短板），并在"十四五"期间继续深入推进。"供给侧结构性改革"的核心是用改革的办法推进结构调整，减少无效和低端供给，扩大有效和中高端供给，增强供给结构对需求变化的适应性和灵活性，从而解放和发展社会生产力、提高全要素生产率。较之西方经济学的供给学派，供给侧结构性改革理论既强调供给又关注需求，既突出发展社会生产力又注重完善生产关系，既发挥市场在资源配置中的决定性作用又更好发挥政府作用，其根本是使我国供给能力更好满足广大人民日益增长、不断升级和个性化的物质文化和生态环境需要，从而实现社会主义生产目的。

"新动能"这一概念自2015年提出以来，被频繁应用于经济社会领域，泛指传统支撑我国经济社会发展的、新生的动力和能量（黄汉权等，2018），是指通过结构性改革等新举措以及新一代信息技术革命，来培育新的经济形态（包括传统经济的转型升级），其核心是强调要以创新作为主要驱动力量，也就是党的十九大报告中反复强调的"创新是引领发展的第一动力"。因此，从驱动新经济形态发展壮大的几大力量看，新动能的内容应至少包括三个方面：

（1）技术进步与创新。历史经验表明，每次新旧经济形态的转变都是基于科学进步、技术突破和相关理论的积累、创新与应用。科学技术发明积累到一定程度就会产生新产品、新服务，造就新的商业模式和新产业，进而形成新的生产力和生产关系。而当下，依托于5G、互联网、大数据、人工智能、区块链等新一代信息技术的数字化创新及其与实体经济广泛深度的融合，智能化新生产方式、平台化产业新生态迅速崛起，其对传统产业转型升级和催生新兴产业的重要作用是有目共睹的。因此，培育新动能，从根本上要靠创新驱动，要大力推进科技创新，着力突破重大关键核心技术，推进创新成果转化应用，这无疑是培育新动能的重要内容之一。

（2）生产要素构成和作用机理的变化。生产要素是指经济社会经营所需的各种资源，在不同经济形态下，生产要素有着不同的构成和作用机理。1662年，威廉·配第在其所著的《赋税论》中提出了"土地为财富之母，而劳动则为财富之父和能动的要素"；此后，亚当·斯密在其著作《国富论》中提出了由劳动、资本和土地构成的"生产要素三元论"；马歇尔在其著作《经济学原理》中提出了生产要素四元论——土地、劳动、资本和企业家才能。20世纪90年代开始，数字技术和人类生产生活以前所未有的广度和深度交汇融合，数据对于提高全要素生产率和催生新业态、新模式和新技术的作用日渐显现，从而逐步成为现实经济生活中的重要战略资源和新生产要素。对此，2020年4月，中共中央、国务院发布了《关于构建更加完善的要素市场化配置体制机制的意见》，将数据作为与土地、劳动力、资本和技术并列的生产要素。人类社会从农业经济到工业经济再到数字经济时代的变迁历史，就是通过技术不断突破劳动力、土地、资本等资源要素约束条件变化的历史。其中，农业经济时代下的生成要素组合是由以农业技术为引领的技术、劳动力、土地构成；工业经济时代下的生成要素组合是以由工业技术为主的技术、劳动力、土地、资本构成；数字经济时代下的生成要素组合是由以数字技术为引领的技术、数据、劳动力、土地、资本构成。因此，打造以数据为关键要素的数字经济新优势，自然也是培育新动能的重中之重。

（3）政策导向、体制机制和制度变迁。我国经济新动能的培育必须坚持创新、改革、开放，尤其是要创新或优化宏观调控方式及相关机制，围绕发展数字经济，深入推进供给侧结构性改革，持续优化市场监管、知识产权保护、科技成果转移转化等方面的机制和政策环境。

第二节　数字化创新助力"双循环"发展格局

一、中国经济循环格局的演进

一个国家或地区的经济增长是其国民经济运转带来产品和服务增量的结果，而经济循环则是从机制和过程上保障这一经济增长目标的实现。从供给侧来看，经济循环涉及生产要素、要素配置和生产率，这一过程用生产函数 $Y = AF$（K，L，T）来表示；从需求侧来看，经济循环涉及产品和服务产出的去向、结构和实现效率，这一过程可用国民经济恒等式（总产出＝消费+投资+净出口）来描述。由于在不同时期的资源禀赋、发展理念等不同，因此一国不同发展阶段或同一时期不同国家的经济循环特征存在差异。如果以需求侧的内外需结构为视角，可以将我国经济循环格局划分为五个阶段[①]：

[①]　程实，钱智俊. 内外循环演进的顺势之道与制胜之基［R］. 工银国际，2020.

第一阶段是 1949~1977 年的低水平"内循环"阶段。这一阶段我国经济主要由计划经济体制调节，且相对封闭，被隔绝于国际市场以外。因此，经济的"内循环"特征显著。根据程实（2020）等的相关研究显示，这一时期的外贸进出口额占 GDP 比重的年度均值仅为 8.0%，远低于 1977~2019 年的均值 34.3%。而且由于缺少价格信号和市场机制对要素资源的定价和配置，使得经济呈现频繁且较为严重的供需错配和较大波动，经济年均增速也处于较低水平的 6.5%，低于 1953~2019 年的历史中枢 8.3%。但"集中力量办大事"的制度优势，也推动经济实现了一系列从无到有的重大成就，尤其是推动了民族工业体系的自主发展。

第二阶段是 1978~1987 年的渐进式对外开放阶段。这一阶段，从中美建交到美苏冷战终结，世界经济一体化浪潮席卷全球，党的十一届三中全会也顺应时代潮流，做出了实施改革开放的重大决策，我国由此开始了对外开放、以外需为导向的探索和试点改革历程。我国以开放经济特区为起点，依次开放了多个沿海城市和经济开发区，最后将对外开放的试点延伸至内地城市，探索出一条具有中国特色的渐进式对外开放道路。20 世纪 80 年中期开始，在此前设立经济特区的基础上，我国确立了 14 个沿海开放城市，并于 1988 年成立海南省，实行更为开放的政策。此外，1986 年 7 月 10 日中国正式提出关于恢复在关贸协定缔约方地位的申请，积极参与到世界经济分工体系。这一阶段的对外开放以出口劳动密集型产品为主，国际需求市场得到了一定拓展。

第三阶段是 1988~2009 年的大力发展外向型经济阶段。这一阶段，我国实行"两头在外，大进大出"方针，2001 年加入了 WTO，成为全球产业链的核心一环，逐步通过"外需驱动—制造业发展—外资流入"的良性循环，形成了"外循环"为主导，"内循环"同步完善的经济发展格局。这一阶段，得益于对外开放驱动的技术进步、产业升级以及"内循环"的同步完善，我国经济被压抑的要素活力得到释放，在 2000~2009 年迎来了一轮长达 10 年的高速增长期。根据程实（2020）等的相关研究显示，我国进出口贸易额占全球比重在 2009 年跃升至 8.4%，较 1978 年的 2.9% 提高 5.5 个百分点。2009 年，我国跻身为全球货物贸易第一大出口国和第二大进口国，成为仅次于美国的全球第二大吸引外资国，当前我国经济供求的主要矛盾也从生产水平较低、供不应求的内向型"短缺经济"转向为供大于求、生产水平较高的外向型"世界工厂"。

第四阶段是2010~2019年的内外兼顾均衡发展阶段。2008~2009年国际金融危机发生后，相继发生欧洲债务危机、新兴市场货币危机、英国脱欧风波，导致全球经济长期处于危机阴影，总需求疲弱成为常态。2018年3月以来，美国对华关税制裁历经多轮升级，使得中美经贸博弈走向长期化、复杂化，逆全球化潮流一度升温。同期，我国经济在应对2008年国际金融危机中推出的"4万亿"政策刺激效应衰减之后，步入"三期叠加"状态，"三去一降一补"等供给侧结构性改革也在此间推出。在上述因素的综合作用下，这一时期，外需对我国经济增长的贡献由强转弱，根据程实（2020）等的相关研究显示，2010~2019年的净出口对我国GDP增长的年均贡献降至-1.45%，远低于1978~2009年的5.27%，我国经济循环格局也逐步呈现内外兼顾、均衡发展、注重质量的发展特点。

第五阶段是2020年提出的双循环新发展格局确立阶段。2018年12月，中央经济工作会议提出"畅通国民经济循环"，并"促进形成强大国内市场"；2019年12月，中央经济工作会议强调供给侧结构性改革重点关注"补短板"；2020年5月14日，中央政治局常委会会议首次提出国内国际双循环新发展格局。

二、"双循环"新发展格局的内涵与构建要点

自1988年提出参与国际经济大循环、1992年开始实施出口导向型经济战略、2001年正式加入WTO至2019年，我国逐步融入经济全球化的分工体系中，但主要是通过劳动力和资源的低成本优势，实践以出口为导向的"两头在外"、国际大循环逐渐占主导地位的循环模式。实践证明，这一模式是完全符合当时的历史条件、国内外环境和比较优势的。但是，随着我国社会主要矛盾变化以及国际环境变化，尤其是劳动力和环境成本上升迅速、全球化进程遭遇阻力等，我国有待构建以国内大循环为主体、国内国际双循环相互促进的新发展格局。

1. "双循环"新发展格局的提出过程

关于构建"双循环"新发展格局的提议，2020 年 5 月 14 日，中央政治局常委会会议提出，要深化供给侧结构性改革，充分发挥我国超大规模市场优势和内需潜力，构建国内国际双循环相互促进的新发展格局；2020 年 7 月 30 日，中共中央政治局会议指出，当前经济形势仍然复杂严峻，不稳定性和不确定性较大，我们遇到的很多问题是中长期的，必须从持久战的角度加以认识，加快形成以国内大循环为主体、国内国际双循环相互促进的新发展格局；2020 年 10 月 14 日，习近平总书记在深圳经济特区建立 40 周年庆祝大会的讲话中提到，我国社会主要矛盾发生变化，人民对美好生活的要求不断提高，经济长期向好，市场空间广阔，发展韧性强大，正在形成以国内大循环为主体、国内国际双循环相互促进的新发展格局；2020 年 10 月 29 日，党的十九届五中全会审议通过《中共中央关于制定国民经济和社会发展第十四个五年规划和二〇三五年远景目标的建议》，其中明确提出要加快建设现代化经济体系，加快构建以国内大循环为主体、国内国际双循环相互促进的新发展格局，推进国家治理体系和治理能力现代化，实现经济行稳致远、社会安定和谐，为全面建设社会主义国家开好局、起好步。因此，以国内大循环为主体、国内国际双循环相互促进的新发展格局，是我国开放发展战略和经济循环格局的重要调整和变化。

2. "双循环"新发展格局的内涵

"双循环"新发展格局的内涵要点在于：充分依托我国超大规模市场优势，培育和挖掘内需市场，推动产业结构优化和转型升级，同时坚定维护多边贸易体制，将国内经济融入经济全球化当中，实现国内循环和国际循环相辅相成、相互促进。这其中需要进一步说明的是：

（1）以国内大循环为主体，但不排斥国际循环。在开放的全球经济大背景下，国内市场和国际市场很难割裂开来。就产品市场而言，扩大内需会同时带来本国商品和进口商品的消费增长；就生产要素市场而言，国内大循环会带来各种生产要素的优化配置，并面向国际获取和输出生产要素。也即国内循环和国际循环是经济系统中相互依存、相互融合的两个方面，两者相互融合、相互促进。

（2）以国内大循环为主体不是"闭关锁国"，而是充分发挥我国超大规模市场优势，依托国内大循环吸引全球商品和资源要素，以高水平的对外开放促进优化生产要素配置、构建现代产业体系，从而打造国际合作和竞争中的新优势。

（3）以国内大循环为主体不是"内卷化"，而是在推动商品、要素等领域开放形成协同效应的同时，推动规则、规制、管理、标准等制度型开放，进一步破除制约生产要素流动的各类障碍，促进内外部资源优化配置，并伴随着我国加大对高新技术产业和"新基建"等领域的投资，促进创新要素充分流动、释放创新活力，提高我国自主创新能力。

3. 构建"双循环"新发展格局的要点

加快构建以国内大循环为主体、国内国际双循环相互促进的新发展格局，关键在于实现经济循环流转和产业关联畅通，根本要求是提升供给体系的创新力和关联性，解决各类"卡脖子"环节和瓶颈问题。因此，需要从五个方面来推动全面落实加快构建新发展格局的决策部署：推动供给创造和需求引领，实现供需良性互动；推动金融更好地服务实体经济，健全现代流通体系；推动新型城镇化和城乡区域协调发展；推动扩大就业和提高收入水平；推动更高水平的对外开放，更深度融入全球经济。具体操作中的要点至少包括五个方面：

（1）加强产业战略布局。在全面梳理我国各个产业发展现状和趋势的基础上，对一些战略性、先导性产业联合攻关，研究存在哪些"卡脖子"环节，以及如何通过加大基础投资和推动商业模式创新，凝聚国内外优势资源实现这些产业的突破发展。

（2）畅通商品和生产要素流动。一方面，要优化市场环境，完善保护公平竞争的相关法律，加强企业信用体系建设，发挥资本市场对推动科技、资本和实体经济高水平循环的枢纽作用；另一方面，要完善土地、人才、资本、数据等要素的市场化配置体制机制，促进要素自主有序流动，进一步激发全社会创造力和市场活力，促进城乡区域协调发展。此外，要立足于完善公共服务功能，加强信息平台、交易平台、金融平台等市场平台的建设，充分发挥其在促进商品和生产要素流动中的作用。

（3）推进高水平对外开放。一方面是推动制度规则与国际接轨，继续在"一带一路"和自由贸易试验区建设中积累经验，建立与国际高标准贸易投资规则相接轨的制度框架；另一方面是围绕开发质量，全面按照准入前国民待遇加负面清单管理制度对企业投资活动进行管理、加强知识产权保护力度，同时进一步放宽外资准入的行业领域，逐步提高我国在国际分工体系中的地位，增强产业国际竞争力。

（4）加大"新基建"投资。新型基础设施是数字化、信息化、智能化的载体，要在新一轮科技革命和产业变革中占据先机，就要加大"新基建"投资，为"双循环"提供持久支撑。为此，一方面要适当合理的超前投资，注重市场化运作，有效吸引社会投资，抢抓产业数字化和数字产业化机遇，加快新型基础设施建设，抓紧布局数字经济等新兴产业；另一方面要根据各地区经济发展阶段和产业结构，对"新基建"进行统筹规划，避免重复建设和同质化建设。

（5）推进产学研协同创新，实现关键领域的原创性和基础性重大突破。一方面是要加大对基础研究和应用的支持力度；另一方面是要瞄准前沿方向开展前瞻性基础研究，组建产学研创新联合体，最大程度激发全社会创新活力，提高研发效率，加强科技成果转化。

国内国际双循环新发展格局如图 2-8 所示。

三、数字化创新助力"双循环"新发展格局的作用机理

构建"双循环"新发展格局的关键在于实现经济循环流转和产业关联畅通。在这一过程中，以数字技术引领产业协同发展和供需精准对接的数字化创新，不仅将带动传统产业转型并向全球价值链高端延伸，还将促进供给匹配需求更加精准、促进产业循环的国内国际畅通。此外，这一过程还将带来劳动力、资本、结构、空间和技术的变化，获得资源要素的再配置效应和"结构变动红利"，从而促进更高水平的产业关联畅通和经济"双循环"。其中的作用机理简要概括如下：

第一，在促进供给与需求精准匹配方面，数字化创新将促进需求端与供给端及时、高效的信息反馈与链接，减少供需间的信息不对称与信息不完全，从而在

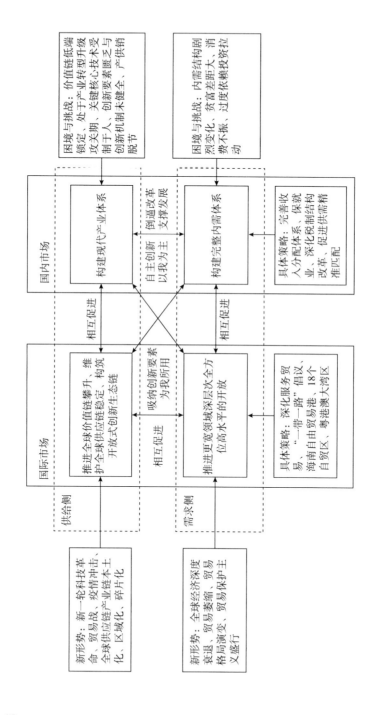

图 2-8 国内国际双循环新发展格局

资料来源：刘勇，李丽珍．"双循环"新发展格局下企业转型发展的机理、路径与政策建议［J］．河北经贸大学学报，2021，42（1）：41-50．

形成产业集群、推动城乡区域要素双向流动、发挥资金循环枢纽作用和激发国内产业活力等方面赋能于传统产业，加快供给端的多元化、高质量发展，畅通国内大循环体系。此外，数字经济还可以带动人工智能、物联网、大数据、云计算等技术的发展，促使经济社会产生巨大变革，并催生出更多的新需求和新供给，使供给与需求之间实现更高水平的动态平衡。

第二，在促进高水平对外开放方面，数字化创新将促进制造业领域的数字化供应链渗透和发展，提升制造业领域资源要素在全球范围内进行配置的便捷性和安全性，从而提升国内企业对国际供应链的掌控能力。此外，数字化供应链推动跨境供应链向数字化、智能化、简约化发展，为外贸企业提供信用保障、外贸综合服务和金融服务等一体化服务，有力支撑数字贸易等新贸易形态的发展。

第三，在提升经济协同性方面，数字化创新促进了供应链、产业链与服务链的相互衔接，打通了各环节、各链条之间的信息节点，不仅促进了资源的快速有效流动，还提高了资源配置的效率。同时，数字化创新减少了资金、资源、产品等的流动阻碍，提高了经济系统面对外部冲击时的协同性和快速反应能力，进而提升了整个经济系统的韧性。

第四，在获得资源要素再配置效应方面，数字化创新将在扩大高技能劳动力市场规模的同时，促使低技术产业的劳动力流动到低技能劳动力市场。这一过程不仅维持了劳动力低成本优势、扩大了低技能劳动力需求，还提高了高技能劳动力的工资溢价，进一步引领高端消费增长。这一结果一方面将促成更畅通、更高水平的国内终端消费品市场；另一方面也构建了我国低技能劳动力成本、高技能劳动力知识能力的"双优势"，从而使得我国不仅可以有条件与发达国家进行高技术产业的双向投资和高技能劳动力的双向流动，还可以在新兴发展中国家进行中低技术产业投资，并进口中低技术产品和原材料，最终逐步形成"以我为主的全球价值链"。上述国内终端消费品市场的更畅通和全球价值链的逐步以我为主，也正是数字化创新助力"双循环"新发展格局构建的体现。

基于资源要素再配置的数字化创新助力"双循环"机理如图 2-9 所示。

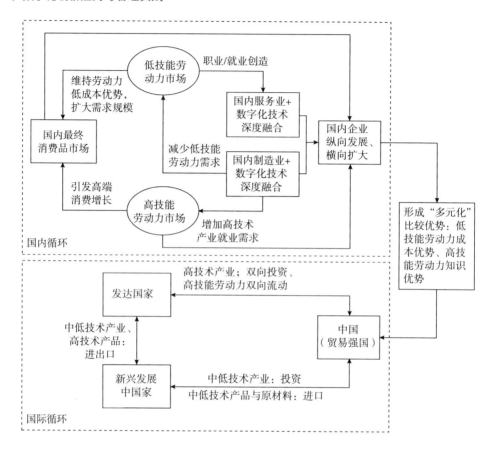

图 2-9　基于资源要素再配置的数字化创新助力"双循环"机理

资料来源：郑江淮，张睿，陈英武. 数字化转型如何助力构建新发展格局——基于新旧动能转换的视角［J］. China Economist，2021，16（3）：2-23.

第三节　数字化创新促进"共同富裕"发展目标

一、"共同富裕"的内涵与实施路径

1. "共同富裕"的内涵及特征

2020 年 8 月，习近平总书记在经济社会领域专家座谈会上指出，"十四五"

时期是我国全面建成小康社会、实现第一个百年奋斗目标之后，乘势而上开启全面建设社会主义现代化国家新征程、向第二个百年奋斗目标进军的第一个五年，我国将进入新发展阶段。新发展阶段是第一个百年奋斗目标向第二个百年奋斗目标进发的阶段，这也意味着共同富裕已处于新的历史起点、面临新的机遇和挑战。新的机遇主要体现在：我国经济步入高质量发展阶段，新一轮科技革命和产业变革持续推进，制度优势和治理效能显著提升，经济发展长期向好，提升全体人民富裕程度具有多方面优势条件；新的挑战则体现在：发展的不平衡和不充分极大地制约了共同富裕，重点领域改革任务艰巨、城乡区域发展和居民收入差距较大、民生保障短板等都将影响共同富裕的实现进程，逆全球化思潮及单边主义、保护主义和霸权主义抬头，加之新冠肺炎疫情冲击全球经济，将直接影响到共同富裕的推进。

2021 年 8 月 17 日，在中央财经委员会第十次会议上，习近平总书记指出，共同富裕是社会主义的本质要求，是中国式现代化的重要特征，要坚持以人民为中心的发展思想，在高质量发展中促进共同富裕。从中可以看出，新发展阶段的共同富裕具有鲜明的中国特色，即坚持以人民为中心的发展思想，通过高质量发展满足人民日益增长的美好生活需要，其内涵可以从以下四个方面来理解：

（1）共同富裕不是指总量富裕、平均富裕，而是在全体人民普遍富裕基础上的差别富裕。客观存在的人多地广、发展不平衡的国情和社会成员的禀赋、知识、经验和社会贡献不同，其财富的多寡也必然不同。实践中，要立足社会主义初级阶段，坚持公有制为主体、多种所有制经济共同发展，允许一部分人先富起来，先富带后富、帮后富，重点鼓励辛勤劳动、合法经营、敢于创业的致富带头人。

（2）共同富裕不是简单地分配财富，而是要持续提升人们创造财富的能力。实践中，要鼓励勤劳创新致富，并且坚持在发展中保障和改善民生，为人民提高受教育程度、增强发展能力创造更加普惠公平的条件，为更多人创造致富机会，形成人人可致富的发展环境。

（3）共同富裕不仅要保证全体人民共同参与、人人尽力，还要让共创财富的人能够共享财富。实践中，要建立科学的公共政策体系，形成人人享有的合理分配格局，同时注重全面统筹，把保障和改善民生建立在经济发展和财力可持续的基础之上，重点加强基础性、普惠性、兜底性民生保障建设。

（4）共同富裕代表了政治、经济、社会、文化和生态环境五位一体高度综合协调的状态，不仅要满足人民的"物质富裕"需要，也要满足各种"精神富足"需要。

2. 推进"共同富裕"的具体路径

新阶段的共同富裕是为了促进社会公平正义、促进人的全面发展，形成多数人群收入达到中等收入水平或中等富裕水平，从而促进生产、分配、流通和消费的内循环更有效率、更加健康，促进整体经济发展的高质量并形成高水平均衡的经济循环格局，这不仅是构建"双循环"新发展格局的必然要求，也是"中国式现代化的重要特征"。同时，这是一项系统工作，必须统筹部署、循序渐进，其实现路径可以从以下几方面推进：

（1）统筹兼顾"做大蛋糕"和"分好蛋糕"。"做大蛋糕"是"分好蛋糕"的物质前提，当下我国仍处于社会主义初级阶段，仍是最大的发展中国家。根据国际货币基金组织（IMF）于 2021 年 4 月发布的《世界经济展望》显示，2020年我国的人均 GDP 为 10484 美元，在全球 194 个经济体中的排名由 70 位前移到63 位（如不以地区作为统计排名口径，而是以国家作为统计口径排名，则名次由 65 位前移到 58 位），在全球所有经济体中处于中上游水平，但与美国的 6.34万美元相比较，仍存在较大差距。因此，首先要保持经济增长在合理区间，并且要保持经济增长与收入增长同步；其次，由于市场机制的调节也会存在"失灵"的情形，这就需要兼顾"分好蛋糕"，并通过"分好蛋糕"来促进蛋糕进一步做大。而"分好蛋糕"则需要体现共同劳动、共同创造，处理好"三次分配"之间的关系。其中，一次分配讲效率，由市场主体根据国家法律和市场机制，以按劳分配为主、多种分配方式并存的分配机制来运行；二次分配讲公平，由政府主导推进的分配，包括政府制定的税收、社会保障的"五险一金"、转移支付等；三次分配讲自愿，主要是指自愿捐赠、慈善等，但这需要进一步完善捐赠免抵税等有关政策。

（2）以科技创新引领高质量发展为基础。在共同富裕领域，高质量发展是生产力质的变革与飞跃，是新时代共同富裕发展最显著的标志。尤其是通过科技创新引领经济高质量发展解决好长期存在且越发突出的区域差别、城乡差别、行业差别。高质量发展至少需要：①以创新、协调、绿色、开放和共享的新发展理念引领高质量发展，将高质量贯穿教育、就业、医疗、公共服务、生态建设等方面，推动经济社会各领域实现质量变革；②以改革补齐短板弱项，通过强化改革，破除制约社会民生和社会治理发展的因素，提升社会保障、公共服务、基础设施和生态治理的发展水平，为高质量发展奠定基础；③以创新实现动力变革，在全球产业深刻变革的背景下，要大力推动数字化技术与产业融合的数字化创新，切实转换我国发展动力，发挥数字化创新在传统产业升级、构建现代产业体系中的重要作用；④提升教育质量，通过健全育人机制、加大人力资本投入等举措，培养适应社会分工日益复杂化和精细化方面的人才，赢得发展优势。

（3）消除各种体制机制障碍，促进和扩大社会性流动。社会性流动包括横向流动和纵向流动，横向流动主要是指市场主体跨区域或跨产业流动，如农民工从原来的务农转移到非农产业，以及向不同规模的城市流动；纵向流动是指在横向流动推动下的市场主体在职业类别、收入分组、教育和技能水平、社会身份等方面的提升。改革开放40多年后，我国经济已经进入中高速增长时期，劳动力流动显著放缓。这就需要加快纵向流动，把更多人口培育为中等收入群体，同时使其成为扩大总消费的主力军。就业是民生之本，更广泛的就业和创业活动是实现共同富裕之源。因此，我国要积极实施就业优先战略和积极就业政策，将劳动力市场制度和公共就业服务良好结合，提高有能力、有意愿人口的劳动参与率，重点围绕脱贫后低收入农村人口和老年群体的就业问题及进城农民工的市民化问题，有序推进户籍制度、退休制度等机制的改革。

（4）推动形成分享生产率提高成果的社会机制，促进社会福利全覆盖的均等化。在分享生产率提高成果的过程中，政府责任就是履行完善社会保障体系、加强普惠性社会保护的职能。市场机制具有优胜劣汰的激励效果，同时也会因为市场失灵而带来创造性破坏。比如，市场不需要保护低效的市场主体和过剩产能，甚至可以不必保护那些不符合比较优势的产业及岗位。但作为经济活动参与者的人，在任何时候都需要社会保护。这就需要政府在强化市场配置资源决定性作用的同时，更要加强社会保障体系、劳动力市场制度和社会共济机制，实现社会福利的全覆盖。从全球数据得出的统计规律来看，处于人均 GDP 从 10000 美元到 25000 美元提升阶段的国家，通常会经历一段社会福利水平大幅度提高的过程，政府的社会支出占 GDP 比重大体上都从 26% 的水平跃升至 36% 这个福利国家的标志性水平（厉以宁等，2021）。而当前我国正恰好处于这样的发展阶段，这就需要政府立足于搭建幼有所育、学有所教、劳有所得、病有所医、老有所养、住有所居、弱有所扶的"七个有所"社会保障体系，积极推进社会基本公共服务和社会福利全覆盖的均等化，实现社会保障的均衡发展，全社会分享生产率提高的成果。

二、数字化创新助推"共同富裕"的作用机理

1. 促进宏观经济增长，"做大蛋糕"

保持经济在一个合理区间的持续增长，是"做大蛋糕"、促进共同富裕的必要路径之一。正如本书第一章的分析所述，"数字化创新"是在数据创造价值的基础上，不同主体通过对数字化资源进行重组的价值创造活动。从结果来看，数字化创新是新产品、新服务、新商业模式等；从过程来看，数字化创新是数字化基础设施、数字技术、数据要素等的赋能或价值增值。数字化创新无论从结果来看，还是从过程来看，都是促进宏观经济增长的重要途径。比如，基于我国 2001~2010 年的数据研究发现，互联网使用频率每增加 1%，实际产出可增加 0.074%（严成樑，2012）。中国信息通信研究院于 2021 年 8 月发布的《全球数字经济白皮书——疫情冲击下的复苏新曙光》表明，2020 年新冠肺炎疫情暴发之后，全球 47 个国家 2020 年的 GDP 下降了 2.8 个百分点，但其与数字化创新相关的数字经济规模却同比增长了 3 个百分点，高于整体经济增速接近 6 个百分点。此外，借助互联网，全球线上交易可以扩大商品选择范围，从而帮助消费者在更多元化的商品中选择价格更低廉的商品，最终提高消费者福利 73%[①]。

---

① Krasnokutskaya E，Song K，Tang X. The Role of Quality in Internet Service Markets［J］. Journal of Political Economy，2020，128（1）：75-117.

2. 平滑差距、畅通市场，从根源上解决"共同富裕"推进中的痛点

随着数字技术应用的普及和应用场景的拓展，数字化创新的普惠性、泛在性逐渐显露，使得大多数人受益。数字技术不仅有利于缩小城乡之间、区域之间的差距，还有利于畅通国内统一大市场，从而提升社会整体福利水平，而这正是当下全面推进"共同富裕"必须要解决的难点。具体而言：

（1）在缓解区域差距方面。物联网和分布式生产等数字技术有助于及时将客户需求传递给上游供应商，确保按时交付产品，推动柔性生产和分布式生产。因此，由于数据和信息可以较容易地实现跨区域流动，生产端、消费端都可以分散在不同地区通过数字平台进行匹配、交易，物理距离对行业分工和产品交易的影响作用下降，原本促使产业集聚的地理因素重要性下降，产业集聚趋势下降，从而使得产业的价值链布局更加区域化和碎片化，这也将在一定程度上促进区域发展的协调和平衡。

（2）在缓解城乡差距方面。互联网、大数据等数字技术将帮助农民制定因地制宜、因时制宜的生产和销售计划，不仅推动了农业供给侧的结构性改革，还催生了农村电商、网商经纪人、物流配送队伍等新业态和新岗位，从而为乡村振兴、拓宽农民收入来源、提高农民收入提供了有效的解决途径。例如，农村电商直播通过打造网红产品、塑造地方品牌，有效带动了农副产品销售和品牌价值的提升。根据阿里研究院产业研究中心相关数据显示，从 2019 年启动到 2020 年底，淘宝直播"村播计划"共孵育了 11 万新农人主播，实现 31 个省份覆盖，带动农产品销售达 50 亿元。此外，数字化创新与农民、农村、农业的深度融合，将更加便于绿水和青山旅游价值的推广与宣传，从而促进全国绿色发展总体战略的推行。

（3）在畅通国内统一大市场方面。与存在自然性和制度性市场分割的线下市场相比，依赖于数字化技术平台及数字化创新应用的线上市场相对统一完整，线上销售能帮助以跨区域经营为主的企业摊薄市场进入成本，从而有利于国内统一大市场的畅通。事实上，以数字化平台为代表的数字创新应用已成为一个相对统一的大市场，数字化平台实际上就是一个打破时空限制的大市场。

3. 促进基本公共服务均等化，"分好蛋糕"

共同富裕不仅要"做大蛋糕"还要"分好蛋糕"。在"分好蛋糕"方面，不

仅需要充分发挥市场机制在资源配置中对收入进行一次分配的作用，还需要发挥政府的干预作用，建立健全社会保障服务体系，促进基本公共服务和社会福利全覆盖的均等化。而数字化创新的应用，将通过公共服务短板弥补、政府服务能力提升和公共设施提供三个方面来促进基本公共服务的均等化，具体而言：

（1）在公共服务短板弥补方面。数字化创新应用的典型——数字平台可以在医疗、教育以及各领域公共管理的信息传输方面，为市场参与者提供技术、数据和市场支撑，从而扩大供给规模、丰富供给内容，弥补以政府、事业单位和国企为主体的供给方不能充分满足供给需求的不足。数字平台自身就是一个社会化较强的、具有公共服务性质的主体，可以在一定程度上弥补公共服务短板。

（2）在政府服务能力提升方面。电子政务作为数字化创新催生出的新模式，依靠大数据和人工智能等数字技术，实现了以公众需求为导向的双向互动以及服务的便民化和简洁化，使得政府机构的办事效能获得了极大改进和提高，为打通政府提供公共服务的"最后一公里"提供了有利条件。

（3）在提供更充分和平衡的公共设施方面。作为数字化创新的结果，高速度、大容量、多媒体的信息传输网络可以促进经济欠发达地区与全国甚至世界各地的信息联通，通过信息进村入户填补了地区间的"数字鸿沟"，带动了落后地区和农村经济发展。因此，人们能否充分利用数字基础设施成为在当前及未来能否致富的关键因素，也是能否均衡享受公共设施的重要考量因素，数字基础设施的普及性和通用性对均衡发展和人民福祉具有重要意义。

第四节　小结

2008年以来，我国经济步入增速放缓的"新常态"，原因主要在于：一是资本贡献率下滑显著，尤其是2015年以来的资本贡献率下移近2.5%；二是技术要素的贡献率先降后升、整体下移，较2008年前下降了近1%；三是劳动力约束问题凸显，2015~2019年的劳动力总量对经济增长转为负贡献，城乡劳动力流动带来的人口红利降至1%。与此同时，经历改革开放以来的高速发展后，我国经济的发展也面临一系列的"新挑战"，尤其体现在三个方面：一是国内投资效率不高，消费释放不足；二是国内人口特征的变化导致"人口红利"趋减；三是出口导向型发展模式遭遇全球化逆流。

我国经济当前的"新常态"和"新挑战"意味着，我国经济增长动力将由要素驱动向创新驱动转变，经济发展主线则变成了经济增长方式的转变和经济驱动新动能的培育。这就需要通过供给侧的结构性改革优化组合各个生产要素、培育新动能，从而提升生产要素的使用效率，实现经济的高质量发展和中高速增长。其中的"新动能"至少包括技术进步与创新、生产要素构成和作用机理的变化、政策导向和体制机制变迁三个方面内容。

以国内大循环为主体、国内国际双循环相互促进的新发展格局，是我国开放发展战略和经济循环格局的重要调整和变化。"双循环"新发展格局的内涵要点在于充分依托我国超大规模市场优势，培育和挖掘内需市场，推动产业结构优化和转型升级，同时坚定维护多边贸易体制，将国内经济融入经济全球化当中，实现国内循环和国际循环相辅相成、相互促进。其中的关键要点在于实现经济循环流转和产业关联畅通，根本要求是提升供给体系的创新力和关联性，解决各类"卡脖子"环节和瓶颈问题。在这一过程中，以数字技术引领产业协同发展和供需精准对接的数字化创新，将从促进供给与需求精准匹配、促进高水平对外开放、提升经济协同性、获得资源要素再配置效应四个方面促进"双循环"新发展格局的构建。

在当前面临"新常态""新挑战"的中国，推进共同富裕是为了促进社会公平正义、促进人的全面发展，形成多数人群收入达到中等收入水平或中等富裕水平，从而促进生产、分配、流通和消费的内循环更有效率、更加健康，促进整体经济发展的高质量并形成高水平均衡的经济循环格局，这不仅是构建"双循环"新发展格局的必然要求，也是"中国式现代化"的重要特征。这一过程中，数字化创新助推共同富裕的作用机理主要体现在：一是通过促进宏观经济增长来"做大蛋糕"；二是平滑差距、畅通市场，从根源上解决"共同富裕"推进中的痛点；三是促进基本公共服务均等化，有助于"分好蛋糕"。

第三章　技术视角的数字化创新：新技术应用

第一节　数字化创新下的关键技术

在数字化创新过程中，数据是重要的要素之一。数据从现实物理世界到数字信息世界，经历了感知、传输、存储等过程，并通过可信、计算、分析和挖掘获取有价值的信息。这一数据生命周期中的新技术涉及物联网、5G 通信、大数据、云计算、边缘计算、人工智能和区块链等（见图 3-1）。正是得益于这些关键技术的创新发展，数据才日益成为经济社会发展中的生产要素而被重视，从而推动数字化创新应用的蓬勃发展，为实体经济的高质量发展注入新动能。

图 3-1　数据生命周期中的新技术

资料来源：笔者根据相关文献收集整理。

一、数据感知与传输的技术支撑：物联网技术与 5G 技术

1. 数据的感知：物联网技术

物联网是新一代信息技术的重要组成部分。所谓物联网（Internet of Things，IoT）是指通过智能感应设备、智能传感器设备、卫星定位系统等信息传感设备，将任何物品与互联网连接起来，按照约定的传输通信协议，进行信息感知、获取、转换、交换和通信，从而实现对物品的智能化识别、定位、跟踪、监控和管理的一种网络。实际上，物联网就是物物相连的互联网，是互联网的延伸，实现了在任何时间、任何地点，"人—机—物"的互联、共享、互通，因此又被称为"万物相连的互联网"。

物联网的实践最早可追溯至 1990 年 Xerox 公司的网络可乐贩售机，1999 年，美国 MIT 研究射频识别（Radio Frequency Identification，RFID）技术时首次提出了"物联网"的概念，引起各国重视和广泛关注。在我国，2009 年 8 月，时任国务院总理的温家宝同志在视察无锡时提出"感知中国"。2010 年 3 月，物联网被写入了十一届全国人大三次会议政府工作报告中，正式被列为我国五大新兴战略性产业之一，物联网正式进入我国，并受到了全社会极大的关注。

物联网具有感知广泛、信息互联、智能控制和应用广泛等优势，实现了数据采集多维化和实时化。随着信息共享和相互操作性增强，物联网在制造、农业、零售、医疗、交通、物流和能源等众多领域的渗透和应用进一步加强，尤其是在疫情防控期间，更是广泛应用于物流配送、零售和医疗救治等方面。目前，物联网市场规模不断扩大，根据《中国金融科技和数字普惠金融发展报告（2020）》数据显示，物联网市场规模不断扩大，从 2013 年的 4896.5 亿元已增加至 2019 年的 16885 亿元，复合增长率高达 22.12%。2019 年底，我国已成为全球最大的物联网市场，在全球 15 亿台蜂窝网络连接设备中，有 9.6 亿台来自我国，占比达到 64%。

2. 数据的传输：5G 技术

当前，5G（5th Generation Mobile Communication Technology）时代正在以超高速、超低时延、超大连接的关键能力和万物互联的应用场景，为人类开启信息社会的新一轮变革。5G 即第五代移动通信技术，是实现"人—机—物"互联的网络基础设施，但 5G 并不是全新的、独立的无线接入技术，而是对 2G、3G、4G 和 Wi-Fi 等现有无线接入技术的演变、发展和进化，以及集成一些新增的补充性无线接入技术后的解决方案的总称。

现代移动通信自 20 世纪 80 年代问世以来，大约每十年经历一代技术革新，从 1G 模拟语音时代（1980～1990 年）时代、2G 数字语音时代（1991～2000 年）、3G 数据业务时代（2001～2010 年）、4G 高速数据时代（2010 年至今），直到现今的 5G 万物互联时代，通信技术经历了从模拟信号到数字信号，业务从语音到数据的演进。以 2019 年 6 月 6 日工业和信息化部正式发放 5G 商用牌照为标志，我国网络体系正式进入 5G 商用时代。根据工业和信息化部 2021 年 11 月公布的数据，我国已建成 5G 基站超过 115 万个，占全球 70%以上，5G 终端用户达到 4.5 亿户，占全球 80% 以上。根据 2019 年美国国防部国防创新委员会发布的《5G 生态系统：对美国国防部的风险与机遇》报告，在 5G 领域，我国和美国、韩国、日本处于领先地位，英国、德国和法国位于第二梯队，新加坡、俄罗斯和加拿大处于第三梯队。

5G 高速率大带宽、低时延高可靠、大连接广覆盖的特性，能够保障在任何时间、任何地点、任何人、任何物间顺畅通信，从而支持了更加丰富的业务，实现在更加复杂的场景上的使用，例如为无人驾驶、工业自动化、远程医疗等提供高可靠连接。因此，全球各国的数字化创新都将 5G 作为优先发展的领域，通过发力和部署 5G 网络，普及 5G 应用，加快数字化转型的步伐。根据工业和信息化部统计数据，截至 2021 年底，我国 5G 网络已经实现覆盖全国所有地级市城区、超过 98%的县城城区和 80%的乡镇镇区，并逐步向有条件、有需求的农村地区逐步推进。同时按需建设优化布局，以行业需求为导向，积极深入推进"5G+工业互联网"应用场景示范，开展"5G+医疗健康""5G+智慧教育"试点，加强面向企业厂区、工业园区这些重点区域的网络覆盖。根据高通公司委托 HIS 咨询公司所做的研究，预计到 2035 年，5G 将会推动全球产出增加 4.6%，为我国带来近 1 万亿美元的 GDP 增长和近 1000 万的就业增长。同时，中国信息通信研究院测算，预计到 2025 年，我国 5G 网络建设投资累计将达 1.2 万亿元，2020～

2025 年，5G 商用直接带动的经济总产出将达 10.6 万亿元。

二、数据存储与计算的技术支撑：大数据技术、云计算技术、边缘计算技术

1. 数据的存储：大数据技术

大数据（Big Data）是指以多维海量数据为资产，价值挖掘为导向，集合数据思维、数据能力和数据应用为一体的数据工程体系，其数据规模往往达到了 PB（1024TB）级。通过大数据技术，能够帮助企业利用多维海量数据这一资产，结合人工智能算法，对未知逻辑领域的动态变化进行实时、精确地获取，并快速重塑业务流程和组织，实现行业的新兴发展。根据 IDC 测算，2018 年我国拥有数据量为 7.6ZB，占全球数据量的 23.4%。预计未来随着通信设备、物联网设备接入数量和承载能力的进一步提高，我国的数据量将在 2025 年达到 48.6ZB，占全球数据量的 27.8%，远高于美国的 17.5%，成为全球最大的数据中心。

1998 年，*Science* 杂志发表了一篇题为《大数据科学的可视化》的文章，大数据正式作为一个专用名词出现在公共视野。21 世纪前十年，随着第二代互联网 Web2.0 应用迅猛发展，产生了海量的非结构化数据，而传统的数据处理方法已经难以应对，因此带动了大数据技术的快速突破，各行业大数据解决方案逐渐走向成熟。2011 年以后，大数据的发展进入全面兴盛时期，对大数据的研究越来越多地从基本的概念、特性转到数据资产、思维变革等多个角度。大数据技术开始向商业、科技、医疗、政府、教育、经济、交通、物流及社会的各个领域渗透，不断变革原有行业的技术，创造出新的技术及生态。在我国，2015 年 8 月，国务院印发《促进大数据发展行动纲要》，正式提出"全面推进我国大数据发展和应用，加快建设数据强国"的奋斗目标，标志着大数据正式上升为国家战略。2020 年 4 月，中共中央、国务院发布《关于构建更加完善的要素市场化配置体制机制的意见》，与土地、劳动力、资本等传统要素一样，数据成为新型生产要素，并作为完善要素市场化配置的关键因素被纳入国家战略层面。2021 年 11 月，工业和信息化部印发的《"十四五"大数据产业发展规划》中提到，2020 年底我国大数据产业规模已超过 1 万亿元，"十四五"期间大数据产业测算规模将突破 3 万亿元。

随着数字化创新和数字时代的来临，大数据正成为经济社会发展的新引擎。大数据具备 4V 特征，即数据量巨大（Volume）、数据类型繁多（Variety）、信息处理速度快（Velocity）和价值密度低（Value），众多行业都在利用大数据技术，研究数据对其商业模式、盈利收入、业务运营和客户关系等各个领域之间的影响关系。同时，各国政府也认识到大数据技术领域的竞争事关国家安全和未来，将大数据技术从商业行为上升到国家战略。目前，我国大数据产业规模持续扩大，创新能力持续增强。作为大数据技术承载的数据中心发展迅速，根据工业和信息化部统计数据，截至 2020 年底，我国在用数据中心机架规模约 500 万架，近 5 年年均增速逾 30%，是全球平均增速的 2.3 倍。但我国大数据发展的基本结构呈现"东高西低"态势，目前国家已开始实施"东数西算"工程。

2. 数据的计算：云计算技术与边缘计算技术

云计算（Cloud Computing）是一种根据客户对计算的实际需求，通过网络交付计算资源，并依据使用量付费的服务模式，其获取计算能力就像水、电、煤气的使用一样。这种服务模式提供可用的、便捷的、按需的网络访问，获得的服务包括网络资源、计算资源、存储资源、软件资源和内容资源等内容。由于计算资源可以随时获取、按需使用、随时扩展，因此企业无须花费昂贵的成本构建自己的数据中心，从而可以帮助企业降低运营成本，使基础设施更加有效地运行，并能根据业务需求的变化调整对服务的使用。

2006 年 8 月 9 日，谷歌 CEO 埃里克·施密特（Eric Schmidt）在搜索引擎战略大会（Search Engine Strategies Conference & Expo，SES）上首次提出"云计算"的概念和商业理念，这标志着"云计算"的起步。2007 年 11 月，IBM 首次发布云计算商业解决方案，推出了"蓝云"（Blue Cloud）计算平台，为客户带来即买即用的云计算平台。云计算具有虚拟化、动态可扩展、按需部署、通用性高、可靠性高和性价比高的特点。按照资源部署模式的不同，云计算可以分为公共云、私有云和混合云三种不同的类型；按照服务模式的不同，云计算又可以分为基础即服务（Infrastructure as a Service，IaaS）、平台即服务（Platform as a Service，PaaS）和软件即服务（Software as a Service，SaaS）。

发展至今，云计算不仅成为了数字化创新重要的信息基础设施，而且还是企业数字化转型的关键要素。云计算技术汇聚了更多样化的算力和应用，已成为驱动各行各业数字化创新的智能引擎化和技术基石。我国的"云计算"始于2008年，由国内的云计算标杆阿里云筹办。根据中国信息通信研究院的数据显示，2020年我国云计算总规模达到1782亿元。2020年，国家发展和改革委员会、中共中央网络安全和信息化委员会办公室联合印发了《关于推进"上云用数赋智"行动 培育新经济发展实施方案》，工业和信息化部印发了《中小企业数字化赋能专项行动方案》，其目的在于引导和推动云计算应用从互联网行业向政务、金融、工业和教育等传统行业加速渗透，成为政府及企业实现数字化创新的重要信息基础设施。

但是随着数据呈指数级增长，物联网在感知数据时，人工智能在进行数据分析处理时，需要消耗更多的计算资源和存储资源，云计算虽然计算能力强大，但难以满足业务实时性的要求，并且无法保证业务数据安全，由此出现了作为其补充的"边缘计算"。"边缘计算"这一提法首次出现在2013年美国太平洋西北国家实验室的内部报告中，所谓边缘计算（Edge Computing）是指在靠近终端的网络边缘，就近提供智能计算的一种服务模式。边缘计算汇聚和融合了网络、计算、存储和应用等核心能力。作为物理世界到数字世界的桥梁，边缘计算是数据融入网络的第一入口，通过实现云边协同计算能够较好地解决云计算的不足及劣势。

由于边缘计算是在靠近数据输入或用户侧提供计算、存储和网络带宽，具有高带宽、低时延、高可靠、海量连接、多源异构连接和保障隐私数据安全等优点，因此可以满足行业业务实时性、应用智能性、数据安全与隐私性的需求，在智能制造、智慧医疗、智慧城市、智能家居、车联网等场景应用中稳健发展。据中国电子信息产业发展研究院（CCID）数据显示，2020年我国边缘计算市场规模达199.4亿元，同比增长62.2%。2021年我国边缘计算市场规模预计达到325.3亿元，同比增长63.1%。

三、数据分析挖掘与可信的技术支撑：人工智能、区块链技术

1. 数据的分析挖掘：人工智能技术

作为计算机学科的一个重要分支，人工智能是于1956年正式提出的，在

当前被人们称为世界三大尖端技术之一（包括空间技术、能源技术和人工智能技术）。人工智能（Artificial Intelligence，AI）就是通过机器对人的意识和思维过程进行模拟，利用机器学习和数据分析等方法赋予机器类似人的能力，实现和延伸人类的感知、思考、行动等智力与行为能力的科学与技术。作为引领未来的战略性技术，人工智能是新一轮科技革命和产业变革的重要驱动力量，已经成为国际竞争的新焦点、经济发展的新引擎，极大提升了人类生产水平和生活品质。

1956 年达特茅斯会议首次提出"人工智能"的概念，经过 60 多年的发展，人工智能共经历了三次发展浪潮：第一次为 20 世纪 50 年代末至 80 年代初，图灵测试推动了人工智能理论的诞生；第二次为 20 世纪 80 年代初至 20 世纪末，专家系统助推人工智能实验室攻关；第三次为 21 世纪初至今，在物联网、大数据、超级计算、传感网、脑科学等新理论、新技术以及经济社会发展强烈需求的共同驱动下，新一代人工智能技术不断取得新突破，迎来了人工智能的第三次发展浪潮。我国也在 2017 年将人工智能上升为国家战略，提出"智能+"，深化人工智能等研发应用，为数字化创新赋能。

人工智能具有以人为本、感知环境和适应环境特点，目前人工智能正在通过优秀的算法，海量的数据，以及云端丰富的算力，呈现出专业性、专用性和普惠性的特征，在信息化程度高、容错率较大、商业模式较成熟的场景以渗透的方式快速融合。例如制造、医疗、教育、金融、物流、交通、安防、家居、客服和零售等多个应用场景，为相关产业带来了巨大的变革，推动了数字化创新的进程。德勤在 2020 年发布的《全球人工智能发展白皮书》中预测，到 2025 年世界人工智能市场规模将超过 6 万亿美元。根据麦肯锡全球研究所发布的报告显示，到 2030 年，人工智能将为全球额外贡献 13 万亿美元的 GDP 增长，平均年增长率为 1.2%。埃森哲在《人工智能：助力中国经济增长》报告中预测，到 2035 年，人工智能成为全新的生产要素后，中国劳动生产率将提高 27%，中国经济总增加值将提升 7.1 万亿美元。

2. 数据的可信：区块链技术

市场经济的本质是信用经济。传统交易通过有形的、契约中的违约责任条款来约定和实现，因此交易的成本很高，而区块链则赋予了交易新的契约机制，实现去中心化。区块链是利用块链式数据结构来验证与存储数据、利用分布式节点和共识算法来生成和更新数据、利用密码学的方式保证数据传输和访问的安全、利用由自动化脚本代码组成的智能合约来编程和操作数据的一种全新的分布式基础架构与计算范式。

2009 年 1 月，中本聪（化名）的比特币系统正式运行并开放了源码，标志着比特币网络的正式诞生。作为比特币系统的底层技术，区块链的价值开始逐渐为大众所认知，区块链的应用也逐步在多个行业得以重视并落地实施，尤其是在证券、贷款、抵押、产权等领域。2019 年 10 月 24 日，习近平总书记在中共中央政治局第十八次集体学习会议上的讲话，将区块链技术的研发和发展提到了国家战略高度。2020 年 4 月 20 日，国家发展和改革委员会首次明确了"新基建"范围，并将区块链与人工智能、云计算等一起纳入新技术基础设施。目前，基于区块链术的新生态系统不断被整合、应用到在现有行业中，不断催生出新型的商业模式，推动了实体经济数字化创新升级和提质增效。

由于具有去中心化、分布式存储、点对点传输和共识机制等特征，区块链实现了一种在非信任的竞争环境中低成本建立信任的新型协作模式，并且凭借其特有的信任建立机制，实现穿透式监管和信任逐级传递。因此，区块链技术的核心是以较低成本构建一种信任机制，其对商业社会的影响主要体现在降低社会交易成本、提升社会效率、交易透明可监管等方面。目前，区块链的典型应用场景主要包括金融、供应链、物联网、公益、医疗、教育、社会管理等方面，涉及审计、数字票据、供应链金融、电子数据保全、隐私保护、供应链物流、设备管理和内外高效协同等领域。根据人民网发布的《中国移动互联网发展报告（2021）》数据显示，2020 年我国已建成 40 个区块链产业园区，区块链相关企业数达 64996 家，2020 年上半年我国区块链产业规模达到 17.15 亿元，同比增长 246.5%。

综上所述，新技术在数字化创新中的应用如图 3-2 所示。

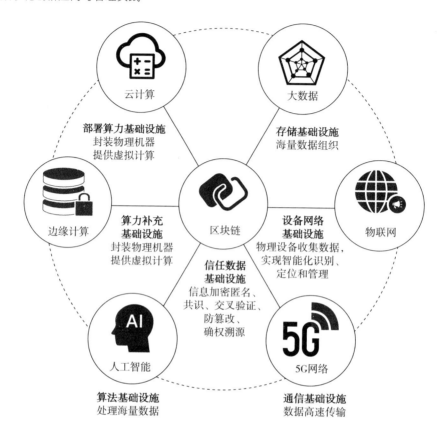

图 3-2　新技术在数字化创新中的应用

资料来源：朱建明，高胜，段美姣，等．区块链技术与应用［M］．北京：机械工业出版社，2017．

第二节　新技术对数字化创新的影响

一、新技术促进数字化创新应用的作用机理

以互联网、物联网、大数据、云计算、人工智能等为代表的新技术，改变了传统的时空建设，开启并推动了数字化创新，带动了人类社会生产方式变革、生

产关系再造、经济结构重组和管理方式巨变。新技术既可以降低信息不对称程度，促进各种生产要素和商品的流动，优化要素配置，改善产业布局，产生"外部效应"，又可以使企业加快人力资本积累，提升全要素生产率，产生"溢出效应"。因此，从发展条件、发展过程与发展结果来看，新技术促进数字化创新应用的作用机理主要体现在转换动能、优化结构、提升效率三个层面。

1. 新技术助力数字化创新转换动能

目前，随着全球经济发展由以物质生产、物质服务为主导向以知识创新、技术变革为主导转变，要素禀赋由土地、资本等初级要素禀赋升级到以人才、技术为主的高级要素禀赋。作为新型生产要素，数据已经成为支撑数字化创新发展的强大动能。这种数字化知识与信息的产生和服务离不开新技术的支撑。其中，物联网技术实现了对各种数据信息的及时实时采集，5G 网络连接技术实现了对各种数据信息的有效快速传输，大数据、云计算、边缘计算和人工智能等技术实现了对数据信息的实时存储、及时处理和深度挖掘分析。区块链技术则保证了各种数据信息的低成本获取和可信性。同时，随着新技术的发展和应用，机器和设备之间的识别、学习、计算和协作能力大幅提升，加速了数据在设备、产品、服务、应用场景以及用户之间的流动和连接，实现了更大范围"人—机—物"的互联互通，并使资本、劳动等生产要素呈现出数字化、智能化和网络化的发展趋势，从而进一步提高了生产要素的质量。并在此基础上，基于梅特卡夫定律的指数级增长逻辑，在生产设备、产品、服务、应用场景以及用户之间进一步实现互联互通，完成价值倍增。作为数据要素的载体，人工智能、大数据、物联网等新技术的发展加速了各主体之间数据要素的充分流动与连接，克服了内部资源有限和同质性的限制，建立起了新的知识共享的途径和渠道。而且通过不断扩展平台的辐射作用，时间、空间边界产生了倍增效应，不断催生出新产业、新业态和新模式，实现数字化创新。此外，新技术还能够加速信息化资本代替传统资本，并重新构建新的资本和劳动的关系，改善现有生产要素的质量。因此，在我国经济发展方式由资本、劳动要素驱动向数据要素驱动的转变过程中，新技术起到了积极的促进作用，实现了以知识与信息为驱动的新经济形态构建，为数字化创新发展提供了新动能。

2. 新技术促进数字化创新优化结构

当前新一轮科技革命与产业变革方兴未艾，正深刻影响着我国各类产业的组织形态，培育壮大新兴产业、改造提升传统产业已经成为推动我国高质量发展的重要举措。作为信息基础设施的重要支撑部分，人工智能、大数据、物联网、5G 等新技术能够为相关产业发展提供数字化、信息化和智能化的服务，助力产业数字化。同时，作为产业链条的组成部分，新技术也代表着科技创新和产业发展的方向，由于其本身就属于战略性新兴产业，因此其成长壮大有助于提升数字产业的供给能力、打造新的经济增长点，实现数字产业化。例如，在海量数据下，通过模式识别、机器学习和深度学习等算法，人工智能可以更好地解决那些以往需要人类专家才能处理的复杂问题；通过智能信息传感设备，物联网可以将所有物体与互联网连接，实现各类数据信息的实时收集、及时计算和按时交付；通过百亿甚至千亿数据级的海量传感器接入，5G 可以更好地满足数据传输和业务连接需求，将人、流程、数据和事物结合在一起。通过新技术的融合和集成应用，传统产业的研发效率、生产效率与交易效率能够得到极大提高，从而加快改造升级传统产业，甚至颠覆传统产业的已有模式。同时，在相关产业的整个发展过程中，新技术充分渗透其中，有利于进一步促进产业分工深化，加强加深专业化程度，促进新型产业的集聚和发展，进而对经济结构产生显著的溢出效应，实现企业从初级向高级迈进，并最终实现创新活动的全产业链高端跃升。因此，新技术的交叉融合应用不仅有助于加快新兴产业的培育壮大，而且有助于传统产业的改造升级以及产业链的高端攀升，从而实现数字化创新发展的结构优化。

3. 新技术促进数字化创新提升效率

从发展结果来看，提升效率是数字化创新的核心目标。首先，从生产环节来看，随着生产过程的系统化、集成化、数字化和智能化，新技术发挥着越来越重要的作用。一方面，通过利用人工智能技术的机器学习等算法代替依赖人工经验的传统做法，可以自主选择最优的生产工艺参数，实现生产成本大幅降低，生产效能和产品质量大幅提高；另一方面，利用 5G 网络，生产设备可以直接实时连接至物联网、云计算等新技术平台，实现 VR/AR 远程操作生产设备、实时监测生产过程，并将多种生产模式结合形成柔性生产线来进一步减少生产成本，提升生产效率。其次，从供需匹配环节来看，在区块链技术保证数据可信前提下，人工智能、大数据、云计算等技术能够对海量数据进行科学分析和深度挖掘，获取有价值的交易信息，实现供需双方精准匹配，进而帮助企业实现产品及服务的多样化和个性化，从而有效提高了供需匹配效率，获取更多的成功交易机会。再次，利用5G、物联网等新技术还可以更好地实现互联网和数据流连接，从而将长期沉淀积累的海量数据充分激活，帮助企业实现生产环节和供需匹配环节中的各项业务优化，由此提高对资源的配置规划和投资效率。最后，利用新技术创建知识图谱和数据孪生，能够突破原有的思维定式，构建新的思维范式，建立起知识共享的途径和渠道，将原有大量碎片化、隐性化的问题显性化，由此不断生成新的知识，并反馈到相关部门形成管理闭环，使新技术的供给不断提升，实现技术的创新速度和效率提高。因此，作为数字化创新实现效率提升的重要支撑，新技术的发展和完善可以有效地提高生产效率、供需匹配效率以及技术的创新速度和效率。

二、新技术促进数字化创新的制约因素

尽管目前世界各国纷纷将"推进新技术突破应用和融合发展"作为提升国家核心竞争力的重大战略举措，但新技术的应用和融合是一个系统性工程，在促进数字化创新发展的实践中还面临一些制约因素。

1. 新技术研发和发展规模有待进一步加强

新技术在发展过程中，面临着难度大、周期长、投入高以及外部性等典型特点，并且只有当其发展达到一定边界才能有效发挥作用。虽然新技术由于边际成本递减（甚至最终接近于零）可以产生较强的规模经济效应和范围经济效应，但其初始成本却非常高。鉴于新技术初始投资大、融资成本高而且回报周期长，这往往造成公众对于新技术的投资动力和信心相对不足。同时，我国自主创新的意识和能力还有待进一步提高，核心应用的自主研发能力尚不够、核心技术的创新意识仍需加强，特别是核心芯片、智能传感器、生产控制软件、工业互联网等方面核心技术掌握相对不足。在当前国际经济环境日益复杂险峻的形势下，核心技术薄弱问题日益凸显，加大了我国数字化创新面临的风险。因此，在推动数字化创新过程中，新技术自主创新能力亟待提升、发展规模有待进一步提高。

2. 新技术的交叉融合有待进一步推进

在互联网时代，互联网技术可以通过将所有计算机网络串联，解决信息的传输问题，其快速发展为人工智能、大数据、云计算等新一代数字化技术提供了技术基座。但是与互联网这一单项技术应用有所不同，人工智能、大数据、云计算、区块链、5G、物联网等技术需要在底层互联网基础上，融合、集成和迭代形成新的有机整体。只有在各项新技术充分交叉融合以后，才能进一步在新兴产业的培育壮大以及传统产业的改造升级中发挥出叠加倍增的协同效应，促进数字化创新的发展。例如，通过5G网络，数据信息可以实现低耗能、高速度、大容量传输，但在这些海量数据信息中大量信息往往是低价值的，只有进一步通过大数据、云计算、人工智能、区块链等数据存储、处理和可信技术的处理才能转化为有价值信息。同时，需要经过物联网等连接技术，才能最终实现"人—机—物"之间的充分感知、连接和共享。因此，在推动数字化创新发展过程中，需要进一步推进新技术的交叉融合。

3. 新技术的效率扩散有待加强

2019年11月，党的十九届四中全会首次将数据增列为生产要素。中共中央、国务院印发的《关于构建更加完善的要素市场化配置体制机制的意见》中明确要求加快培育数据要素市场，全面提升数据要素价值。从历史的发展进程来看，每一次科学技术革命中，新技术、新产品的广泛应用都会对效率产生深刻影响。在生产、供需匹配和技术创新等环节中，新技术的融合和集成应用可以发挥积极作用，大幅提高了创新活动的速度和效率。例如，在质量检测环节，广泛使用基于人工智能的图像识别技术可以大幅提高检测的速度和效率；在商业活动中，运用区块链技术则可以节约交易成本和重构信任提高社会管理效率。因此，在推动数字化创新发展过程中，需要进一步加强新技术的扩散效应。

三、新技术促进数字化创新的实现路径

1. 坚持数据要素驱动数字化创新发展的动能转换

在党的十九届四中全会通过的《中共中央关于坚持和完善中国特色社会主义

制度 推进国家治理体系和治理能力现代化若干重大问题的决定》中首次明确提出，数据是一种新型生产要素。在新技术发展应用的初始阶段，首要任务是对新技术的研发创新，而技术研发和创新能力一直是我国数字化创新发展过程中的短板。2020 年 10 月 21 日，科学技术部部长王志刚在国新办新闻发布会上表示，"十三五"期间，我国全社会研发经费支出从 1.42 万亿元增长到 2.21 万亿元。研究表明，企业通常是以盈利为最终目标，因此往往只有在技术的预期应用价值能够支付固定研究成本支出的情况下，企业才可能会做出研发和应用的决策，并且由于后期行业内其他竞争者能够"无偿享有"研发的最终成果，这在一定程度上也会降低企业研发投入的积极性。另外，虽然目前各项新技术的投资建设加速，依托大数据、人工智能等领域的数字消费者数量也快速增多，但新技术研发和建设的整体规模不高，对数据要素的承载能力有限。因此，在推进数字化创新过程中，需要政府和行业监管部门形成适应数字经济发展的政策体系，并且加强知识产权保护，完善新技术的发展环境。一方面，加快推进新技术的投资支持政策和投融资机制创新，进一步放开市场准入，注重调动民间投资积极性，吸引更多民间资本参与相关建设；另一方面，通过在财政政策、货币金融政策、产业政策等方面加大扶持力度，培育一批有影响力、规范、可信的标杆企业，以更好地推动人工智能、大数据、云计算等新技术在各行业领域的落地，通过营造以创新为主体的技术发展环境，进一步完善政策体系来补齐数字科技发展短板，从而加快引领数字化创新发展。

2. 以学习倍增引领数字化创新的结构优化

在制造业和服务业等领域，以新技术为核心的新型数字基础设施创新应用不仅能够促进新型产业的形成以及各产业的创新集聚发展，而且能够对传统产业的生产模式进行颠覆，从而有力推动我国数字化创新的结构优化。当前，人工智能、云计算和 5G 网络等新技术的发展受到了国家的高度重视。2019 年 6 月 6 日，工业和信息化部向中国电信、中国移动、中国联通和中国广电发放 5G 商用牌照，正式开启 5G 网络商用时代。同时，互联网带动云计算逐渐成熟，云上 SaaS 已进入后发加速通道，人工智能领域的芯片技术也正在加速追赶。但是，在激活新兴产业和改造传统产业方面，由于新技术中各项技术还没有实现充分的融合与集成，叠加效应尚未明确显现出来。因此，在推进我国数字化创新过程中，需要进一步加强关注新技术之间的深入融合。在人工智能、云计算、5G、区块链等新技术不断升级的同时，还要通过不断地优化、迭代、再优化来实现各技术之间的高度融合集成。只有在各项技术有机融合的基础上，充分发挥技术对整个产业链上下游各个环节所产生的叠加倍增效应，并通过正向反馈效应进一步大幅提高创新活动的速度和效率，才能有效克服发展过程中的时空约束，从而为新兴产业加速发展和传统产业改造升级及有效实现数字化创新的结构优化奠定坚实的基础。

3. 以技术扩散支撑数字化创新的效率提升

技术扩散是指一种新技术通过各种渠道得到广泛应用和推广的过程，是影响新技术研究开发成败和区域经济竞争力强弱的关键因子之一。除了能够大幅降低生产成本与交易成本，各种新技术的融合和集成应用还能够极大丰富产品或服务的种类。同时，通过提高生产效率与供需匹配效率，技术扩散能够在数字化创新过程中产生重要影响。根据中国信息通信研究院发布的《云计算白皮书》中的数据显示，2020 年，我国云计算整体市场规模已达到 2091 亿元，同时还在加速向各个行业持续渗透，作为新一代移动通信系统的 5G 技术也在不断创造着新型的连接与交互形态。尤其在此次新冠肺炎疫情防控期间，由于消费模式和商业模式的线上线下融合发展，疫情对消费领域的负面冲击在一定程度上得到冲抵，这些都离不开人工智能、大数据、云计算等新技术的有力支持。因此，在推进数字化创新过程中，需要借助新技术的创新集成应用来有效提升效率，积极引导开展新技术在农业、工业、服务业、政府管理和其他关键领域的广泛应用。特别是对于制造行业的高质量发展，不仅需要加强新技术在先进制造企业中的创新应用，更需要重视其在资产规模大但生产效率较低的传统制造企业中技术的扩散效应。

第三节　新技术在数字化创新中的实践应用

当前，新技术呈指数级增长，人工智能、大数据、云计算和 5G 等新技术的碰撞和融合将为数字化创新带来溢出效益。从宏观层面来看，在新技术驱动下，农业、工业、服务业三大产业的供应链加速向智能化发展，并将数字产品和数字服务理念从最初的生产者传递到最终的用户，实现数字化转型；从微观层面来看，新技术是企业构建业务数字化和政府服务模式创新的重要保障。目前，我国正大力推动人工智能、大数据、云计算和 5G 等新技术的融合和发展，在加快新兴产业的培育壮大、促进传统产业改造升级、增强产业链数字化新活力、加深实体经济数字化创新等方面取得了显著成效。

一、应用一：构建业务数字化基础

新技术为企业实现数字化创新提供了技术保障。通过新技术构建业务数字化基础，推动并实现企业生产方式变革与创新。企业各个生产要素之间的数字化打通与连接是企业实现业务数字化的关键。从广义来看，企业生产要素有很多，从有形的生产材料、生产设备、工作环境，到无形的人员、资金、流程等，再到跟企业相关的信用、营销等，这些生产要素都是促进企业发展壮大的必备环节。这些生产要素，以前基本上仅是一种单维度串联关系，现在需要通过数字化形成各个要素之间的价值扩散，构建业务数字化的体系，为提升效率提供更大的空间。敏捷和创新是数字化创新的必备能力，也是业务数字化能力的体现。人工智能、大数据和云计算等新技术可以突破企业以往的管理体制、管理模式和生产方式，为敏捷研发、业务创新、优化运营和迭代升级提供支撑，重新构建基于新技术的业务体系和运营体系，实现全新的业务体验。

人工智能、大数据和云计算等技术的融合协同应用是企业构建业务数字化的重要基础。基于人工智能芯片的云可以全面提升虚拟化服务器、裸金属服务器等各种形态服务器的服务性能，加速数字化创新活动开展。目前，融合人工智能技术的智能云在工业、医疗、教育、商业、零售等诸多领域的需求不断增加，应用也越来越广泛。例如，在钢铁行业，基于5G网络低时延特性，利用人工智能的机器视觉、自动导引运输车（Automated Guided Vehicle，AGV）、超高清视频等进行智能化生产和智慧化运营，在实现远程实时机械设备控制、提高运维效率的同时，还能促进厂区无人化转型。通过数字化创新，新技术融合协同应用减少了企业管理成本、人力成本和生产成本，提高了企业信息系统的灵活性和可扩展性，为企业发展提供了重要的支撑。

同时，5G、物联网等网络传输技术为企业基于人工智能和云计算的数字化创新带来了更大的发展空间。作为第五代移动通信网络，5G是高速度网络，能够提供更加高速的数据传输，其峰值理论传输速度可达每秒数10GB，比4G网络的传输速度快数百倍。而且5G、物联网技术克服了过去限制企业使用人工智能和云计算的瓶颈问题，如数据感知、数据来源、传输带宽和时效性等问题。依托5G网络和物联网，人工智能和云计算渗透到企业运营内部，可以实现更多应用的云端化和智能化。在新技术的合力作用下，越来越多的企业开始进行全面的转型，实施数字化创新，构建业务数字化，进入到依据云端数据来制定决策的时代。

二、应用二：创新数字政务新模式

新技术重塑了政府的服务模式，助力数字政务进入智能阶段。基于人工智能和云计算等新技术策略建设的大型数字政务系统具有软件化、智能化和高效化等特点，可以融入人脸识别、身份证OCR、联网核查等数字化创新服务，从而提高政务服务水平，完善政务服务环境。同时，数字政府在建设过程中，通过充分应用5G、物联网等新一代通信技术，结合人工智能、大数据、云计算等信息技术，以数据为驱动力，共同构建了新一代网络基础设施，强化了政府数据能力建设，通过打破数据烟囱、打造开放平台、汇聚社会资源，提升了政府服务和监管能力。

在城市资源整合中，新技术通过发挥技术优势，提高了城市资源整合效能。

智慧城市是一项涉及众多技术的复杂工程，而物联网、5G 能让城市真正实现"万物互联"，城市的路灯、交通路口、景区等都将纳入到智慧城市的数据平台中。但是，单纯的搜集数据只能让数据成为信息孤岛，并不能把实际获取的数据信息利用到城市管理中，基于云计算的算力和人工智能的数据挖掘分析能力，可以对城市数据进行策略定制，进而开展城市资源的有效整合。

此外，在城市旅游文化、教育和养老等行业，我国仍在不断推进新技术应用的深度融合。近年来，生态旅游、休闲养老、远程教育和智慧家庭等新的服务模式快速发展，并不断向专业化和价值链的高端延伸，拓展了消费渠道。新技术让传统服务业有了新价值，创造了新业态，赋予传统服务业新的面貌，为我国实体经济发展注入了新的动能。

三、应用三：促进要素配置智能化

新技术催生智能精细的生产要素配置方式，驱动产业全新变革，加速释放产业爆发力。以强大的技术能力为支撑，新技术通过整合全产业链上下游的优势资源，支撑行业业态创新，助推传统产业与新技术融合，并充分利用产业基地的集群效应构筑新的数字生产力，为产业发展提供协同创新服务（见图 3-3）。

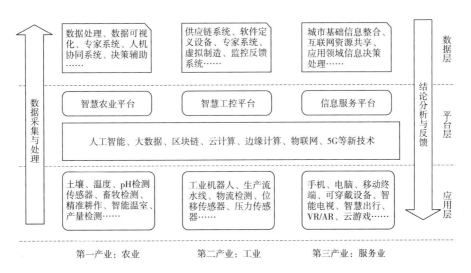

图 3-3　产业转型升级

资料来源：中国信息通信研究院。

新技术通过与农学、地理学、土壤学等学科有机结合，对农业生产要素实行精准化测量和精细化管理，最终实现农业产业数字化、智能化。例如，利用5G网络和边缘计算，基于物联网技术通过布置在田间地头的大量农业智能传感器获取土壤、农作物、空气等农业生产基础信息，并进行实时的信息交互，同时上传到云端大数据中心，通过大数据系统和人工智能专家系统的智能诊断，预测气候模式并提供相应的施肥策略。在这些实时的海量数据产生的决策分析驱动和引导下，农民可以在合适的时间做出最优决策，提升农业生产效率以及农作物产量，最终实现农业的数字化、智能化。随着全球数字化进程的加速和我国城乡一体化的推进，农民数量在不断减少，作为提高农业生产效率的关键举措，新技术在农业中的应用正在变得越来越重要。根据艾瑞咨询发布的《2019年中国人工智能产业研究报告》预测，我国"人工智能+农业"的市场规模将于2024年突破10亿元，2025年达到15.7亿元。

新技术通过重新构建工业的生产模式，实现了全产业链全价值链的资源要素互联互通，实现工业产业数字化加速转型。5G网络的高带宽、低延时等特性能够充分保障工业领域实时性场景的需求，实现产业链上各个资源要素的互联互通。而物联网将传感器、生产设备和产品等智能装备进行广泛连接，并将感知产生的海量数据汇聚到云端，由云计算为工业应用提供更多的算力支持，最后由人工智能平台对海量数据进行训练和推理。在工业活动中，新技术融入设计、生产、管理和服务等各个环节，具有自感知、自学习、自决策、自执行、自适应等功能，可以实现工业的全流程信息感知和事件决策，直接驱动智能终端和智能机器人实现从工具向助理的角色转变，使工业产业由以往"粗放、低效、高能耗"的生产模式朝着"高品质、高能效、智慧化"的方向发展。因此，我国也在2017年将"人工智能"上升为"国家战略"，提出"智能+"，深化大数据、人工智能等研发应用，为制造业转型升级赋能。

在新技术的融合渗透和推动下，通过全方位、多角度、全链条的改造，我国正逐步实现服务产业数字化创新和跨越，服务产业的爆发力进一步得到释放。根据《国民经济行业分类》（GB/T 4754—2017），我国第三产业服务业涉及行业点多面广，包括批发零售、交通运输、住宿餐饮、信息服务、金融、房地产等15

个门类，新技术正在发挥对业态的放大、叠加、倍增作用，促进服务业提质增效、健康发展。在拉动内需方面，新技术的应用不断创新产品，带动新的需求、服务和商业模式发展创新，促进了需求端与供给端及时、高效的信息反馈与链接，使供需两者在更高水平实现动态平衡，进一步深化了供给侧结构性改革的战略目标，拉动了内需，畅通了国内大循环体系。同时，在促进高水平对外开放方面，新技术推动跨境供应链向数字化、智能化、简约化发展，促进了我国服务业在全球的服务能力和服务半径的不断扩大，实现了国外投资贸易循环，从而实现国内国际双循环新发展格局的构建。

第四节　小结

"数字化创新"是以数据为核心的新技术与业务或实体经济的融合，而作为其中的重要基础要素，数据只有经历了数据感知、数据传输、数据存储、数据可信、数据计算、数据分析和挖掘这些过程（也被称之为"数据生命周期"）后，才能发挥生产力作用，实现价值创造。但是，在上述过程中的每一个环节，都离不开新技术的支撑，其中：①物联网技术是数据感知的技术支撑，是指通过智能感应设备、智能传感器设备、卫星定位系统等信息传感设备，将任何物品与互联网连接起来，实现对物品的智能化识别、定位、跟踪、监控和管理的一种网络，具有感知广泛、信息互联、智能控制、应用广泛等特征。②5G 技术是数据传输的技术支撑，是对 2G、3G、4G 和 Wi-Fi 等现有无线接入技术的演变、发展和进化，以及集成一些新增的、补充性无线接入技术后的解决方案的总称，具有高速率大带宽、低时延高可靠、大连接广覆盖的特性，也是实现"人—机—物"互联的网络基础设施。③大数据技术是数据存储的技术支撑，是以多维海量数据为资产，价值挖掘为导向，集合数据思维、数据能力、数据应用为一体的数据工程体系，具有数据量巨大、数据类型繁多、信息处理速度快、价值密度低等典型特征。④云计算技术与边缘计算技术是数据计算的技术支撑，前者是一种根据客户对计算的实际需求，通过网络交付计算资源，并依据使用量付费的服务模式，具有虚拟化、动态可扩展、按需部署、通用性高、可靠性高和性价比高的特点；而后者则是对"云计算"的补充，具有高带宽、低时延、高可靠、海量连接、多源异构连接和保障隐私数据安全等优点。⑤人工智能技术是数据分析挖掘的技术支撑，通过利用机器学习和数据分析等方法赋予机器类似人的能力，实现和延伸人类的感知、思考、行动等智力与行为能力的科学与技术，具有以人为本、感知环境和适应环境特点。⑥区块链技术是数据可信的技术支撑，是利用块链式数据结构来验证与存储数据、利用分布式节点和共识算法来生成和更新数据、利用密码学的方式来保证数据传输和访问的安全、利用由自动化脚本代码组成的智能合约来编程和操作数据的一种全新的分布式基础架构与计算范式，具有去中心化、分布式存储、点对点传输、共识机制等特征。

新技术改变了传统的时空建设，降低了信息不对称程度，加快了人力资本积累，提升了全要素生产率，从而带动了人类社会生产方式变革、生产关系再造、经济结构重组和管理方式巨变。从发展条件、发展过程与发展结果来看，新技术促进数字化创新应用的作用机理主要体现在转换动能、优化结构和提升效率三个层面。尽管目前世界各国纷纷将"推进新技术突破应用和融合发展"作为提升国家核心竞争力的重大战略举措，但新技术的应用和融合是一个系统性工程，在促进数字化创新发展的实践中仍面临新技术研发和发展规模、交叉融合、效率扩散等制约因素。

发展至今，新技术促进数字化创新的实现路径主要体现在三个方面：坚持数据要素驱动数字化创新发展的动能转换；以学习倍增引领数字化创新的结构优化；以技术扩散支撑数字化创新的效率提升。而关于新技术在数字化创新中的实践应用，则至少应用于构建业务数字化基础、创新数字政务新模式和促进要素配置智能化等领域。

第四章　宏观视角的数字化创新：
数字经济"新形态"

第一节　数字经济概述

一、数字经济的定义与内涵

尽管"数字经济"这一概念最早出现于 1996 年由唐·塔普斯科特（Don Tapscott）出版的《数字经济：网络智能时代的前景与风险》一书中，但关于"数字经济"的定义至今仍未统一，比如：①在唐·塔普斯科特所著的《数字经济：网络智能时代的前景与风险》一书中，"数字经济"被定义为"新经济或知识经济"。②在经济合作与发展组织发布的《BEPS 行动计划》中，"数字经济"则被认为是"数字技术带来的变革过程的结果"。③澳大利亚曾在其官方报告中，将"数字经济"视为"由互联网、移动和传感器网络等平台支持的经济和社会活动的全球网络"。④2016 年 G20 中国杭州峰会通过的《二十国集团数字经济发展与合作倡议》中则明确提出："数字经济是指以使用数字化的知识和信息作为关键生产要素、以现代信息网络作为重要载体、以信息通信技术的有效使用作为效率提升和经济结构优化的重要推动力的一系列经济活动。"⑤一些学者则针对"数字经济"在结构、模式等方面的特征，提出"数字经济"是基于相互关联的物理技术和社会技术等机构的综合体，是一种基于数字平台的商业模式和以数字技术为核心的发达经济，是一种比工业经济更高级、更持续的经济形态等。相比较而言，我国学者和实务界普遍认同 G20 中国杭州峰会上对于数字经济的界定。

此外，通过比较各国对数字经济的测算范围或测算口径，也可以看出各个国家或地区对于"数字经济"认知与发展的差异性（见表 4-1）。例如，英国学者朗玛娜·伯克特（Rumana Bukht）和理查德·希克斯（Richard Heeks）在 2017年将数字经济划分为数字（IT/ICT）领域、狭义数字经济（包括电子业务、数字服务、平台经济）、广义数字经济（包括电子商务、工业 4.0、精准农业、算法经济等）三个层次来进行规模统计；美国商务部经济分析局（U. S. Bureau of Economic Analysis，BEA）在 2018 年则将本国数字经济划分为数字基础设施、电子商务和数字媒体三类商品与服务来展开统计分析；中国信息通信研究院发布的《中国数字经济发展白皮书（2020 年）》中将数字经济划分为数字产业化、产业数字化、数字化治理、数据价值化四类来进行跟踪评价；国家统计局于 2021 年 6月发布的《数字经济及其核心产业统计分类（2021）》中，将数字经济产业范围确定为数字产品制造业、数字产品服务业、数字技术应用业、数字要素驱动业和数字化效率提升业 5 个大类。

表 4-1　部分国家的"数字经济"统计范畴

组织/个人	数字经济内涵
朗玛娜·伯克特和理查德·希克斯	数字（IT/ICT）领域、狭义数字经济、广义数字经济
美国商务部经济分析局	数字基础设施、电子商务和数字媒体
中国信息通信研究院	数字产业化、产业数字化、数字化治理、数据价值化
中国国家统计局	数字产品制造业、数字产品服务业、数字技术应用业、数字要素驱动业和数字化效率提升业

资料来源：笔者根据相关文献收集整理。

通过本书第一章中对于数字化、数字化价值创造的详尽分析可以看出，"数字经济"源于新一代信息通信技术——数字技术与现实经济社会的深度融合，促使数据逐步成为一种直接影响生产力水平的生产要素，并通过经济系统影响一国或地区的产业发展和供求行为，从而演变出一种与农业经济、工业经济相提并论的新经济形态。因此，"数字经济"本质上是新一轮的技术经济范式①转换，其内涵至少包括新技术、新要素、新形态、新基建等方面，其中：①新技术是指数字经济的驱动力是新一代信息通信技术——数字技术（物联网技术、大数据技术、5G、云计算技术、人工智能技术、区块链技术等），这一技术贯穿于数据"感知—传输—存储—可信—计算—分析挖掘—实现价值"全过程；②新要素是指数据作为对现实或事实的反映，不仅趋于无限、易复制使用，还能通过优化其他要素的组合配置来提升其生产效率，从而促进整体经济效率的提升；③新形态是指由于新技术的应用而出现的跨界运营、平台经济、分享经济、算法经济等一系列不同于传统经济模式下的形态；④新基建是指以信息网络为基础，为催生新经济形态并促进其发展壮大而必需的信息基础设施、融合基础设施和创新基础设施建设，如5G基站建设、新能源汽车充电桩、大数据中心、物联网基础设施等为数字转型和智能升级服务的基础设施体系。

数字经济的内在逻辑与范式结构如图4-1所示。

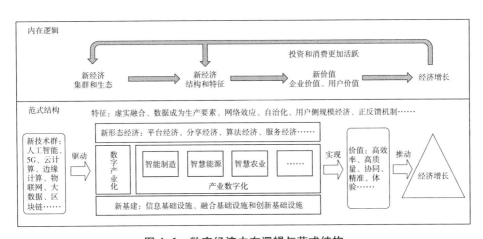

图4-1　数字经济内在逻辑与范式结构

资料来源：杨青峰，李晓华.数字经济的技术经济范式结构、制约因素及发展策略［J］.湖北大学学报（哲学社会科学版），2021，48（1）：126-136.

---

① "范式"最早由托马斯·库恩在《科学革命的结构》一书中提出，被描述为行业共识的价值观、方法论和思维原则。在经济领域，更多地采用"技术经济范式"一词，意在描述技术进步通过经济系统影响企业行为、对经济结构和运行模式产生变革后所形成的经济格局。

二、数字经济的主要特征

较之传统经济活动，数字经济活动的核心内容至少包括三方面内容：一是作为关键生产要素，数据将重构传统生产要素；二是生产方式的数字化转型将推动现代产业体系的重构；三是数字化创新应用将带来经济结构的根本性变革。现实中，数字经济的运行在生产要素、驱动力、创新主体等方面都有着自身的典型特征。

1. 数据作为生产要素，发挥引领作用

在数字经济时代，数据是一种新的关键生产要素。物联网、大数据、5G、云计算、人工智能等新技术的持续迭代升级和迅猛发展，大幅提高了数据的感知能力、存储能力、治理能力等。这不仅引发了数据的爆发式增长，还充分释放了数据的价值创造能力，从而使得数据不仅是数字经济最重要的底层要素之一，发挥着显著的引领作用，而且还是当今世界的新"石油"和最宝贵的社会基础性战略资源。

数据在数字经济发展中的引领作用主要体现在：海量数据的产生和大数据技术的应用，促使传统的以管理者为主导的经验型决策模式逐步转向高度依赖数据分析结果的科学决策模式——"数据驱动型决策"。相关的实证分析显示，基于数据分析而非直觉或经验的数据驱动决策，一方面能够提高企业管理及政府决策的科学性和准确性，进而提高资源配置效率；另一方面使得大规模的自动决策成为可能，有利于强化信息挖掘、协同创新，从而提高产品或服务质量，提升资源利用效率。在具体实践中，企业通过大数据分析不仅可以提高组织内部信息透明度、增强内部协同创新、改进决策质量，还可以刻画出更完整、更全面的客户画像，从而改进工艺、提供更精准的定制产品和服务。在金融市场中，数据作为生产要素，更是投资决策中的核心参考变量，对于缓解信息不对称、提升资产组合和资产配置效益发挥了重要作用。当然，数据驱动决策的效果也有赖于企业对大数据的存储、分析和治理水平，或者说有赖于企业的"数据价值化"水平。

此外，与其他传统要素相比较，数据要素的可复制、可共享和无限增长性，打破了传统要素供给有限、相对稀缺对于经济增长的制约，为经济的可持续发展

提供了基础与可能。因此，数据作为一种生产要素，在社会经济中的引领作用已经充分凸显，得到了世界范围内的高度重视，数据相关技术和产业发展的问题也在 2010 年后被多个主要经济体国家纳入到国家战略层面来进行规划和布局，数据规模与数据分析处理能力也成为了目前一个国家或地区核心竞争力的重要组成部分。

2. 新技术推动，新基建先行

以物联网、5G、云计算、大数据、人工智能、区块链、物联网等众多新技术为代表的信息通信技术被普遍认为是数字经济发展的基本驱动力。新技术被广泛而深度地应用于各个行业的价值链环节，通过新技术及其组合与经济活动融合，以及多种技术的组合形成乘数效应，并在不断融合重组中创造出新的技术组件，形成新的合力，不仅促进了生产与消费的数字化，而且还积累了大量数据资源。这些数据资源通过互联网技术和网络平台实现共享、汇聚以及进一步的挖掘分析后，使得传统的产业活动逐步趋于自动、智能，最终彰显出变革旧经济并形成新经济的强大力量，从而为数字经济的发展提供源源不断的驱动力。也即，在新技术的推动下，传统经济要素和业务价值链不断被数字化，各种数据不仅呈现几何级增长，还海量进入到经济活动中成为一种生产要素，从而实现传统经济向数字化技术驱动型经济转变。

"新基建"是针对新一代信息通信技术变革，为数字化创新应用布局提供的基础保障和引擎，如 5G 基站建设不仅会带动信息、通信产业的发展，还将加快通信、制造、能源和交通等产业向数字化、网络化、智能化方向发展。与电网、铁路等传统基建相比较，新型基础设施的数字化特征和创新导向更加明确，我国目前的"新基建"主要包含特高压、城际高速铁路和城市轨道交通、新能源汽车充电桩、5G 基站建设、大数据中心、人工智能、工业互联网七大领域。"新基建"的发展不仅可以促进新技术及其组合的创新发展，还可以促进新技术与实体产业的融合发展以及新技术应用场景的日趋丰富和完善，从而促进实体产业的数字化、网络化和智能化发展。

3. 数据开放融合，创新融合成为新常态

基于数据要素可复制、可共享、无限供给以及衍生出的高流动性，通过新技术和"新基建"将物理世界和数字世界进一步连接，从而促进数字化与实体经济的深度融合。在这一过程中，首先，数字技术迅速在农业、制造业中扩张，由此使得跨界运营和三大产业之间的融合逐步出现并成为趋势；其次，同一行业供求之间与不同行业跨界之间的数据开放、共享与流动，使得产业价值链各环节甚至跨价值链跨行业的不同组织间开展大规模协作和跨界融合成为可能，从而实现价值链的优化与价值重组、创造，并在此过程中催生出O2O、分享经济等新产业、新业态、新模式；最后，伴随着新技术自身的升级与创新，新技术越来越复杂，联网、联物、联数的迭代升级和"知识与深度学习融合""跨模态多技术融合""技术与场景融合""软硬一体融合"等融合创新也逐渐成为常态，从而推动数字经济的持续、深入发展。

4. 平台化运营成为趋势，共建共享的普惠性越发凸显

伴随着数字化与实体经济的深度融合，亚马逊、阿里巴巴、腾讯等新经济企业依托其庞大的用户群体、丰富的技术积累和雄厚的实力，通过提供开源系统等多种方式，促进跨界融合，逐步构建资源集聚、合作共赢的平台生态体系。例如，微软并购职场社交平台领英、三一重工开发树根互联工业互联网平台，由此催生了具有典型双边市场特性、规模经济性、类公共属性的平台经济新模式，同时也使得企业之间的竞争不再局限于技术竞争、产品竞争、供应链竞争，还包括基于数字平台的平台化生态体系竞争。在此背景下，产业组织架构呈现出平台化和扁平化的发展趋势，降低了传统的中间商层次存在的必要性，缩短了资本循环时间，降低了交易成本，加速了社会再生产运行。

此外，在新技术的支撑下，在线社交蓬勃发展，为大量未能完全有效配置的资源提供了成本趋近于零的共享平台或渠道，逐步弱化了资源"所有权"而强化了"使用权"，降低了参与经济活动的门槛，从而创造出新的供给和需求，进一步在平台经济的基础上催生了共建共享的经济新形态——共享经济，从而使得数字经济呈现出"人人参与、共建共享"的普惠性特征。在此背景下，创新模式也发生了重大变革，更多的资源运作和成果转化依托网络及平台进行，各种众筹、众包、众创、众智平台不断涌现，更多的企业可以通过平台连接企业外部资源，实现产能和效率的提高，开放、协同的创新特质更加凸显。

三、数字经济体系构建中的关键要素

1. 数字经济发展的核心：数字产业化和产业数字化

数字产业化即信息通信产业，通常是指通过现代信息技术的市场化应用，将数字化的知识和信息转化为生产要素，推动数字产业的形成和发展，实现数据要素的产业化、商业化和市场化。作为数字产品与服务的供给方，数字产业化为实现产业数字化发展提供了数字技术、数字产品、服务、基础设施和解决方案。数字产业化提供的基础设备、搭建的在线平台和输出的信息数据，既是数字技术与传统产业融合的前提和保障，也是"数字经济发展的基础"。2021 年 6 月，国家统计局发布的《数字经济及其核心产业统计分类（2021）》将数字产业化进一步划分为数字产品制造业、数字产品服务业、数字技术应用业和数字要素驱动业四大类，主要涉及计算机通信和其他电子设备制造业、电信广播电视和卫星传输服务业、互联网和相关服务业、软件和信息技术服务业等内容。

产业数字化是指数字化技术和传统产业相融合后，以人工智能、大数据等为代表的数字化技术被应用于采购、生产、运营、销售和管理等诸多环节，既促进了企业的数字化转型，也带动了全方位、多角度、链条式的产业数字化改造，实现了传统产业的重构，为传统产业带来产出增加和生产效率的提升。产业数字化是数字化产品和服务的需求方，借助数字化平台与创新设备实现数字技术与自身实体经济的融合，从而推动其产业结构的优化升级，也被称为"数字经济融合部分"。根据国家统计局发布的《数字经济及其核心产业统计分类（2021）》数据显示，产业数字化涵盖了智慧农业、智能制造、智能交通、智慧物流、数字金融、数字商贸等数字化应用场景，对应 91 个大类、431 个中类、1256 个小类。如此众多的类型充分体现了数字技术在国民经济各行业中的深度渗透和广泛融合。

2. 数字经济发展的重要基础：数据价值化和数字基础设施

与传统经济相比较，数字经济最典型的特征便是：数据是一种生产要素，而数据作为要素的价值则首先体现在数据的价值化。由于数据具有可存储、可共享和海量集聚的特点，因此随着经济社会运行的数字化转型加快，数据的要素作用

越发显现，并且逐渐成为一种与"石油"相提并论的基础性战略资源，加快推进数据的价值化进程也成为了发展数字经济的本质要求。数据价值化围绕数据价值的资源化、资产化、资本化，涵盖了数据权属界定、数据交易流转、数据定价和数据要素市场建立等内容。

数字化基础设施是指以网络通信、大数据、云计算、区块链、人工智能、量子科技、物联网以及工业互联网等数字技术为主要应用的新型基础设施，是在数据从产生到应用的整个生命周期中，实现数据从终端、边缘到中央云的一体化生产工具。简言之，数字化基础设施是在数据成为关键生产力要素的时代背景下，在软硬件一体化的基础上，以知识产权为核心价值，用数据表达新型生产力结构和生产关系，并用以支撑数字化创新应用的底层架构和技术基础。工业经济时代的经济活动主要建立在以"铁公基"①为代表的物理基础设施之上，传统物理基础设施（如交通、能源等）主要是通过提高空间可达性对产品转移和要素流动产生正向溢出两个方面来促进全要素生产率的提升；而数字基础设施则是通过各种技术的融合和集成应用，在生产环节及其供需匹配过程中发挥积极作用，这种技术扩散不仅有利于升级已有产品和创造全新产品，而且对大幅度提升创新活动的速度和效率大有裨益。例如，在产品研发设计环节中，运用人工智能和数据孪生技术对研发方案的快速仿真能够实现研发效率的提升。因此，在数字经济时代，作为拉动社会经济增长的源头基础和新生动力，数字基础设施正在成为数字经济发展的重要基础。

3. 数字经济发展的必要保障：数字化治理

数字化治理指的是使用数字化手段，通过数字化技术联结每一个社会要素，实现数据互通、数字化全面协同，形成"用数据说话、用数据决策、用数据管理、用数据创新"的治理机制。数字化治理是数字经济时代的治理新范式，至少包括三个方面的内容：一是对数据要素进行治理，这是制定数字经济规则的重要内容之一，数据要素的所有权、使用权、监管权，以及信息保护和数据安全等都

---

① 所谓"铁公基"，主要是指铁路、公路、机场、港口、水利、厂房、工业园区等基础设施，这些传统的物理基础设施，既对社会经济发展起着重要的基础性支撑作用，同时又作为国民经济的组成部分，对 GDP 增长产生强有力的拉动作用。

需要全新的治理体系；二是运用数字技术进行治理，这是指使用数字化技术、数字化手段为社会治理进行全方位的"数字赋能"，推进社会治理更科学、更精细、更高效，2020年新冠肺炎疫情暴发以来的"健康码""行程码"等数字化公共服务，就是数字技术赋能于城市治理、提升城市协调治理效能的典型案例；三是对数字融合空间进行治理，随着数字化背景下平台经济、网络经济、共享经济、服务经济等新形态的兴起和蓬勃发展，越来越多的经济社会活动将发生于数字融合的虚拟空间、虚拟世界中，并以一种全新的方式创造价值、塑造社会关系，由此也需要与之相适应的治理体系，以便对数字融合空间的经济社会活动进行有效治理。数字经济体系结构如图4-2所示。

图4-2　数字经济体系结构

资料来源：笔者根据相关文献收集整理。

第二节　发达国家数字经济发展的现状及启示

　　随着数字化技术及数字化创新的广泛应用和深入开展，积极发展数字经济已经成为全球共识。针对全球主要经济体和国际经济组织的数字经济发展战略进行剖析，通过研究其发展的举措和重点，分析其发展的有效路径和有益经验，展望其未来发展趋势，可以为我国制定数字经济的发展战略提供有益借鉴。

一、美国的数字经济发展概况

　　美国是数字革命的重要发源地，诞生了世界上第一台电子计算机和个人电脑，发明了阿帕网（互联网前身），率先提出数字地球、人工智能、电子商务、大数据、云计算、共享经济和工业互联网等理念，并经历了从制造业自动化、企业信息系统集成化、信息通信技术产业主导化、数字基础产业融合化到数字技术商业化的历程，因此发展数字经济具备先发技术、产业和人才等优势。

1. 前瞻部署顶层战略

　　美国作为全球开展数字经济最早的国家，率先对数字经济关键领域进行布局。早在 20 世纪 90 年代，克林顿政府就提出了"信息高速公路"和"数字地球"的概念，高度重视并大力推动数字技术发展和信息基础设施建设。自 1998 年开始连续三年，美国商务部先后公布了《浮现中的数字经济》（1998 年）、《新兴的数字经济》（1999 年）和《数字经济 2000》（2000 年）三个关于数字经济的研究报告，分别对信息技术产业的经济表现进行说明，并就信息技术产业对经济增长、通货膨胀、就业及劳动市场的影响进行分析，从此美国正式揭开了数字经济发展大幕。

　　进入 21 世纪以来，美国先后布局云计算、大数据、先进制造、5G、量子通信等前沿领域，通过系统性的顶层规划设计，助推数字经济发展。例如，在先进制造领域，美国自 2011 年起明确将先进制造纳入国家战略体系，并接连发布了

《先进制造业伙伴计划》《先进制造业国家战略计划》《国家制造业创新网络计划》《先进制造业美国领导力战略》等；在人工智能领域，2016 年奥巴马政府发布第一版《国家人工智能研究和发展战略计划》，2019 年特朗普政府发布更新版《国家人工智能研究和发展战略计划》，对发展重点领域进行了全面更新；在大数据领域，2012 年美国发布了《大数据研究与发展计划》，随后又接连发布了《美国开放数据行动计划》《联邦大数据研究与开发战略规划》《澄清海外合法使用数据法案》《联邦数据战略 2020 年行动计划》等，以应对大数据革命带来的机遇。疫情发生以来，美国持续强化国家战略，2021 年接连发布《临时国家安全战略指南》《2021 年战略竞争法案》《2021 美国创新与竞争法案》等，不断提升其数字经济发展实力。近年来，美国数字经济相关报告内容梳理如表 4-2 所示。

表 4-2 美国数字经济相关报告

序号	时间	报告名称	发布/实施机构
1	2009 年 4 月	国家宽带计划	美国联邦通信委员会
2	2011 年 2 月	联邦云计算战略	美国联邦政府
3	2011 年 6 月	先进制造业伙伴计划	美国总统科技顾问委员会
4	2012 年 2 月	先进制造业国家战略计划	美国国家科技委员会
5	2012 年 3 月	国家制造业创新网络计划	美国国家科技委员会
6	2012 年 3 月	大数据研究与发展计划	美国国土安全部等
7	2012 年 5 月	数字政府战略	美国白宫
8	2014 年 5 月	美国开放数据行动计划	美国白宫
9	2015 年 11 月	数字经济议程 2015	美国商务部
10	2016 年 5 月	联邦大数据研究与开发战略规划	美国国家科技委员会
11	2016 年 7 月	先进无线通信研究计划	美国国家科学基金会
12	2016 年 10 月	国家人工智能研究和发展战略计划	美国白宫
13	2018 年 2 月	澄清海外合法使用数据法案	美国国会
14	2018 年 9 月	5G Fast 战略	美国联邦通信委员会等
15	2018 年 10 月	先进制造业美国领导力战略	美国国家科学技术委员会
16	2018 年 12 月	国家量子倡议法案	美国国会
17	2019 年 2 月	美国人工智能计划	美国白宫

序号	时间	报告名称	发布/实施机构
18	2019 年 6 月	国家人工智能研究发展战略计划（更新版）	美国白宫
19	2019 年 12 月	联邦数据战略 2020 年行动计划	美国白宫
20	2020 年 1 月	促进美国在 5G 领域的国际领导地位法案	美国国会
21	2020 年 2 月	美国量子网络战略构想	美国白宫
22	2020 年 3 月	5G 安全国家战略	美国白宫
23	2020 年 11 月	引领未来先进计算生态系统：战略计划	美国白宫
24	2020 年 11 月	关于利用云计算资源推进联邦资助的人工智能研发的建议	美国白宫
25	2021 年 3 月	临时国家安全战略指南	美国白宫
26	2021 年 4 月	2021 年战略竞争法案	美国国会
27	2021 年 6 月	2021 美国创新与竞争法案	美国国会

资料来源：中国信息通信研究院。

2. 重视先进技术研发

美国政府非常重视芯片、人工智能、先进计算机、5G 通信及下一代通信等数字技术的前沿性、前瞻性研究，通过资金投入、项目计划、战略合作、机构设置、人才建设等方式巩固数字技术创新优势，确保美国在核心关键技术方面的领导地位。

（1）在资金投入方面，中国信息通信研究院于 2021 年 8 月发布的《全球数字经济白皮书——疫情冲击下的复苏新曙光》数据显示，2015～2020 财年，美国国防部共申请 22.4 亿美元预算经费用于人工智能技术科研活动，2021 财年预算中向人工智能、5G、微电子等关键领域投入 70 亿美元研究经费。2021 年 6 月，美国参议院投票通过《2021 美国创新与竞争法案》，承诺在 5 年内投入约 2500 亿美元用于芯片、人工智能、量子计算、半导体等关键科技研究领域。

（2）在项目计划方面，为促进电子行业创新，美国国防部高级研究计划局（Defense Advanced Research Projects Agency，DARPA）针对数字芯片科技推出"电子复兴计划"（Electronics Resurgence Initiative，ERI），同时太赫兹通信和传感融合研究中心等机构抓紧推动 6G 通信项目。

（3）在战略合作方面，美国与英国签署关于人工智能研发的合作宣言，以促进两国在人工智能发展方面的合作；与希腊签订科技合作协定，着手在数字基础设施、云技能教育等方面推动两国科技合作；与日本签署《量子合作东京声明》（2019 年），旨在促进两国量子信息科学和技术（Quantum Information Science Technology，QIST）发展；与波兰等国签订 5G 协议，以推动本国 5G 电信基础设施发展等。

（4）在机构设置方面，美国白宫于 2021 年 1 月成立国家人工智能倡议办公室，专门负责监督和实施国家 AI 战略。在 AI 研究和决策过程中，国家人工智能倡议办公室代表联邦政府与私营部门、学术界和其他利益相关者进行协调和协作。

（5）在人才建设方面，美国国会推动国防部改善其专业量子计算领域的劳动力供给质量，美国白宫科技政策办公室（Office of Science and Technology Policy，OSTP）推出《量子信息科学和技术劳动力发展国家战略计划》，旨在促进先进技术教育和推广，培养下一代量子信息科学人才，以跟上量子科学领域不断增长的就业岗位。

3. 优先发展先进制造

先进制造是美国的优先事项之一，先后发布了《先进制造伙伴计划》（2011年）和《先进制造业美国领导力战略》（2018 年）等报告，提出依托新一代信息技术加快发展技术密集型的先进制造业，推动实体经济数字化转型，从而保证先进制造在美国经济实力中的引擎作用和国家安全中的支柱地位。经过多年探索，美国先进制造发展取得显著成效。一是建设了一批先进制造创新中心，覆盖了先进制造所涉及的芯片、柔性电子、生物制药、机器人等领域；二是开展数字化转型探索，例如美国通用电气公司（General Electric Company，GE）以工业数据为核心，通过 GE Proficy 软件整合 IT 行业最新的先进技术，将工厂设备数据与企业业务数据整合，进行数据挖掘、采集、分析、展示和优化，帮助企业应对生产领域中的各种难题。同时，自金融危机以来，为缓解国内经济压力，美国提出了制造业回流计划，希望重塑以新能源、新技术、新材料等为重点的先进制造业发展优势。

简言之，美国在数字经济的领先地位毋庸置疑，特别是在基础技术和创新领域，其优势在短期内很难被撼动。数字经济仍然是美国经济最重要的驱动力，其增速持续保持在美国整体经济增速的 3 倍以上。由于数字经济边际成本为零，边际收益随网络规模递增的特性意味着赢者通吃，因此美国数字经济"强者恒强"的态势日益明显。

二、英国的数字经济发展概况

英国是第一次工业革命的发源地，享有"现代工业的摇篮"和"世界工厂"的美誉。数字革命浪潮来临之时，英国紧抓机遇，积极打造"世界数字之都"，全面布局数字经济发展，强化数字政府建设，持续提升英国数字经济全球影响力。但是，2020 年 1 月 31 日英国正式退出欧盟，意味着英国将不再享有欧盟数字市场带来的发展红利，英国的数字经济发展将面临前所未有的挑战。

1. 完善数字经济政策布局

作为最早出台数字化相关政策的国家，为了调整和升级产业结构，英国先后出台并实施了多项战略，以打造世界领先的数字化强国。为了应对 2008 年国际金融危机，英国政府启动了"数字英国"战略项目。为了打造世界数字之都，2009 年英国发布《数字英国》白皮书和《数字英国实施计划》，从国家战略的高度为英国社会、经济、文化等方面的数字化进程设立了明确目标，这是数字化首次以国家顶层设计的形式出现。2013 年，英国政府发布了《信息经济战略2013》，针对当时英国数字经济发展情况及未来将要面对的机遇与挑战，制定了发展目标及行动纲要，明确了英国信息经济的短期发展方向。2015 年，英国政府发布了《数字经济战略（2015—2018 年）》，将数字经济发展作为持续推动全社会经济发展的重要因素，强调通过数字化创新驱动经济社会发展，旨在将英国建设成为未来的数字强国。同时，为应对脱欧后的新形势，2017 年 3 月，英国政府发布《英国数字战略》，全面周密地部署了英国脱欧后的数字经济发展规划，并提出了连接性、技能与包容性、数字化部门、宏观经济、网络空间、数字化治理和数据经济七方面数字化转型战略任务；同年，英国发布《产业战略：打造适合未来的英国》，规划了英国未来数十年的产业发展策略，通过增强研发和创新促进英国的经济发展和转型，确保英国抓住全球科技和产业变革的机遇。2018

年，英国出台《产业战略：人工智能领域行动》，强调通过人工智能创新来提升生产力，使英国成为全球创立数字化企业的最佳之地。

同时，英国完善相关立法，增强网络安全能力，打造满足数字化发展的政策环境。2009 年，英国发布第一个《国家网络安全战略》，对国家实施网络安全战略的必要性和指导原则进行了简明扼要的阐述，并成立网络安全办公室和网络安全运行中心等相关组织，负责政府各部门网络安全计划，以及协调政府与民间机构的计算机系统安全保护工作。2011 年，英国启动《国家网络安全战略：在数字世界中保护和促进英国的发展》计划，该计划为期五年，主要目标是强化英国对网络威胁的恢复能力，同时建立以政府通信总部为中心的监测网络。2017 年，英国政府颁布了新版《数字经济法》，积极建设数字化基础设施，进一步完善了消费者权益保障制度，保护公民的网络安全。2018 年，英国政府发布《数字宪章》，强调网络安全与相关监管的重要性，旨在将英国打造成为全球网络最安全的国家和建立数字企业的最适宜之地。从 2018 年起，英国同其他欧盟国家一样开始严格执行《通用数据保护条例》，并修订了《数据保护法》和《数字经济法案》，发布了《数据伦理框架》《消费者物联网安全行为准则》《在线危害白皮书》，力争创造稳健、透明的数字基础设施体系，同时营造健康、民主的数字环境。

2. 强化数字政府建设

在数字化建设过程中，英国是最早推进政府数字化的国家之一。早在 2012 年就推行了《政府数字战略》，并发布了《政府数字包容战略》《数字服务标准》《政府转型战略（2017—2020 年）》等，基于"数字政府即平台"理念，通过信息技术和数据驱动政府转型与创新，应对在数字政府建设中所面临的基础设施、领导战略、业务流程、人才招揽等问题，持续推进政府数字化转型。第一，推进政府数据开放共享，挖掘和释放数据潜在价值。通过对国家级数据基础设施建立登记注册制度，确保数据基础设施安全可靠运行；利用 API 数据接口打通政府内部和外部之间数据共享通道，改善政府数据存储和管理模式，实现政府数据开放的最大化；通过成立数据咨询委员会并设置政府首席数据官，优化政府组织架构，管理和协调政府数据的使用。第二，打造政府一体化数字平台，提供跨部门服务。英国将 GOV. UK 网站作为政府各部门信息和服务的统一入口，形成一体化的涵盖数字平台设计系统、数字平台通知系统、数字平台支付系统、数字平台网站托管等在内的数字化政务平台，为个人、企业和政府部门提供便捷、高效的跨部门服务。第三，制定数字服务标准，提升数字服务质量。英国发布相关数字服务标准，其中包含 18 项衡量指标，主要关注用户需求、使用敏捷方法、开源和开放标准、性能测量和测试四个方面内容。为了定期评估英国政府的在线服务，制定了包含每笔业务成本、用户满意度、完成率、数字服务接受率四项指标的数字服务关键绩效指标（Key Performance Indicator，KPI）。同时，疫情加速了英国数字政府一体化进程，受疫情带来的封锁、隔离等影响，英国国民正逐步增加对政府数字化平台的使用，使用数字身份、通用福利系统和电子支付的人数大幅增加。

3. 加速其他领域数字渗透

数字政府带动了其他领域数字化加速拓展。首先，金融科技行业一直以来都是英国的优势产业，在全球范围内具有较大的竞争优势。伦敦作为全球金融中心，在金融服务和科技结合方面做出了较多的创新举措。在金融服务方面，英国开放了银行业；在金融科技方面，英国率先探索出领先世界的"监管沙盒"模式，进一步巩固了英国金融中心的地位。其次，制造业数字化转型成效显现。英国制造业的数字技术采用率不断增加，根据中国信息通信研究院于 2021 年 8 月发布的《全球数字经济白皮书——疫情冲击下的复苏新曙光》数据显示，截至 2020 年，增材制造采用率约为 28%，机器人采用率约为 22%，工业物联网采用率约为 12%，增强现实和虚拟现实采用率约为 7%，人工智能和机器学习采用率约为 5%。例如，医疗保健领域的葛兰素史克应用第四次工业革命（Fourth Industrial Revolution，4IR）技术，使用高级分析、图像识别和自动化实现了两位数的能力增长，其洁具厂被世界经济论坛认定为"灯塔"制造商。再次，零售业数字革命加速演进。英国网上零售持续发展，尤其在 2020 年迎来快速增长期。根据英国国家统计局数据，2018 年 1 月至 2020 年 1 月英国网上零售占总零售比重稳中有长，从 17.0% 缓慢攀升至 19.5%，2020 年 2 月起，该比重迅速增加，在 2021 年 1 月达到最高点 35.2%。与此同时，倾向于网上购物的英国消费者比重也不断增加，达到了 46%。最后，网络游戏产业快速发展。当前，英国游戏业总产值已超过英国整个娱乐市场的一半，整体游戏市场份额位列欧洲第二。英国娱乐零售商协会（Entertainment Retailers Association，ERA）的报告显示，2020 年英国游戏市场销量总额超过 40 亿英镑，游戏销售额在实体和线上分别增长了 4.6% 和 16.3%。其中，网络游戏同比增长 16.3%，整体市场份额达到了 36 亿英镑。

综上所述，英国数字经济发展水平全球领先，数字技术连通性整体表现良好。尤其是英国脱欧后，再次明确了数字经济发展战略，并提出 2025 年将数字经济对英国经济的贡献值从 2015 年 1180 亿英镑提高到 2000 亿英镑，充分体现了其对发展数字经济的巨大期待和决心。

三、欧盟的数字经济发展概况

欧盟现有 27 个成员国（2020 年 1 月 31 日英国正式宣布"脱欧"），正式官方语言有 24 种，总人口约为 4.48 亿。作为全球最发达的经济体之一，欧盟国民生产总值合计约为 15.6 万亿美元，位列全球第二（王振，2020）。长期以来，欧盟依靠一体化模式和多边机制，实现稳定较快发展。作为全球开展信息化最早的区域之一，在新形势下，欧盟加快数字经济发展，制定数字发展战略，坚持合作共赢原则，共同推动构建数字单一市场。同时，欧盟从数据保护、人工智能等方面推动前沿关键领域发展，通过加强对数字技术开发应用的监管，构建安全的网络环境和缩小数字鸿沟，实现利用数字经济改进欧洲整体经济、社会和生活的目标。

1. 欧洲数字经济进程

欧盟的数字经济政策发展开始于 20 世纪末，大致可以分为四个阶段：第一阶段以 1993 年发表《成长、竞争力与就业白皮书》为标志，首次提出建设欧洲信息社会的具体意见，并特别强调了加快建设信息社会网络基础的重要性；第二阶段以 2000 年 3 月颁布和实施《里斯本战略》为标志，欧盟委员会提出要依托电子政务、电子医疗和卫生、电子教育与培训、电子商务四大主要应用为支柱推动信息社会向前发展，并提出要在 2010 年前建设成为"以知识为基础的、世界上最有活力和竞争力的经济体"；第三阶段以 2005 年 6 月发布《i2010——建立充满经济增长和就业机会的欧洲信息社会》（《i2010 战略》）为标志，作为建设欧盟信息社会（2006~2010 年）的 5 年战略计划，在欧盟委员会的倡导下，欧盟各成员国积极推进信息化建设向各个领域纵深发展，开启了欧盟数字经济新发展阶段；第四阶段则以 2010 年之后的欧洲数字战略和 2015 年的数字单一市场战略为标准，进一步强调了数字经济在整个欧盟的纵深发展，以及数字技术和经济深度融合。另外，欧盟各成员国也都纷纷发布本国数字经济战略，积极采取推进数字经济发展的相关措施，将数字经济领域的发展视为新一轮科技革命的突破口。至此，欧盟初步构建了覆盖全境、渗透各成员国、相对完整的数字经济发展政策体系框架。

2020 年，欧盟发表了《塑造欧洲的数字未来》《欧洲数据战略》《人工智能白皮书》三篇通讯，旨在通过完善数据可用性、数据共享、网络基础设施、研究和创新投资等，实现数字单一市场构建，在数据经济领域成为与美国、中国比肩的第三极。

2. 推动建立数字单一市场

欧盟成员国积极加强合作，推动建立数字单一市场。欧盟成员国之间的分裂是欧洲建设公共欧洲数据空间以及进一步实现真正数据单一市场所面临的巨大挑战，因此部分成员国已经开始着手在政府机构对私人数据使用、为科研目的进行的数据处理、竞争法等方面调整其法律框架。为实现数字经济更好更快的发展，欧盟采取协调一致的战略，在数据可用性、公共数据开发、市场平衡、数据互操作性和质量、数据治理、数据基础设施和技术、数据技能和素养、网络安全等问题上攻克难关，减少数字技术的对外依赖性，实现数据驱动创新，共同推动建立公共欧洲数据空间和数字化单一市场。2009 年，欧盟相继发布了《数字红利战略》和《未来物联网发展战略》，提出实施 ICT 研发计划，让欧盟的物联网实现质的突破；2015 年，《数字化单一市场战略》启动，欧盟各国通过采取一系列措施消除法律和监管障碍，打破各成员国间的数字市场壁垒，增进合作与交流；2016 年，欧盟公布了《欧洲工业数字化战略》，计划投入 500 亿欧元支持工业的数字化并提出明确行动路线："以打造开放协同的创新体系、培育创新型企业为路径，确保欧盟在产业数字化转型方面处于全球领先地位"；2020 年，欧盟发布了《欧洲数据战略空间》，通过对基础设施、数据治理、数据权利和数据公共空间等建设，计划将欧盟建设成为世界上最安全、最具活力和吸引力的数据敏捷型经济体，以提高决策能力和改善公民生活。

3. 健全数字经济规则

欧盟重视完善数据法律规则，通过数字立法为构建内部统一的数字市场提供保障。欧洲议会和欧盟理事会早在 1995 年 10 月就通过了《个人资料保护指令》，制定了企业在处理个人数据时必须遵守数据透明、数据完整准确和使用目的合理等标准。2017 年《打造欧盟数据经济》发布，制定了非个人机器生成数据的归属、交换和贸易等相关规则，极大地促进了数据资源共享。2018 年 5 月，《通用数据保护条例》（General Data Protection Regulation，GDPR）取代之前各成员国根据《资料保护指令》的相关立法，正式开始实施，并成为欧盟内部唯一统一的数据保护条例。GDPR 涉及个人数据处理的基本原则、数据主体的权利、数据控制者与处理者的义务和个人数据跨境转移等诸多方面，任何收集、传输、保留或处理涉及欧盟所有成员国内的个人信息的机构组织均受该条例的约束。GDPR 的发布不仅在欧盟数字经济规则发展进程中具有里程碑意义，同时也是对全球数字经济发展产生广泛影响的一件大事，为全球个人数据保护立法确立了典范。2020年 6 月 30 日，欧洲数据保护监管局（European Data Protection Supervisor，EDPS）发布《欧洲数据保护监管局战略计划（2020-2024）：塑造更安全的数字未来》，旨在进一步加强数据安全保护，促进数据为整个欧盟及其他地区服务，塑造一个更安全、更公平、更可持续的数字欧洲，并在确保数据安全基础上，不断推动数据共享。

4. 探索人工智能

在数字经济基础设施发展过程中，欧盟不断升级人工智能战略，加强人工智能领域的前沿探索。2013 年，以"人脑计划"和"石墨烯旗舰项目"为标志，欧盟开启了探索人工智能领域的大门。2018 年，欧盟委员会通过了《人工智能通讯》和《人工智能合作宣言》，希望通过加强合作来提升欧洲人工智能的研发能力，共同推动人工智能的应用。2018 年 3 月，欧洲政策战略中心发布《人工智能时代：确立以人为本的欧洲战略》，分析了欧洲人工智能的发展态势，并针对人工智能发展过程中劳动者被替代和人工智能偏见等问题提出了应对策略。2018 年 12 月，欧盟委员会正式发布了《人工智能协调计划》发布，该计划提出欧盟将在投资、数据供给、人才培养和确保信任四个方面使欧洲成为全球人工智能发展和部署、道德和安全等领域的领导者。2020 年 2 月，欧盟委员会正式发布了《人工智能白皮书：面向卓越和信任的欧洲人工智能发展之道》，提出了欧盟"技术主权"的发展主线。目前，欧盟在人工智能功能实现方面已经建成强大的计算机基础架构；在数据体量方面拥有大量的公共和工业数据，其潜力还未能充分挖掘；在安全系统方面对于低能耗安全数字系统具有公认的工业优势。但是欧洲在研究和创新领域的投入依然不足，还将从成员国合作、建设联合研发中心、发挥技能优势、聚焦中小企业、与私有机构合作、推进公共部门人工智能技术使用、改善数据访问渠道、参与国际合作八个层面加大投入，建设卓越的人工智能生态系统，同时制定人工智能监管框架，营造信任的生态系统。

此外，作为欧盟的火车头，德国是欧盟最支持数字化的国家之一。2020 年，德国数字经济规模达到 2.54 万亿美元，占 GDP 比重为 66.7%，位居世界第三。作为工业技术领先的发达国家，德国始终秉存"制造业立国"的理念，坚定不移地推动以工业为基础的经济发展模式。为了进一步提升德国工业的竞争力，2013 年德国率先提出"工业 4.0"战略，在发挥传统制造业优势基础上，加快推进数字技术在工业领域的应用。首先，强化政策布局，推动制造业数字化转型。德国政府于 2010 年提出《数字德国（2015）》、2014 年提出《数字议程（2014-2017）》、2016 年提出《数字化战略（2025）》、2018 年提出《高科技战略 2025》等政策，帮助企业实践工业 4.0，为全面推动数字化转型指明了方向。同时，德国政府还提出到 2025 年将研发投资成本扩大到 GDP 的 3.5%，并将数字化转型作为科技创新发展战略的核心。其次，依托传统制造优势，打造高端制造强国。传统制造优势为德国高端制造发展奠定坚实基础，通过加大研发投入提升高端制造技术的创新水平，并积极推动中小企业数字化转型。目前，德国计算机、电子和光学产品制造业发达，"萨克森硅谷"区域已成为全球五大半导体产业群之一，50% 的欧洲芯片来自德国东部，尤其是萨克森州的德累斯顿地区。再次，稳步推进"工业4.0"，不断升级高技术战略。英国利用工业4.0加强工业数字化转型，尤其是制造业的数字化转型，通过数字化技术实现德国工业的数字化，塑造创新体系，革新产业结构，使研发和创新达到具有竞争力的水平。最后，在数字监管方面，德国同其他欧盟国家一样严格执行《通用数据保护条例》，建立了数字经济发展的基本监管框架，以保护个人信息和敏感数据。

综上所述，欧盟数字经济总体发展水平处于全球第一梯队，但欧盟成员国在政策、市场、监管等方面的碎片化以及欧盟在通信基础设施方面的相对落后，使得各成员国之间的"数字鸿沟"在短期内仍难以弥补。

四、国外数字经济发展的启示

1. 启示一：加强共建共享，构建新型基础设施新生态

普惠安全的网络连接是数字经济发展的基本推动力，也是创新和可持续发展的加速器。当前，全球数字鸿沟依然很大，发展以人工智能、工业互联网、5G、物联网等为代表的数字基础设施，建设光纤宽带、窄带物联网等新一代网络，以及大数据中心、云计算中心等助推传统产业网络化、数字化、智能化发展的基础设施是未来各国构建新型基础设施新生态的方向。世界各国已普遍认识到建设新型基础设施的重要性，认识到推动新型基础设施建设是各国当前和今后一段时间面临的非常艰巨和重要的工作。因此，许多国家之间积极开展新型基础设施的共建共享，并已经得到了良好实践。下一步要继续顺应地区和全球合作潮流，将互联互通作为重点，鼓励各国与利益攸关方合作，通过新型基础设施共建共享加快全球互联网渗透，提高国家间沟通往来效率，促进各国信息资源共享，缩小全球数字鸿沟。

2. 启示二：推进融合创新，加速实体经济数字化转型

目前，各国都已经深刻认识到数字经济在驱动传统产业转型升级、传统产业改善和重塑以及新的经济增长点培育等方面的重要作用。各国纷纷在推动工业互联网创新发展、培育新模式新业态新产业、支持互联网创业创新、促进中小微企业发展等方面展开务实合作，深化数字技术与智能制造等重点领域的深度融合，积极推进制造、服务和创新等领域中数字技术的广泛应用，不断提高其对经济社

会发展的支撑能力。

3. 启示三：凝聚多方共识，探究数据跨境流动制度设计

随着数字经济发展，数据跨境流动越发频繁，地缘政治、国家安全、隐私保护、产业发展水平等因素对各国数据跨境流动政策影响程度将持续增加。出于对数据隐私保护、国家主权完整性和国家安全利益等公共政策目标的考虑，一些国家会在不同程度上通过政策或法律法规限制跨境数据的流动。因此，全球各国将更加重视数据跨境流动对助推数字经济发展的重要作用，坚持发展与安全并重原则，以合作共赢为目标，以安全可信为前提，用制度和国际规则来保障数据流动。针对数据安全、数据确权、数字税收、数据法治和隐私保护等领域，强化组织与制度创新，有序推动发展。各国通过加强交流与合作，增进共识和相互信任，共同推动制定切实可行的国际规则，使数据流动能够更好地促进技术进步和数字经济发展。

4. 启示四：推动多方探索，制定数字贸易国际规则体系

各国将积极参加世界贸易组织（WTO）与贸易有关的商务议题谈判，积极探索反映发展中国家利益和诉求的规则体系，推动多边、区域等层面数字贸易规则协调，共享数字贸易发展成果。各国将在贸易便利化、进口国消费者权益保护、免征电子传输关税、传统知识产权保护和数字服务税等方面取得突破。同时，各国应如何把握和应对数字经济带来的增长机遇和发展挑战，对数字经济进行准确和有效的衡量至关重要。因此，从 2016 年 G20 杭州峰会首次提出并通过数字经济定义，到 2017 年德国担任 G20 主席国制定数字化路线图，到 2018 年阿根廷担任 G20 主席国形成的 G20 衡量数字经济工具箱以及 2019 年日本担任 G20 主席国呼吁努力改善衡量数字经济，再到 2020 年沙特担任 G20 主席国致力推动形成一个衡量数字经济的共同框架，各成员国逐步形成衡量数字经济的统一认识。未来，全球各国将积极参与多边论坛的计量讨论，加强多边协作与合作，分享最佳做法和经验，促进衡量数字经济的知识分享，在国家之间分享衡量数字经济的经验和最佳实践，制定衡量数字经济路线图，推动形成统一的衡量数字经济的标准。

第三节　中国的数字经济发展现状及措施建议

一、发展现状与主要特点

电子产品制造和信息技术服务发展是数字经济的重要组成与发展源头之一，自 20 世纪 90 年代起，我国开始依靠市场化机制增强电子产品制造能力和信息技术服务的发展，尤其是从 2000 年开始，我国信息化建设显著提速，《中国制造 2025》《国务院关于积极推进"互联网+"行动的指导意见》等一系列国家战略相继推出，从宏观政策、互联网政策、信息基础设施、新一代信息技术、创新创业等层面明确了数字化创新驱动发展的战略部署。其中：宏观政策侧重于从顶层设计层面指明方向，明确战略发展目标和发展路径；互联网政策重点在于落实"互联网+"战略，促进互联网在各行各业的应用与融合发展；信息基础设施政策则聚焦加快宽带网络的优化升级及应用推广，以增强宽带网络的保障性能；新一代信息技术政策强调把握信息技术密集创新趋势，促进软件、集成电路、云计算、智能硬件等领域发展；创新创业政策则大力支持促进互联网领域的创新创业，充分发挥数字经济对各行业领域创新创业的重要作用，具体如表 4-3 所示。

表 4-3　我国关于发展数字经济的相关政策梳理

类别	时间	部门	政策名称	主要内容
宏观政策	2015 年 4 月	国务院	中国制造 2025	提高国家制造业创新能力，推进信息化与工业化深度融合，强化工业基础能力，加强质量品牌建设，全面推行绿色制造，大力推动新一代信息技术产业等重点领域突破发展，深入推进制造业结构调整，积极发展服务型制造性和生产性服务业，提高制造业国际化发展水平

类别	时间	部门	政策名称	主要内容
宏观政策	2016 年 5 月	中共中央、国务院	国家创新驱动发展战略纲要	实现创新驱动是一个系统性的变革，要按照"坚持双轮驱动、构建一个体系、推动六大转变"进行布局，构建新的发展动力系统
	2016 年 7 月	中共中央办公厅、国务院办公厅	国家信息化发展战略纲要	以建设网络强国为目标，着力增强国家信息化发展能力，着力提高信息化应用水平，着力优化信息化发展环境
	2016 年 7 月	国务院	"十三五"国家科技创新规划	加强兼顾当前和长远的重大战略布局，培育重要战略创新力量，统筹国内国际两个大局，构建良好创新创业生态，全面深化科技体制改革，加强科普和创新文化建设
	2016 年 12 月	国务院	"十三五"国家信息化规划	部署了构建现代信息技术和产业生态体系等 10 方面任务；确定了新一代信息网络技术超前部署等 12 项优先行动
	2021 年 3 月	十三届全国人大四次会议	关于"十四五"规划和 2035 年远景目标纲要的决议	提出了要加快数字化发展，建设数字中国的任务
	2021 年 12 月	国务院	关于印发"十四五"数字经济发展规划的通知	明确了"十四五"时期推动数字经济健康发展的指导思想、基本原则、发展目标、重点任务和保障措施
互联网政策	2015 年 7 月	国务院	关于积极推进"互联网＋"行动的指导意见	围绕转型升级任务迫切、融合创新特点明显、人民群众最关心的领域，提出"互联网＋"创业创新、协调制造、现代农业、智慧能源、普惠金融、益民服务、高效物流、电子商务、便捷交通、绿色生态、人工智能 11 项行动
	2015 年 9 月	国务院办公厅	关于推进线上线下互动 加快商贸流通创新发展转型升级的意见	鼓励线上线下互动创新，激发实体商业发展活力，健全现代市场体系
	2015 年 11 月	国务院办公厅	关于促进农村电子商务加快发展的指导意见	培育农村电子商务市场主体，扩大电子商务在农业农村的应用，改善农村电子商务发展环境

类别	时间	部门	政策名称	主要内容
互联网政策	2016 年 4 月	国务院办公厅	关于深入实施"互联网+流通"行动计划的意见	加快流通转型升级，推进流通创新发展，加强智慧流通基础设施建设，鼓励拓展智能消费新领域，大力发展绿色流通和消费，深入推进农村电子商务，积极促进电子商务进社区
	2016 年 5 月	国务院	国务院关于深化制造业与互联网融合发展的指导意见	打造制造企业互联网"双创"平台，推动互联网企业构建制造业"双创"服务体系，支持制造企业与互联网企业跨界融合，培育制造业与互联网融合新模式，强化融合发展基础支撑，提升融合发展系统解决方案能力，提高工业信息系统安全水平
	2016 年 9 月	国务院	国务院关于加快推进"互联网+政务服务"工作的指导	优化再造政务服务，融合升级政务服务平台渠道，夯实政务服务支撑基础意见
信息基础设施	2013 年 8 月	国务院	"宽带中国"战略及实施方案	推进区域宽带网络协调发展，加快宽带网络优化升级，提高宽带网络应用水平，促进宽带网络产业链不断完善，增强宽带网络安全保障能力
	2015 年 5 月	国务院办公厅	关于加快高速宽带网络建设推进网络提速降费的指导意见	要推动电信企业增强服务能力、提高运营效率，有序开放电信市场、加强电信市场监管、提升公共服务水平
新一代信息技术	2013 年 2 月	国务院	关于推进物联网有序健康发展的指导意见	加快技术研发，推动应用示范，改善社会管理，突出区域特色，加强总体设计，壮大核心产业，创新商业模式，加强防护管理，强化资源整合
	2014 年 3 月	国务院	国家集成电路产业发展推进纲要	着力发展集成电路设计业，加速发展集成电路制造业，提升新一代先进封装测试业发展水平，突破集成电路关键装备和材料
	2015 年 1 月	国务院	关于促进云计算创新发展　培育信息产业新业态的意见	增强云计算服务能力，提升云计算自主创新能力，探索电子政务云计算发展新模式，加强大数据开发与利用，统筹布局云计算基础设施，提升安全保障能力

类别	时间	部门	政策名称	主要内容
新一代 信息技术	2015年9月	国务院	促进大数据发展行动纲要	加快政府数据开放共享，推动资源整合，提升治理能力；推动产业创新发展，培育新兴业态，助力经济转型。强化安全保障，提高管理水平，促进健康发展
创新创业	2015年3月	国务院办公厅	关于发展众创空间推进大众创新创业的指导意见	构建一批低成本、便利化、全要素、开放式的众创空间；降低创新创业门槛；鼓励科技人员和大学生创业；支持创新创业公共服务；加强财政资金引导；完善创业投融资机制；丰富创新创业活动；营造创新创业文化氛围
	2015年6月	国务院	关于大力推进大众创业万众创新若干政策措施的意见	创新体制机制，优化财税政策，搞活金融市场，扩大创业投资，发展创业服务，建设创业创新平台，激发创造活力，拓展城乡创业渠道，加强统筹协调
	2015年9月	国务院	关于加快构建大众创业万众创新支撑平台的指导意见	推进放管结合，完善市场环境，强化内部治理，优化政策扶持
	2016年2月	国务院办公厅	国务院办公厅关于加快众创空间发展服务实体经济转型升级的指导意见	重点在电子信息、生物技术、现代农业、高端装备制造、新能源、新材料、节能环保、医药卫生、文化创意和现代服务业等产业领域加快建设一批众创空间
	2016年5月	国务院办公厅	关于建设大众创业万众创新示范基地的实施意见	区域示范基地以创业创新资源集聚区域为重点和抓手，高校和科研院所示范基地充分挖掘人力和技术资源，企业示范基地发挥创新能力突出、创业氛围浓厚、资源整合能力强的领军企业核心作用

资料来源：笔者根据相关文献收集整理。

根据中国信息通信研究院发布的《中国数字经济发展白皮书（2021）》数据显示，得益于顶层制度设计的引导和市场多方的共同努力，我国数字经济规模从2015年的18.6万亿元增长到2020年的39.2万亿元，占GDP的比重从27%上升到 38.6%，数字用户规模达到 10.32 亿。在过去六年来的快速发展中，我国的数字经济体系也越发完善，呈现以下四个主要特点：

1. 数字经济发展政策体系逐步完善

首先，近年来党中央高度重视发展数字经济，积极建设网络强国、交通强国、数字中国、智慧社会，将推动发展数字经济上升为国家战略，并出台了推动数字经济发展的一系列重大战略部署，明确了我国发展数字经济的愿景目标和发展路径，对完善数字基础设施、推动产业数字化转型等重点领域工作做出了系统性部署，为统筹推进数字经济持续健康发展指明了方向，营造了良好环境。其次，相关部委也积极贯彻落实国家战略，相继出台了《关于发展数字经济稳定并扩大就业的指导意见》《关于推进"上云用数赋智"行动　培育新经济发展实施方案》《关于深化新一代信息技术与制造业融合发展的指导意见》《数字乡村发展战略纲要》等一系列政策举措，进一步细化了数字化创新应用于各领域、各行业的发展方向。最后，各地方政府也结合自身的资源禀赋和地方经济发展规划，陆续出台了促进区域数字化转型或区域数字经济发展的相关政策，如广东省于2020 年 11 月出台了《广东省建设国家数字经济创新发展试验区工作方案》，浙江省、上海市在 2020 年底分别出台了《浙江省数字经济促进条例》《关于全面推进上海城市数字化转型的意见》等。

2. 数字化产品和服务供给能力显著提升

作为数字经济发展的前提和保障，数字产业化的发展及在此过程中的数字化产品和服务供给，都将直接决定数字经济发展的规模和质量。结合国家统计局对于数字产业化的统计分类，可以将"信息产业增加值"作为评估数字产业化规模的主要指标。根据中国信息通信研究院依据上述口径进行的数据测算分析显示，2017~2020 年，我国数字产业化的规模分别为 6.2 万亿元、6.4 万亿元、7.1万亿元、7.5 万亿元，占同期国内生产总值（GDP）中的比重分别为 7.4%、7.1%、7.2%、7.4%。与此同时，数字产业化中的数字化产品和服务供给，无论是数量还是质量都有大幅提升，根据国家互联网信息办公室发布的《数字中国发展报告（2020 年）》显示：一是以 5G 网络和光纤为代表的数字化基础设施在全球领先，已建成全球规模最大的光纤和 4G 网络，全国行政村、贫困村通光纤和通 4G 比例超过 98%，5G 网络建设速度和规模位居全球第一，已建成 5G 基站达到 71.8 万个，5G 终端连接数超过 2 亿；二是 "宽带中国" 战略实施的成效显著，国内的固定宽带和移动流量平均资费较 2015 年大幅下降，固定宽带家庭普及率和移动宽带用户普及率分别由 2015 年底的 52.6%、57.4% 提升到 2020 年底的 96%、108%，为实现信息化、数字化的普惠奠定了基础；三是数字化产品和服务的创新层出不穷，随着一批大数据、云计算、人工智能企业的创新发展，数字化技术的部分领域也实现了跨越式发展，我国的 5G 标准必要专利占比、国家域名数量位居全球第一，语音、图像和人脸识别等人工智能重要领域专利数量也是位居前列，北斗三号全球卫星导航系统开通，互联网协议第六版（IPv6）规模部署取得成效。截至 2020 年底，IPv6 活跃用户数达 4.62 亿。

3. *产业数字化中的技术与实体融合越发深入*

作为数字化产品和服务的需求方，产业数字化是新技术与实体经济融合的价值表现，其直接效应体现在应用新技术和数据资源为传统产业带来的产出增加和效率提升上。根据中国信息通信研究院的相关测算数据，我国的产业数字化规模在数字经济中的比重由 2005 年的 49.1% 逐年提升至 2020 年的 80.9%，新技术在农业数字化转型、制造业智能化、工业互联网中的渗透与融合越发深入，这至少体现在以下三个方面：首先，智慧农业等关键技术攻关和创新应用研究不断加强，新技术与装备制造、工矿、交通、港口等垂直领域的融合应用创新日益活跃。2020 年制造业重点领域企业关键工序数控化率为 52.1%、数字化研发设计工具普及率为 73%，分别较 2016 年的 45.7%、61.8% 增加了 6.4 个、11.2 个百分点；教育、医疗、办公、娱乐、旅游等领域的线上服务新模式及在线用户规模快速增长。其次，网络零售高速增长。2020 年全国网上零售额达到 11.76 万亿元，其中实物商品网上零售额 9.76 万亿元，占社会消费品零售总额比重接近四分之一；电子商务交易额在 2020 年达到 37.2 万亿元，比 2015 年增加 15 万亿元；在线教育、网络支付、网络直播、网络视频等数字化新模式正在引领新消费模式。最后，工业互联网发展进入快车道，初步构建了工业互联网标识解析体系。2020 年全国新增上云企业超过 47 万家，截至 2020 年末的标识注册总量突破 100亿，"国家—省—企业" 三级联动的安全技术监测服务体系覆盖 11 万家工业企业。

4. 数字化治理成效初步显现

作为数字经济时代的治理新范式，数字化治理通过打破数据孤岛、推动数据共享、重构业务流程和组织架构，不仅可以为政府赋能、为市场增效、为社会赋权，还深刻地影响到传统的市场运行机制和社会治理机制。因此，数字化治理不仅是国家治理现代化的重要内容，还是国家治理现代化的重要驱动力。随着数字经济的发展，我国也逐步形成了以人民为中心、政府主导、多元参与、法治保障的数字化治理格局，其中：①随着《网络安全法》《数据安全法》《个人信息保护法》《政府信息公开条例》等法律法规的相继颁布实施和《上海市数据条例》《深圳经济特区数据条例》等地方数据立法的出台，关于数据要素治理的相关法律法规体系也逐步完善；②在联邦学习、安全多方计算、数据沙箱等新技术应用的支撑下，逐步形成了以"双随机、一公开"为手段、信用管理为基础、重点监管和专项监管为补充的数字化监管机制；③北上广深等城市重点发展数据交易和数据技术研发等新业务、欠发达地区重点开展数据标注和数据清洗等传统数据服务，数据要素区域特征越发凸显，这意味着数据要素市场的产业生态也初步形成；④数据开放共享政策措施和管理机制日益完善，我国对于"政务数据共享、公共数据有序开放、政企数据互通"的探索正在积极推进中，已经建成了跨地区、跨部门、跨层级"一网通办"的全国一体化政务服务平台——国家政务服务平台，国家数据共享交换平台共发布超过1400多个数据共享服务接口，"一网通办""掌上办"等逐步成为各地区的政务服务标配；⑤根据国家工信安全中心测算数据，2020年我国以数据采集、储存、加工、流通等环节为核心的数据要素市场规模已达到545亿元，"十三五"期间的数据要素市场规模复合增速超过30%，2020年新冠肺炎疫情暴发以来，数据要素及数字化治理更是在疫情监测分析、病毒溯源、防控救治、资源调配、复工复产等方面发挥了重要支撑作用。

二、面临的问题与挑战

1. 顶层设计层面的统筹规划和落地执行有待进一步加强

在我国经济增速放缓的新常态下，多数地方政府基于对经济增长新动能培育的初衷，高度重视区域数字经济的发展，并出台了一系列地方政策措施。一方面，各地数字化布局各有侧重，比如，上海侧重于在数字经济、数字生活和数字领域等方面的城市整体数字化来进行布局，广东则以数字经济发展为重点、兼顾其他领域的数字化，而浙江省则侧重于以数字政府为切入点来全面推进经济、政治、社会、文化、生态"五位一体"的全方位数字化布局。另一方面，多数地方政府的发展思路仍停留在信息化发展阶段，对于数字化创新应用的特点认识不足，存在求大求全、重复建设、扎堆建设等现象，尤其体现在设立数字化园区、大数据中心建设等方面。此外，虽然国家统计局确定了数字经济的基本范围，但如何准确衡量不同地区、不同行业的数字化发展水平并对其进行比较，仍需要进一步研究。因此，尽管在"十四五"规划中从数字经济、数字社会、数字政府三方面明确了"数字化发展"的整体思路，在"十四五"数字经济发展规划中也进一步明确了我国数字经济发展的目标和具体重要举措，但在指导各地方政府、各行业领域的数字化转型方面，仍需要进一步加强全国范围内的统筹规划、制定落实和跟踪评估。

2. 技术层面的自主创新能力和核心技术可控能力相对薄弱

数字化技术底层硬件一直按照摩尔定律发展，成就举世瞩目，但是其基础理论依然遵循冯·诺依曼体系结构，数据处理能力的线性提升已远远落后于数据量的指数级增长，随着时间推移，这一差距会越发扩大。而对我国的数字经济发展而言，技术层面还存在显著差距，主要体现在两方面：首先，关于高端芯片、智能传感器的关键核心技术仍落后于世界先进水平，自主创新与自主可控能力相对薄弱，尤其是在产品功能、用户体验、稳定性和成熟度等方面与国外主流产品仍存在一定差距；其次，数字经济的产业链和供应链体系基础不够夯实、高端产品供给不足，CPU等长期受国外垄断，智能数控机床等高端制造业装备对外依存度较高，核心元器件、基本算法、操作系统、工业设计软件等多项与数字化相关的关键技术面临被"卡脖子"的短板，制约了我国的数字产业发展。

3. 数据要素市场培育有待加强

在数字化创新应用与实体经济的融合过程中，数据的共享、开放以及数据要素市场的培育将是决定其应用场景进一步扩大的重要原因。但是，目前我国数据资源开放共享仍处于较低水平，各区域的数字经济发展协同性不足，无论是地方政府，还是其他社会主体，对于共享和开放自身数据资源的意识均相对保守，企业和个人获取公共数据的渠道不畅、政企数据共享权责边界模糊、不同数字技术企业采用不同的业务框架和系统，从而使大量数据无法连通、整合，抑制其共同发挥数据要素的效用，最终导致了"数据孤岛"问题较为突出，数据共享流通阻力及其对数字经济发展的制约不言而喻。例如，在各地建设智慧园区的过程中，智慧园区的智能设备信息系统，通常由不同的开发商采用不同的技术架构搭建而成，但这些系统之间却并不连通。因此，如果要了解分析一个园区的发展情况十分容易，但如果要了解所有园区全面的数据信息进而分析园区总体发展就比较困难。

此外，在我国的数据要素市场培育过程中，还面临数据要素的数据资产地位、数据确权、数据定价、数据安全和隐私保护等诸多挑战，其中的数据安全隐患所面临的挑战至少体现在：①数据被广泛应用于现实生活中的消费、出行、医疗、教育和金融等诸多领域，而这些数据往往被相关数据平台无偿获取，用户直接处于签署授权协议或者放弃使用该项服务的两难处境，对于个人隐私数据的保护难以有所作为，也只能依赖于数据收集平台的诚信和制度设计；②社交平台、搜索引擎、视频运营商等数据收集平台的头部企业，依托庞大的用户群体和数据累积占据了市场中的垄断地位，这不仅会损害公平竞争和群体创新，还将使得数据要素的竞争优势被逐步削弱，从而进一步制约数字经济的发展。由于越来越复杂的网络环境，导致互联网反追溯的难度正在加大，加之各国数据安全立法的进度和标准存在较大差异，使得未来的数据安全不仅仅是互联网的问题，还将在多方面影响数字经济的健康发展。因此，在数据要素市场培育过程中，数据安全尤为重要。

4. 数字化创新应用与实体经济的融合不充分、不均衡

现阶段我国各领域的数字化创新应用与实体经济的融合不充分、不均衡问题还较为突出，数字化创新应用对实体经济的渗透度与世界发达国家相比还存在较大差距。就各产业之间的数字经济融合渗透度而言，服务业消费与流通领域方面的数字化创新应用更为深入和更显成效，而制造业领域的数字化创新应用仍存在较大空间，农业领域的数字化转型则尤为滞后，其中比重最低的畜牧业还不足

5%，比重最高的林业也未超过 13%。此外，我国企业尤其是中小企业的数字化转型更是滞后，一些企业对于数字化转型发展依然存在"不想、不敢、不会"的"三不"现象。上述的融合不充分、不均衡也在很大程度上制约了我国产业数字化的持续健康发展。

5. 数字治理体系建设有待完善

随着数字经济的快速发展，数字经济所带来的以网络、数据、算法、平台为关键要素的竞争新机制，放大了传统经济的"鲇鱼效应"，一方面释放了经济发展的潜能，激发出新主体、新模式、新业态并呈现规模化趋势；另一方面数字经济也带来了传统治理体系和治理机制无法有效解决的新问题。首先，数字平台快速发展并逐步形成了"一家独大""赢者通吃"市场格局，随之带来了市场垄断、税收侵蚀、数据安全等问题，已经难以沿用传统反垄断规则对其进行监管；其次，随着新技术的广泛应用和技术创新的迭代升级，全球范围内的风险威胁从虚拟网络空间向现实物理世界扩散，国内经济社会面临着前所未有的风险与安全挑战；最后，应用大数据、人工智能等新技术导致的伦理问题、金融数字业务的无序扩张、网络舆情的管理失控等，正在成为当前发展数字经济必须面对和解决的重要问题。

三、未来展望与措施建议

当前，作为经济发展的基本形态，数字经济正通过推动生产方式、商业模式与管理范式的深刻变革，全面推动供给侧结构性改革和经济高质量发展。展望未来，我国数字经济的前景值得期待，并将呈现如下特点：首先，数字经济将继续以年均增长率高于 GDP 的态势保持高速增长，更加凸显作为推动经济高质量发展的新动能作用；其次，在新基建的推动下，人工智能、云计算、大数据等数字技术与传统行业的融合发展将进一步加深，并体现出泛在、多元、高效、智能的渗透特征，促进各行业在线上与线下、供给与需求、生产与消费、管理与运营之间构建起数据要素与数字技术高度融合的一体化高质量循环结构；再次，数字生态的竞争将成为主流趋势，对生态系统的选择不仅是对市场竞争优势的选择，更是对技术轨道的选择与对规模经济效应的应用；最后，数字安全的重视程度和底线意识将进一步强化。因此，在贯彻落实《"十四五"数字经济发展规划》的过程中，更需要从协同发展顶层设计、数字化核心技术储备、数据要素市场培育、数字化创新应用融合、数字化治理体系完善五方面来持续推进我国数字经济的健康发展。

1. 强化数字经济协同发展顶层设计

数字经济包括产业生态、数据要素、技术创新等多方面内容。因此，应加强顶层设计，推进数字经济的统筹、协同发展。具体措施应考虑以下四个方面：

（1）从国家层面统筹部署各地区数字经济发展的侧重点、具体路径等。

（2）统筹布局相对集中的高端芯片、操作系统等关系国家安全和发展命脉的数字化技术及数字化产业，避免资源浪费和重复投入，积极推动数字经济新兴产业集聚区的建设。同时，针对不同领域的"新基建"建设，本着激发市场主体积极性和参与度的目的，按照政府主导或企业主导的模式进行区别部署。

（3）对于立足地方区域特色优势和产业基础的数字经济发展试点或创新发展试验区，要充分支持并对其特色经验进行充分总结和系统推广，进一步扩大试验区范围。

（4）对数字经济发展的不同方面实行差别化的监管政策，包括遵循数字经济发展规律，厘清政府、行业协会、企业等相关主体的责权利关系，对数字经济发展的不同方面分类施策、精准监管等。

2. 围绕核心技术储备，加大数字经济基础研究和关键技术研发投入

（1）针对"人—机—物"三元融合的万物智能互联时代的新需求，在持续加大数字技术研发投入的同时，要着力推动以高校、科研院所为核心的产学研合作和集中攻关，以便把握数字技术与数字经济前沿发展，补齐基础研究短板，在量子计算、超导芯片等领域的关键核心技术上实现重大突破。

（2）围绕数字应用和数据处理的有效融合，加强数字应用技术的研发并开发更多的数字化应用产品和服务，以便为数字化应用创新场景和平台提供坚实的技术支撑。

（3）充分发挥政府规制和市场机制两者的作用，积极推动数字经济术语、数据格式、工业互联网平台架构等领域的标准制定和数据资源流通标准建设，并

在此基础上重点发挥领军型数字企业的作用，积极参与数字经济领域的国际技术标准制定工作，以增强我国技术标准与国际标准的一致性。

（4）积极探索更加行之有效的国际合作模式，通过与具有研发实力的国际科研机构或跨国公司共建实验室、研发中心、科研基地，以及鼓励国内的数字经济头部企业设立海外研发中心等形式，吸引更多的全球高端生产要素和人力资本。

（5）围绕数字技术与数字经济的人才体系建设和应用型人才供给，深化政、企、学资源的跨界整合，引导并支持高校加强对数字经济学科的建设和数字经济领域的基础研究、技术创新等专业课程的建立，建立健全适合数字经济领域的人才评价机制与激励机制。

3. 聚焦数据共享和数据安全，加快数据要素市场培育

针对数据要素市场建设过程中普遍存在的"数据孤岛"现象和数据安全、隐私保护问题，一方面要加强理论研究和技术研发，为数据确权、共享流通、数据安全、隐私保护等提供技术支撑；另一方面要加快推进数据确权、交易流通、跨境流动等相关制度法规的制定和修订工作，进一步明确政府及各类主体在数据要素市场中的权责边界，为数据确权、流通和交易等提供制度依据和法律保障。

（1）政府部门及监管层面要加强数据的分类分级管理，明确各方在数据采集、传输、使用、开放等环节的责、权、利，为保障网络安全的范围边界、责任主体等提供制度依据。在这一过程中，尤其要重视涉及国家利益、公共安全、商业秘密、个人隐私等关键领域的信息保护。

（2）在技术层面积极推动搭建"科技向善"规则与伦理体系，持续强化基础保护技术的研发与应用、关键信息基础设施的安全防护、信息安全防火墙加固，并积极组织开展常态化的数据安全流动风险评估活动，增强重大网络安全事件的风险识别与应急处置能力。

（3）在推动各地区各部门间公共数据共享的同时，进一步建立健全数据交易市场和与之相配套的数据登记确权平台，探索构建多元化的数据定价指标体系和数据定价机制，支持各类机构建立数据开源社区，鼓励各类交易主体展开多源数据汇集、数据建模等应用，以促进企业之间的数据连接与交易共享。

4. 加快推进我国数字化创新应用与实体经济的渗透度和融合度

充分利用我国数字经济规模优势，聚焦数字化创新应用与实体经济的渗透和融合。一方面要积极推进技术、数据、产业的一体化发展，加强产业内部和产业之间的信息共享，打破产业数据壁垒；另一方面要积极营造公平竞争的发展环境，避免在数字经济领域出现产能过剩和高端产业低端化的问题，引导并支持更多企业和机构的数字化转型，以便为数字化技术和数字化产业提供更为丰富的应用场景，从而创造出更多、更有效的数字化产品和服务，进一步夯实数字经济高质量发展基础。

（1）以市场需求为导向，制定并实施数字产业化和产业数字化的"双轮驱动"发展策略，以提升数字技术与三大产业的交叉跨界融合广度与深度，并在此基础上，打造出一系列的跨边界和适合不同应用场景的新模式与新业态。

（2）围绕数字科技的普惠赋能，加强经济欠发达地区的数字基础设施建设，地方政府可考虑通过数字化服务补贴等手段，鼓励数字化头部企业为欠发达地区提供低成本甚至是免费的数字化产品和数字化服务。

（3）围绕"数字技术+高端制造""大数据+产业集群"，深入推进数字技术与制造业融合，实现数字技术在生产制造环节的融合应用，从而促进传统制造企业的数字化、智能化转型升级。

（4）围绕"数字技术+农业"，积极探索数字化创新在农业生产中的应用场景，探索数字农业发展模式，重塑农村传统生产模式和经营模式。

（5）围绕"数字技术+服务业"，充分利用物联网、云计算、区块链、人工智能等数字化技术与生活性服务业的线上线下深度融合，通过数字化产品和数字化服务，进一步延伸服务业产业链，积极引导并支持工业设计、金融服务、现代物流、供应链管理等生产性服务企业的数字化转型。

5. 建立健全与数字经济新模式相适应的数字化治理体系

我国数字经济已经进入全新的发展阶段，需要构建与之相适配的数字化治理体系，以打造更加高效、规范化的数字经济社会。因此，应基于数字化经济时代的特点，积极推进我国数字化治理体系建设。

（1）在网络安全法、数据安全法、个人信息保护法三大法律支柱逐步落地实施的背景下，进一步细化平台经济、行业数据管理、关键基础设施等领域的法规制度，明确协助执法层面的实体要求和程序性要求，以提升规则的可预期性和执法的透明度。同时，还应加强执行层面的督导和跟踪评估，建立完整的监督闭环体系，强化相关权益保障。

（2）相关行业主管部门和行业自律组织联手建立健全数字化监管机制。一方面，改变传统的静态化管理模式，以数字化为载体，构建动态化的数字监督管理体系；另一方面，鉴于大数据本身是中立的，如果严格限制数据收集，就会影响到数据归集的丰富度，为此，可以将监管规范的重点聚焦于数据使用和用户整体福利的提升，既要加大力度惩罚侵犯用户利益的数据滥用行为，也要根据不同场景对个人数据的收集和使用行为设置合理化的规范，还要加强宣传引导以提升用户对大数据应用的认知度和包容度。

（3）深化数字经济领域"放管服"改革，完善政府协同，推动跨区域、跨部门、跨层级、跨行业的协同联动数据治理机制。在充分尊重企业意愿和合法权益的前提下，尝试通过政府采购或合作开发等方式，与企业共同开发数据资源，探索构建利益共享的数据协同机制，持续完善数据要素市场化交易制度，探索符合数字经济发展趋势的监管制度，实现数字经济的多方协同创新。

（4）充分发挥基层治理的首创精神，通过技术创新和制度创新，解决数字经济时代的治理新问题。例如，随着区块链、差分隐私、同态加密、安全多方计算、联邦学习等新技术的发展，大数据和人工智能技术带来的隐私保护问题有望得以进一步解决。对于数据共享和交易中的"匿名化"需求，如果仅从技术角度来看，存在较大难度，但如果通过"数据信托"制度，或是从制度上以"去标识化"来定义"匿名化"，则数据交易与共享中的"匿名化"要求可以得到解决。

第四节　小结

"数字经济"这一新经济形态源于技术进步，是数据要素依托数字化技术通过经济系统影响产业发展和供求行为的表现。因此，本书认为，数字经济本质上是新一轮的技术经济范式转换，是围绕数据这一要素的价值创造而进行的一系列生产、流通和消费的经济活动的总和，是以数据资源为关键要素，以现代信息网络为主要载体，以信息通信技术（或数字化技术）融合应用为重要推动力，具有技术经济范式转换内涵的一系列经济活动或经济形态。较之传统的农业经济、工业经济，数字经济具有数据引领、技术推动、创新融合、平台生态和多元共治等典型特征。而从经济体系构建的视角来看，数字经济发展中的核心是数字产业化和产业数字化，重要基础是数据价值化和数字基础设施，必要保障则是数字化治理。

美国、英国、欧盟成员国等主要发达国家推进数字经济的实践表明，数字化创新应用所催生的"数字经济"新形态正在成为各国经济增长的新动能，在此过程中的共同经验至少有如下几方面：构建新型基础设施新生态、加速实体经济数字化转型、构建衡量数字经济统一标准、凝聚多方共识并建立健全数据跨境流动制度和数字贸易国际规则体系。

得益于顶层制度设计的引导和市场多方的共同努力，我国的数字经济规模已实现稳步增长。2020年，我国数字经济规模为39.2万亿元、数字用户规模达到10.32亿，数字经济相关政策更加完善，在数字产业化支撑能力、产业数字化发展进度、数字化治理水平、数据价值化试点、数字贸易和数字经济国际合作深化等方面均有不同程度的改善或提高。但同时也存在一些不足，尤其体现在：数字化技术基础理论和核心技术亟待突破、数据要素市场培育有待加强、与实体经济融合程度有待提升、数字治理体系建设有待完善等方面。为此，需要政府层面立足宏观管理，坚持问题导向，联合多方，围绕区域数字经济协调发展、储备数字化核心技术、聚焦数据共享和数据安全、提升数字化创新应用融合度、建立健全与数字经济新模式相适应的数字化治理体系等方面采取相关措施。

第五章　中观视角的数字化创新：区域一体化中的数字化创新应用

第一节　数字化创新驱动区域协调发展的基本分析

一、数字化创新与区域协调发展的内在逻辑

改革开放以来，由于地理区位、资源环境约束、经济结构、市场活力等多重因素影响，我国各地区、各省份之间的经济发展水平差距逐步拉大，区域间的不协调和不平衡发展问题逐步积累。随着我国经济发展进入增速换挡、结构优化、动力转换的新常态，东部沿海地区依靠创新驱动继续保持了较为稳定增长，而部分内陆省份因为主要依赖投资拉动和资源驱动而经历了不同程度的经济增速放缓。在南北方之间，东部、西部、东北部和中部四大板块之间，以及四大板块内部都出现了分化，使得区域协调发展成为新阶段全面推进共同富裕和实现现代化进程中必须面对的现实问题。因此，党的十八大以来，以习近平同志为核心的党中央以促进区域协调发展为目标，制定了一系列全新的重大战略决策，积极推动实施京津冀协同发展、长江经济带发展、长江三角洲区域一体化发展、粤港澳大湾区建设、海南全面深化改革开放等重大战略，将支持老少边穷地区发展放在更

加重要位置，在党的十九大报告中明确提出"实施区域协调发展战略"，并将其作为贯彻新发展理念、建设现代化经济体系的重要抓手。

区域协调发展战略的核心内容是要有效发挥区域优势，正确处理区域关系，按照发挥比较优势、加强薄弱环节、要素有序自由流动、基本公共服务均等享有、资源环境可承载的要求，逐步形成主体功能清晰定位、东中西部良性互动、公共服务与人民生活水平差距趋向缩小的区域协调发展格局。而在此过程中，利用数字化创新，通过提升区域协同创新水平和质量，实现区域协调发展的战略目标。

（1）数据作为数字化创新中的驱动要素，已经开始渗透到创新活动的各个方面。由于具备可复制、可共享、可反复使用等特性，数据打破了资源稀缺性对区域经济增长的制约，平衡了由于区域资源禀赋而导致的区域发展不平衡。

（2）在区域发展过程中，数字技术既可以降低获取创新要素的交易费用，如时间成本、信任成本、信息成本等，也可以通过传输效率提升而减少运输成本，还可以直观并且实时监控到数字化创新要素的流向和使用情况，减少区域发展中的创新要素错配或冗余。上述两方面的作用，都将有利于提高区域内各类主体的创新意愿并且减少其创新风险。

（3）数字化创新应用可以驱动精准配对和渗透融合，有效减少甚至消除直接创新主体和间接创新主体之间，企业创新和用户创新之间，研发人员创新和机器人创新之间，高校知识创新、科研机构技术创新和企业产品创新之间的屏障，实现各类创新主体高效互联互通，从而促进区域内不同主体之间、不同区域之间的创新协同及应用推广。数字化创新不仅自身具有技术要素的创新功能，而且能够将数字技术合理应用到创新活动的各个过程和环节中，使来自非邻近区域或全球不同国家和地区间的异质化创新主体能够创造并不断改善合作交流条件、互动发展机制和创新合作方式，促使创新主体广泛开展有效的跨地域、跨组织协同创新，从而实现区域之间的协同发展。

（4）数字化创新为区域创新活动从地理空间集聚向数字空间集聚转化提供可能，并在数字空间中促进了更大范围的创新要素和创新主体整合与重构，推动了创新组织的网络化、平台化和数字化，驱动了集聚规模和空间关联，区域创新各子系统之间的屏障被有效消除，区域协同创新方式呈现出一种全新的发展态势，创新水平和创新效率得到大幅提升。

综上所述，通过渗透到区域创新系统的各个方面，数字化创新可以有效颠覆传统的时空模式，化解既有地理环境约束，并超越现实发展基础配置资源要素、开展投资经营活动，实现创新要素、创新主体和创新组织的根本性变革。同时，数字化创新还能够积极推进创新要素高效联通、溢出扩散，推动创新主体精准配对、渗透融合，强化创新组织集聚规模、空间关联，促进区域协同创新水平和质量的提升，从而实现欠发达地区超常发展，有效化解长期存在的区域发展不协调、不均衡问题。

二、数字化创新驱动区域协调发展的主要载体

随着人工智能、大数据、物联网、5G 和工业互联网等为代表的新型数字基础设施建设步伐加快，不仅为数据信息的流动和交换提供了平台和载体，也为提高整个社会的网络信息传输能力、数据整合交换能力和数字通用技术融合能力奠定了基础条件。数字化创新正是依赖于广泛使用的数据、数据处理技术、数据与物理硬件融合技术、数字化设备、新型数字基础设施而开展的创新活动。这一活动在区域协调发展中的驱动力作用，还依托于在区域层面、组织层面、市场创新主体层面设立或组建相应的载体。

（1）在区域层面，组建区域数字化创新中心。作为一种多角色的数字化创新公共促进系统，数字化创新通过一整套以数字化创新要素为核心的数字供给服务来支持各类创新主体开展数字化创新，并促进数字化基础设施的完善，从而提高区域产业的竞争力、促进区域经济的高质量发展。作为区域数字化倡议的主要载体，以支持区域内产业数字化能力建设为目标，区域数字化创新中心能够为各种类型的创新主体提供相应支持，包括数字化创新资金、数字化基础设施、数字技术和能力、数字技术相关培训和技能发展等，并在此基础上，通过区域数字化创新中心间的协作促进地区之间的创新协同和创新发展。

（2）在组织层面，搭建数字化创新平台。作为数字化创新生态系统实现各种类型创新要素共享的平台和技术框架，数字化创新平台的作用是通过汇聚数字化创新要素，为各类创新主体提供价值创造和价值分配的基础设施。首先，基于便捷的信息交互和广泛的平台联结，各类创新主体间的信息传递与反馈更加快速，从而实现了创新要素快速匹配，促进了整个生态系统的发展；其次，基于平台内置的信任机制，如位置不特定的互联网中介机构（包括双边市场促进者、支付平台等）、分布式账本、在线认证和信誉机制等，可以进一步减少各类创新主体对地理空间的依赖，形成数字空间的集聚效应；再次，通过激发和调动所有创新要素，平台可以最大限度地发挥数字化创新潜力，促进不同创新阶段或创新模块之间的自组织协同演化；最后，通过以不同方式对创新主体之间的关系进行重构和协调，平台既是创新要素流转的市场设施和中介，也是创新生态系统中不同主体的宿主和合作的协调者。因此，数字化创新平台不仅是配置与协调创新要素的基本组织，也是区域数字化创新生态系统的关键部分，是区域数字化创新活动的中心焦点。

（3）在市场创新主体（企业）层面，设立数字化创新部门。通过数字化创新部门，不仅可以将创新主体加入到数字化创新平台，还可以推动整个组织支持不同功能的数字化创新平台。实践中，在企业内部可以通过两种途径设立数字化创新部门：一种是调整企业内部原有的信息技术部门职能，使其能够承担数字化创新所有必要的角色和职能，如为企业的数字化创新提供专业知识和数字化理念宣讲；另一种是在企业内部成立新的、专门的数字化创新部门，负责与企业数字化创新相关的构想、开发、集成与应用。该部门的目标是对现有组织进行数字化改造，通过对现有业务和新业务领域进行数字化创新活动来促进组织数字化转型。

三、数字化创新驱动区域高质量发展的相关实证分析综述

数字化技术不仅能够推动产业与科技的融合创新，而且能够推进传统产业的创新性发展，从而提升区域的创新产出。根据知识密集型服务业创新产出的相关理论分析，通过企业的技术溢出和规模经济效应，知识密集型服务业集聚能够显著促进区域创新和区域经济增长。为此，夏杰长等（2021）基于2002~2018年我国30个省、市、自治区（不包括西藏自治区、香港特别行政区、澳门特别行

政区、台湾省）的经济数据，对数字化创新应用与区域创新产出之间的关系进行实证分析，结果显示：①以数字化创新应用为基础的数字经济，对区域创新产出具有显著的促进作用，其中，地方公共财政支出占比在促进创新投入方面发挥了更大作用，从而影响到创新投入与创新产出之间的关系；②数字经济规模对创新投入的效应受到区域劳动生产率的显著影响，劳动生产率越高，数字经济发展与创新投入之间的正向关系就越强，数字经济对创新投入的促进作用越显著；③数字经济规模对创新产出的直接效应和间接效应都有显著影响，从而显著提高区域的创新产出；④外商投资的技术溢出与我国 GDP 之比能够显著提高我国创新产出，但对创新投入的影响显著为负。

数字化创新价值创造的相关理论分析显示，通过规模效应和平台效应，数字化创新应用使中心城市能够不断通过科技、经济等向边缘城市辐射，从而增强中心城市对周围城市的引领作用，并催生出新模式、新业态和新产品，同时进一步增进了城市间的合作交流与资源共享，从而推动区域一体化进程，促进区域发展达到更高水平。王玉等（2021）选择 2010~2018 年我国京津冀城市群、中原城市群、长江中游城市群、长三角城市群、珠三角城市群、哈长城市群、成渝城市群七大城市群作为研究对象，通过构造数字经济发展水平和区域一体化指标进行了实证分析，结果显示：第一，数字化创新的应用及推进可以促进城市群区域产业结构、创新、环境一体化水平提升，但在发展初期会拉大中心城市与边缘城市经济增速的差距，从而导致城市群区域经济增长出现逆一体化结果；第二，数字化创新应用能够降低劳动力要素配置不平衡，并增加资本配置不平衡，从而导致城市群区域产业结构、创新、环境差距进一步缩小。这其中的作用机理在于：数字化创新应用带动了研发等资本的投入，进而产生了比其他资本更加可观的资本收益，同时又促进了资本继续投入到数字化创新应用更为发达的优先城市，从而增加了优先城市与落后城市之间的资本吸引力差距，进一步增加了资本要素配置的不平衡。同时，数字化创新的应用也将促使产出对劳动力需求弹性降低，使中心城市出现劳动力逐渐过剩并最终回流到边缘城市，从而减少了劳动力要素配置的不平衡，带动了落后城市区域的经济发展，缩小了区域发展的差距。

在推动区域产业结构升级和区域经济高质量发展等方面，数字化创新起着不可替代的作用，但各区域要素禀赋、政策等方面的差异也将反过来影响数字化创新的应用和作用发挥，进而对区域协调发展重大战略的实施产生影响。陈晓东等（2021）依据数字基础设施水平、数字技术应用水平和数字创新水平三个维度构建出省域数字经济指数（该指数的计算过程为：首先，采用极差法对指标进行标准化；其次，运用主成分分析法获得指标权重；再次，采用线性加权法获得各省份年度的得分；又次，用归一法得到标准得分值；最后，将标准得分值乘以100，得到最终的数字经济指数），以此反映我国各省份数字经济发展水平（也可视为数字化创新推进及应用效能），通过对2013~2019年相关数据进行实证分析显示：第一，数字经济发展水平最高的是广东（10.32），其次是北京（8.46）、江苏（8.22）、浙江（7.53），排名最后的是青海（1.34）、甘肃（1.30）和新疆（0.88）。这说明省市之间存在"数字鸿沟"现象，数字经济的发展水平具有明显的空间差异，数字经济发达的地区与经济发达地区高度吻合。第二，相较于2013年，2019年区域间数字经济发展水平的差距在缩小，但各省市（区）数字经济发展水平排名较稳定，也充分说明需要较长时间的持续推进和大力发展才要实现数字经济水平的突破性发展。第三，地区经济发展水平、城镇化水平对区域数字经济发展的影响显著为正；政府干预度对发达和较发达区域数字经济发展的影响虽然为正但是不显著、对欠发达区域的影响为负；产业结构高级化对发达和较发达区域数字经济发展的影响为负、对欠发达区域的影响为正；对外开放水平对发达和较发达区域数字经济发展的影响显著为正、对欠发达区域的影响不显著。在各数字经济区域中，区域经济发展水平、城镇化水平均对数字经济发展具有强大驱动作用。对不同区域，产业结构高级化水平、政府干预度以及对外开放水平的影响力则存在明显差异。

通过上述相关实证分析，进一步说明了想要充分发挥数字化创新对区域经济高质量发展的作用，需要关注如下几个方面：第一，数字化创新对区域创新产出呈现正相关关系，这一促进作用受各地区劳动生产率的影响显著。因此，各地区尤其是中西部地区应加大科技创新人才培养力度。第二，地方公共财政支出显著影响创新投入对创新产出的促进作用，应充分发挥地方财政资金的引导作用，推动各地区创新投入和创新产出的不断增长，因此需要加强财政支出对创新型中小企业的扶持力度。第三，外商投资对提高区域创新能力具有积极的促进作用，中西部地区应积极引导外商投资与本地区产业的融合，而东部地区应优化外资引进结构，大力引进外商在高技术服务业领域的投资。第四，对于占据科技、人才和资本优势的发达城市和区域中心城市，应持续提升其区域经济发展中的科技含量和对边远落后城市的技术辐射能力。与此同时，边远落后城市要积极主动拥抱前沿数字经济技术，促进各生产要素回流，从而促进区域差距逐步缩小。第五，以数字化创新应用为基础的数字经济，其规模大小反过来将影响区域经济的协调发展。因此可将区域数字经济发展作为实现区域经济协调发展的重要工具，一方面要加大欠发达区域的新基建力度，同时提升东部地区数字技术应用及其创新水平；另一方面要提高区域开放水平，推动区域数字经济的协调发展，但同时也要从区域一体化角度来制定防范资本不合理流动的政策，以防止逐利性资本过度集聚到中心产业或首位城市，从而加剧区域发展的不平衡。

第二节　京津冀一体化下的数字化创新应用

一、数字化创新应用在京津冀一体化中的整体概况

京津冀地区同属京畿重地，人口超过 1 亿，土地面积超过 21 万平方千米，三地彼此相连，协同发展意义重大。目前，京津冀三地处于不同工业化发展阶段。北京已进入后工业化阶段，天津则处于工业化阶段后期，而河北还处于工业化阶段中期，因此不同的工业化阶段导致三地产业结构存在较大差异。2014 年 2 月 26 日，习近平总书记在北京主持召开座谈会，在听取京津冀协同发展专题汇报时明确强调："京津冀协同发展意义重大，对这个问题的认识要上升到国家战略层面。"2015 年 3 月 23 日，中央财经领导小组第九次会议审议研究了《京津冀协同发展规划纲要》（以下简称《纲要》），并在 2015 年 4 月 30 日中央政治局会议上审议通过。《纲要》指出，推动京津冀协同发展是一个重大国家战略，

核心是有序疏解北京非首都功能，要率先突破京津冀交通一体化、生态环境保护、产业升级转移等重点领域。简而言之，京津冀协同发展战略的目标是以"京津冀三地作为一个整体协同发展"为核心，以疏解非首都核心功能、解决北京"大城市病"为基本出发点，通过调整优化城市布局和空间结构，构建现代化交通网络系统，扩大环境容量生态空间，推进产业升级转移，推动公共服务共建共享，努力实现京津冀目标同向、措施一体、优势互补、互利共赢的协同发展新格局。

2021 年 9 月，紫光股份旗下新华三集团数字经济研究院正式发布的《京津冀城市数字经济指数蓝皮书》中的相关数据显示：第一，数字化创新驱动下的数字经济作为重要动力源，在赋能京津冀地区优势产业升级、加速区域一体化协调等方面发挥了重要作用。从整体数字经济发展水平上看，京津冀地区 13 个城市平均得分为 59.7 分；从城市数字经济指数纬度上看，北京市保持一线城市位置，天津市、石家庄市保持新一线城市位置，另有 8 个二线城市和 2 个三线城市。第二，数字化创新驱动下的数字经济对于京津冀一体化的赋能和推动主要体现在产业协同互补、治理互联互通、空间下探延伸和环保协同共治四个层面，其中：在产业协同互补层面，京津冀正充分发挥各自优势，带动创新链、产业链、供应链协同创新，打造"北京突破—天津转化—河北承接"的高精尖产业发展新高地；在治理互联互通层面，京津冀地区正不断提升新型基础设施建设水平，加强数据资源汇聚，有序开展数据共享开放工程，全面提升城市治理和民生服务水平；在空间下探延伸层面，京津冀区县数字经济发展逐步形成了高新区走产城创新融合发展路线、城区走深度一体化发展路线、县市走新型城乡一体化发展路线并重点发展数字乡村和县域经济三种模式；在环保协同共治层面，京津冀三地应用物联网、大数据、人工智能等技术，通过立体监测、智能预警、数据共享和平台协作，实现大气和水污染的联防联治，共同守卫碧水蓝天。

根据京津冀协同发展统计监测协调领导小组办公室发布的测算结果显示，2020 年京津冀区域发展指数、区域创新发展指数、区域协调发展指数、区域共享发展指数分别为 119.33、131.87、114.52、133.78。与 2014 年相比，上述四个指数的年均提高分别达到 3.22 点、5.31 点、2.42 点、5.63 点。2014～2020

年，京津冀区域创新发展指数增势强劲、区域协调发展指数稳步上升、区域共享发展指数呈较快上升趋势。此外，在区域创新产出方面，2020 年区域每万常住人口发明专利拥有量为 37 件，比 2014 年增长 2.2 倍。2020 年区域技术市场成交额为 7987.8 亿元，比 2014 年增长 1.2 倍。在创新效率方面，2020 年每亿元研发经费产生的专利授权量为 95.8 件，比 2014 年增长 61.8%。

整体来看，站在"十四五"规划的新起点上，数字化创新驱动下的京津冀地区数字经济，已形成了"一极两翼、振翅欲飞"的总体格局。作为"一极"的北京发挥着创新引领的作用，"两翼"的天津和河北石家庄则辐射带动周边城市。"三地一体化"在以制造业为代表的产业转移上成效显著，"轨道上的京津冀"正在加快构建，创新资源优势互补、产业链条内嵌融合的区域协同创新模式初步形成。

二、北京市数字化创新应用实践

作为京津冀数字经济发展的引领者和主导者，依托政策优势、区位优势、人才优势，北京市不仅成为数字经济创新资源的聚集地，还发展成为京津冀甚至是全国数字产业化的高地和产业数字化方案的输出地。其中：①在政策方面，北京市于 2016 年发布了《北京市人民政府关于积极推进"互联网+"行动的实施意见》，2017 年印发的《北京市推进两化深度融合推动制造业与互联网融合发展行动计划》中提出"发挥北京市数字经济服务资源优势"；②在区位方面，北京市聚焦了一批颇有实力的央企和互联网、电子信息制造业等行业的头部企业，具有极强的总部经济效应；③在人才方面，北京市拥有 90 多所高校、1000 多家科研院所、128 家国家重点实验室和近 3 万家国家高新技术企业，这些组织机构培育并向全国各个城市输送了大量数字经济人才；④在数字产业化方面，北京市软件和信息技术服务业、电子信息制造业和互联网产业领先全国，国家工业互联网大数据中心、国家网络安全产业园区、国家北斗创新应用综合示范区等园区在北京落地建设和运营，进一步加速了北京市的高新技术产业发展和集聚；⑤在产业数字化方面，对于制造领域，北京市政府积极持续推进工业互联网创新发展，以"赋能全国数字化转型"为目标，围绕完善发展环境、夯实基础设施、打造赋能体系、深化行业应用四个方向推进；对于服务领域，北京市政府积极打造国家级金融科技示范区，在数字贸易、远程教育、在线医疗、数字商务等领域的探索引领全国；对于农业领域，北京市拥有多个农业数字化研究机构，农业科技供给能力较强。

2020 年，随着《北京市促进数字经济创新发展行动纲要（2020-2022 年）》《北京市关于打造数字贸易试验区的实施方案》《北京国际大数据交易所设立工作实施方案》等系列方案的发布及实施，北京市全面提速了数字化创新应用，以基础设施建设、数字产业化、产业数字化、数字化治理、数据价值化和数字贸易发展六个方面为主线的区域数字化创新应用及数据经济发展越发体系化，彰显了北京致力于将自身打造成为全球数字经济标杆城市的战略定位。据中国信息通信研究院联合新京报贝壳财经发布的《北京数字经济研究报告（2021 年）》显示，2020 年北京数字经济规模占 GDP 比重持续位列全国第一，北京市当年的第一、第二、第三产业的数字经济渗透率分别为 5.8%、22.1%、43.4%，其中的第二、第三产业数字经济渗透率均高于全国平均水平。

2021 年，作为"十四五"规划开局之年，北京市数字化创新应用及数字经济仍保持了高速发展态势。2021 年 7 月，北京市以全球引领为目标谋篇布局，发布的《北京市关于加快建设全球数字经济标杆城市的实施方案》中提出，通过 5～10 年的接续努力，打造城市数字智能转型示范、国际数据要素配置枢纽、新兴数字产业孵化引领、全球数字技术创新策源、数字治理中国方案服务、数字经济对外合作开放等引领全球数字经济发展的"六个高地"。2022 年 1 月 19 日，北京市统计局副局长、新闻发言人朱燕南在 2021 年北京经济运行情况新闻发布会上的披露数据显示：2021 年北京市数字经济实现增加值 16251.9 亿元，按现价计算，比 2020 年增长 13.1%，占全市地区生产总值的比重达到 40.4%；2021 年北京市 5G、车联网、工业互联网等新型基础设施项目投资占全市固定资产投资的比重为 9.1%，比 2020 年提高 1.5 个百分点；2021 年高技术产业和战略性新兴产业分别实现增加值 10866.9 亿元和 8739.8 亿元，按现价计算，比 2020 年分别增长 14.2% 和 14%。高技术产品产量不断提高，工业机器人、智能手机、集成电路产量两年平均分别增长 33.0%、18.0% 和 15.6%。

除了上述几组数据所展示的数字化创新应用成效，在数字技术创新引领和基础设施建设方面，北京市依托其雄厚的科研教育资源，超前布局 6G 网络、量子科技、算法创新、区块链，加快生物与信息技术融合突破，逐步构建了"识别分析—窗口期捕捉—资源统筹—集中突破—场景应用"的技术创新链，不仅赋能于传统产业链的创新发展，还形成了自主可控、产研一体、软硬协同的新一代数字技术创新体系，也因此促成了北京市科研产出连续三年蝉联全球科研城市首位，先后涌现出马约拉纳任意子、新型基因编辑技术、"天机芯"、量子直接通信样机等一批世界级重大原创成果，为打造全球科技创新中心奠定了坚实基础。根据 2021 年 12 月中国信息通信研究院政策与经济研究所、中央广播电视总台上海总站共同发布的《中国城市数字经济发展报告（2021 年）》，截至 2021 年 8 月底，在北京市技术合同输出中，数字领域技术转让占绝对多数，仅电子信息领域技术转让就达约 30000 项，超过转让技术项目总数的 50%。根据《中国城市数字发展报告（2021 年）》中公布的数据显示，截至 2021 年 8 月底，北京市 5G 基站数量达 4.57 万个，每万人 5G 基站数约 20 个，平均上传速率达 42Mbps，5G 终端用户达 1215.5 万户，均居全国第一。

此外，在促进区域数字协同发展方面，以北京市支持雄安新区为例，中关村管委会与雄安新区管委会签署协议，共建雄安新区中关村科技园。2017 年，中关村科技园区管理委员会组织 12 家中关村节能环保及智慧城市服务企业与雄安新区签署战略合作框架协议，并入驻雄安中关村科技园，助力雄安新区建设国际一流、绿色、现代、智慧的未来之城。2020 年 11 月，河北雄安新区中关村企业集中办公区成立。截至 2021 年 9 月，北京市在河北雄安新区注册成立企业超过千家。

三、天津市数字化创新应用实践

作为京津冀数字经济协同发展的桥梁和纽带，天津市以数字化创新应用为驱动力，以深度挖掘区位优势为切入点，以承接北京及其他地区高水平数字经济企业为主要手段，致力于实现自身打造成为全国先进制造研发基地、北方国际航运核心区、金融创新运营示范区、改革开放先行区（以下简称"一基地三区"）。

在区位优势方面，天津市作为我国北方城市中的重要一极，占据了"一带一路"、京津冀一体化、自贸区的三重优势。在京津冀一体化战略中，天津是京津冀协同发展"一极两翼"中的其中"一翼"，也是疏解北京市"非首都核心功能"的主要承载城市。得益于其区位优势，2017 年 8 月，以国家超级计算中心为基础的京津冀大数据协同处理中心在天津市滨海新区成立，该中心作为三地互联共享的"数据走廊"，重点建设面向大数据处理的超级计算与云计算融合的基础设施，建设面向行业大数据应用开发的基础创新环境。

在承接北京市及其他地区高水平数字经济企业方面，立足于全国先进制造研发基地的定位，2020 年天津市以战略性新兴产业为主攻方向，瞄准北京大型央企、民企百强、独角兽公司大力开展招商引资。根据《中国城市数字经济发展报告（2021）》相关数据显示，2020 年 1～11 月，天津市共推动内资注册落地项目 84 个，其中包括麒麟软件、东华智联等来自北京的项目达到 32 个。此外，《滨海日报》刊发的《不负厚望　谱写新时代高质量发展华彩篇章》一文也显示，天津滨海—中关村科技园（以下简称科技园）紧紧围绕与北京市长城企业战略研究所共同制定的"3+1"产业体系，积极吸引技术含量高、发展潜力大、实地办公的企业或项目入驻。2021 年，科技园新增项目 1093 家，同比增长 50.3%，累计入驻企业超 3000 家。北方汉王、联汇智造等智能科技项目，一瑞生物、海河生物、云南白药等数字医疗项目，和能人居、中节能中咨华瑞等重点项目相继入驻科技园。此外，2021 年科技园新增北京到天津企业 322 家，北京到天津企业 3 年累计达 672 家，北京到天津企业占比由 2019 年的 16% 提升至 2021 年的 30%，中智科技天津分公司、神华国能朔黄铁路公司等央企项目落户科技园。

在数字化驱动全国先进制造研发基地发展方面，天津市先后培育了紫光云、中汽研、宜科电子等一批行业工业互联网平台，超过 6000 家工业企业上云，兴建了现代中药、车联网、先进操作系统等 9 家市级制造业创新中心，突破了诸如"天河三号"百亿亿次超级计算机、全球首款脑机接口专用芯片"脑语者"、12 英寸半导体硅单晶体、240 吨 AGV 自动导引运输车等一批关键核心技术。

在数字化驱动北方国际航运核心区建设方面，天津港将 5G 与北斗技术作为港口智慧化转型的突破口，推进传统集装箱码头智能化升级，实现全球首个单体集装箱码头全堆场轨道桥自动化升级改造，拥有全球首台集装箱地面智能解锁站，成为全球首个"港口自动驾驶示范区"。

在数字化驱动金融服务创新、打造金融创新运营示范区方面，天津市通过推介"津心融"数字化平台，推动金融服务立体化和便捷化，将政务数据与金融数据相整合，2021年1月正式上线的天津"津心融"平台，运营11个月，已有1.25万余家企业受益，累计获得授信金额超过167亿元。

在改革开放先行区方面，天津市着力打造"津心办"数字化平台。截至2020年12月，"津心办"已上线1700余项服务，便利企业和群众掌上办事，助力疫情防控和复工复产，已成为天津市数字社会建设的主要方式。

根据《天津市智能科技产业发展年度报告（2021）》显示，在"十三五"期间，天津市在数字经济和电子政务等方面取得了明显成效。其中：在数字经济方面，形成涵盖芯片、操作系统、整机终端、应用软件的完整信息技术应用创新产业链条，过程知识系统（Process Knowledge System，PKS）生态体系基本建立，并建成了丹佛斯、海尔5G工厂、长荣科技等102个智能工厂和数字化车间，培育了紫光云、中汽研、宜科电子等一批行业工业互联网平台，上云工业企业超过6000家，打造了158个"5G+工业互联网"应用场景；在电子政务方面，天津市大数据管理中心相关数据显示，作为全国率先建成的省级统一电子政务万兆骨干光网，天津市全网光纤路由达60000芯千米，建成13.9万核计算能力和97.1PB存储规模的政务云资源，全市信息资源统一共享交换平台共接入67个市级部门、16个区、5个公共服务机构，归集数据超92亿条，累计交换数据量超2041亿条次，服务接口调用量14.7亿次，城市信用状况监测排名跃居全国第二位。

2021年9月，天津市人民政府发布的《天津市加快数字化发展三年行动方案（2021-2023年）》中提出，到2023年，天津市数字化发展整体实力进入全国第一梯队，数字经济创新引领能力显著增强，数字公共服务体系更加高效便捷，数字生活服务更加普惠可及，数字经济增加值占GDP比重不低于55%，基本建成智治协同、运转高效的整体数字政府，形成适应社会主义现代化大都市发展的数字治理新模式。

四、河北省数字化创新应用实践

河北是经济大省，工业基础雄厚，但处于工业化中期，传统产业改造升级、战略性新兴产业培育、生态环境治理、民生改善等领域的数字化创新应用需求旺盛，京津冀区域一体化发展战略、雄安新区规划建设，对其而言无疑是难得的历史机遇。因此，河北省委、省政府在 2017 年出台了《关于加快发展"大智移云"的指导意见》，明确提出要以"大智移云"为核心，做大做强数字经济，使其成为河北省产业转型升级、经济结构战略性调整的重要支撑。随后，河北省在 2018 年出台了《河北省战略性新兴产业发展三年行动计划（2018-2020 年）》，2020 年发布了《河北省数字经济发展规划（2020-2025 年）》和《关于加快发展数字经济的实施意见》等一系列指导意见、行动计划、政策措施，初步搭建了河北省加快数字化创新应用、支持数字经济发展的"四梁八柱"，并且形成了石家庄居于全省领先，唐山、沧州、廊坊、秦皇岛等城市承接的数字化创新应用及数字经济发展梯队。

发展至今，作为京津冀一体化的新增长极，河北省初步形成张承廊大数据走廊，在线运营服务器规模突破 240 万台，算力居全国第 3 位；正式开通张家口国际互联网数据专用通道，全省 5G 基站达 3.9 万个，数量居全国第 11 位。2017 年，京津冀国家再制造产业示范基地落户河北沧州河间市，通过推进 300 多家企业的再制造产业科技创新，让"简单再制造"转为科技再"智造"，目前已发展成为全国最大的汽车发电机、起动机再制造基地。2017 年 5 月，河北保定安国数字中药都正式运营，与全国数字农事资源集约平台和安国数字中药都聚商交易平台形成联动，建成了全国首个"五统一"（统一标准、统一检验、统一交易、统一仓储、统一票据）专业药材市场，成为在全国具有行业引领性、示范性的国内首家中药材专业化公共服务平台。

根据《京津冀（河北）新型智慧城市发展报告 2015-2020》，2020 年河北省智慧城市发展水平平均得分为 50.28 分，较 2016 年的 39.55 分提升了 10.73 分，这说明了在数字化创新应用的推动下，河北省智慧城市建设在基础设施、数字政府、智慧民生、智慧医疗、智慧社区、智慧治理等方面都有了很大程度的提升。

但报告中也显示，在智慧治理、智慧环境方面，北京优势明显，处于领先水平。河北省在数字经济方面虽然较前一年有所提升，但与北京、天津的差距还较大，在数字基础、智慧环境方面仍有较大的提升空间。

根据 2021 年 11 月河北省政府新闻办召开的"推进制造强省建设 助力全面建成小康社会"新闻发布会上的数据，2020 年，河北全省数字经济规模达 1.21 万亿元，排全国第 11 位，同比增长 10.5%，占 GDP 比重达 33.4%。

（1）在数字产业化方面，目前河北省已形成了大数据、第三代半导体、新型显示、太阳能光伏、现代通信等较为完整的数字产业链条。京津冀国家大数据综合试验区基本建成，雄安新区数字经济创新发展试验区稳步推进，张家口数据中心、邢台太阳能光伏等 7 个电子信息领域新型国家工业化产业示范基地建设成效明显，同光晶体 6 英寸碳化硅晶片等 30 余个项目产品填补国内空白。同时，阿里、百度、华为、腾讯、海康威视等一批知名企业和重大项目相继落地河北。目前，河北省已有 17 家电子信息上市企业，其中的晶澳太阳能、乐凯、风帆、中移系统集成等连续多年入围我国电子信息百强和软件百强。

（2）在产业数字化方面，河北省工业企业关键工序数控化率达到 55.3%，居全国第 5 位。目前，河北省已建成"高速动车组健康服务平台"等 47 个工业互联网平台，实现 1.3 万家规模以上工业企业两化融合评估全覆盖，超过 1.5 万家工业企业上云，累计培育了 368 个省级以上数字化车间和 50 个省级工业互联网创新发展试点示范项目。同时，"5G+"场景不断拓展，雄安新区"5G+车路协同"项目入选国家 5G 创新应用提升工程计划。

第三节　长三角一体化下的数字化创新应用

一、数字化创新应用在长三角一体化中的整体概况

以 1982 年提出的"以上海为中心建立长三角经济圈"设想为起点，到 2018

年习近平总书记在首届中国国际进口博览会上宣布"支持长江三角洲区域一体化发展并上升为国家战略"，再到 2019 年中共中央、国务院印发的《长江三角洲区域一体化发展规划纲要》，近 40 年间，长江三角洲地区走出了一条引领区域经济高质量发展的新路径。目前，长三角地区已经成为我国经济发展最活跃、创新能力最强、开放程度最高的区域之一。苏南模式、温州模式、枫桥经验等全国著名的改革创新典型案例均出自长三角地区。

长三角一体化所包括的"三省一市"四个地方各有特点，其中：上海市正在建设成为航运中心、金融中心、科技创新中心、国际贸易中心、国际经济中心"五个中心"，是我国参与全球竞争的引领者；江苏省经济和社会发展相对均衡，在汽车、电子信息、生物医药、石化、钢铁等领域具有非常雄厚的实力；浙江省在以县域为单元的产业集群发展方面具有独特的优势（"块状经济"），包括温州模式、港航物流、商品集散等；安徽省具有突出的后发优势，具有相对优越的区位条件，省会城市合肥的电子信息和新能源汽车两大产业在全国具有一定影响力。长三角一体化的定位是：全国发展强劲活跃增长极、全国高质量发展样板区、率先基本实现现代化引领区、区域一体化发展示范区以及新时代改革开放新高地。

长三角一体化上升为国家战略后，随即出台的《长三角地区一体化发展三年行动计划（2018-2020 年）》中明确提出了发展目标："大力发展物联网、大数据、人工智能、5G、集成电路等核心产业，并以此打造覆盖长三角全境的数字经济产业集群"，从此"三省一市"的发展也步入了一个新阶段。2021 年 11 月 4日，在国务院新闻办公室举办的"长三角一体化发展上升为国家战略三年来进展"新闻发布会上，"三省一市"相关负责人介绍：目前，长三角地区基本建成了以科技创新为引领的现代化产业体系，新经济、新业态、新模式不断涌现，呈现出明显的强劲活跃增长特征，长三角地区生产总值占全国比重从 2018 年的24.1%提高到 2021 年前三季度的 24.5%；同时，数字化创新应用所催生的数字经济新优势正在成为长三角地区新动能转换的重要牵引，不仅促进了要素在区域一体化市场中的自由流动，还有效推动了区域资源配置效率的提升。在数字化创新应用的驱动下，长三角地区率先突破了虹桥国际开放枢纽、皖北承接产业转移集聚区、G60 科创走廊等一批跨界区域，在科创产业融合发展、基础设施互联互通、生态环境共保联治、公共服务便利共享等重点领域建成了一批标志性工程，统筹城乡融合发展相关的 16 大领域 120 项政务服务事项也实现了"一网通办"。

根据中国信息通信研究院发布的《长三角数字经济发展报告（2021）》，2020 年长三角数字经济规模占区域 GDP 比重约为 44%，占全国数字经济规模总量约为 28%。长三角"三省一市"数字经济增速均高于同期 GDP 增速 5 个百分点以上，人工智能、大数据、云计算、区块链、5G 等新兴数字产业领域的发展走在全国前列，数字经济在第三产业渗透率均高于 40%。一系列的数据和实践案例显示，数字化创新应用已经逐步成为推动长三角高质量一体化发展的关键动力。长三角地区在数字政府和智慧城市建设方面的实践以及初步形成的"四位一体"数据要素市场格局，使其在数字产业化、产业数字化、数字化治理、数据价值化、数字贸易等领域的探索实践都处于全国领先地位。

从区域一体化发展模式来看，长三角一体化中的数字化创新应用不仅颇具区域特色，还更显灵活性，既体现了区域内部的发展联动，又体现了服务区域整体的战略定位，具体而言：①长三角电子信息产业梯度转移和皖北"6+2+N"梯度转移承接平台表现为梯度转移发展模式——由先发地区转移至后发地区；②上海工业电子商务产业发展表现为产业飞地发展模式——突破原有行政区划限制，通过跨地理空间的行政管理和经济开发，实现多地资源互补、经济协调发展；③上海人工智能产业以及南京软件和信息服务产业表现为点轴联动发展模式——区域增长极呈点状分布，点和点之间由于生产要素（劳动力和资本）流动和交换的需要而连接形成轴线，数字化创新的应用使得增长点在数字产业领域形成轴状连接，从而实现区域数字产业发展的相互联通；④合肥和苏州布局数字经济产业体现出板块协同发展模式——区域内各板块数字产业定位明确并且优势互补，通过一系列联动机制推动资本、技术和人员聚集，形成了完善的数字经济产业链条，从而促进产业配置与空间布局的结合，并逐步缩小区域内各板块之间的差距；⑤长三角大数据交易中心和城市数字化治理呈现出区域极核发展模式——在不同的地理区位，通过数据交易中心和数字化治理实现了集中优势、重点布局的模式来形成极核，确保有条件的区域优先发展；⑥长三角"一超多强"和浙江"二四五"数字经济总体格局表现出多极网络发展模式——拥有丰富数据要素的增长极地区，在数字技术、数字产品、数字服务等领域相互支撑和轴状连接，形成多极网络空间的布局模式，从而促进区域间的均衡发展。

二、上海市数字化创新应用实践

长三角一体化上升为国家战略后，上海市政府在此前大力推进大数据发展、"互联网+"行动等相关数字化创新布局的基础上，又先后出台了《上海加快发展数字经济推动实体经济高质量发展的实施意见》《全面推进上海城市数字化转型的意见》《推进上海经济数字化转型赋能高质量发展行动方案（2021－2023年）》《上海市促进城市数字化转型的若干政策措施》《上海市全面推进城市数字化转型"十四五"规划》等一系列的数字化创新应用推广举措。从上述一系列政策可以看出，较之国内其他城市，上海市的数字化创新应用更聚焦于以整个城市为视角，围绕全面推进上海的城市数字化转型，将数字化创新在城市经济、生活、治理三大领域的应用与上海市强化"四大功能"（全球资源配置功能、科技创新策源功能、高端产业引领功能、开放枢纽门户功能）、深化"五个中心"（国际经济中心、金融中心、贸易中心、航运中心、科技创新中心）建设的发展目标深度融合，从而巩固并提升城市整体核心竞争力和软实力。

根据亿欧智库联合天眼查发布的《2021上海市数字经济发展研究报告》显示，上海市的数字经济GDP占比已超过50%，其中，产业数字化增加值规模超过1万亿元，产业数字化占GDP比重超过40%。整体来看，上海市近年来聚焦城市数字化转型[①]，在数字化创新应用探索中积累了不少经验，也取得了显著成效，主要体现在以下五个方面：

在数字基础设施建设方面，截至2020年底，上海市基本建成全国"双千兆第一城"，作为全国第一个超过SoMbps的城市，固定宽带平均可用下载速率达到50.32Mbps；已累计建设5G室外基站3.2万个，室内小站5.2万个，通信海光缆容量达到22Tbps，实现了中心城区和郊区城镇化地区5G网络全覆盖；已建成15

---

① 城市数字化转型是指基于数字技术运用和数据要素驱动的城市发展模式的实体结构转变，包括经济发展、社会生活、政府治理等多方面的数字化转型。

个具有全国影响力的工业互联网行业平台，带动 6 万多家中小企业上云上平台，并在静安、虹口、杨浦、嘉定、普陀等区率先开展新型城域物联网百万级规模部署；面向公众服务的互联网数据中心 103 个，机柜总量近 14 万架，建设 30 余种智能传感终端近 60 万个。目前，上海市已建成和在建的国家重大科技基础设施涵盖了物质、生命、能源、海洋等多个前沿科技领域，设施数量、投资金额和建设进度均全国领先。

在数据资源利用方面，截至 2020 年底，上海市累计开放数据集超过 4000 项，推动了包括普惠金融等多个产业共 11 个公共数据开放应用试点项目建设。同时，上海市启动国际数据港建设，公共数据归集累计达到 237.7 亿条数据，实现跨部门、跨层级的数据交换超过 240 亿条，数据规模总体在国内领先。

在数字化创新应用与产业融合发展方面，上海市工业互联网赋能全产业链协同成效显著。根据上海市人民政府于 2021 年 10 月公布的《上海市全面推进城市数字化转型"十四五"规划》相关数据显示，"十三五"期间，上海市已率先建成标识解析国家顶级节点，并辐射长三角，标识注册量突破 16 亿元，打造了一批具有全国影响力的工业互联网行业平台。2020 年，上海市集成电路产业规模达到 2000 亿元，发展成为国内产业链最完备、综合技术最领先、自主创新能力最强的集成电路产业基地之一。2020 年，上海市软件和信息服务业经营收入为 10912.97 亿元，增加值 3250.74 亿元，增加值占全市增加值的 8.4%，占第三产业增加值的 11.5%，其中互联网信息服务业营收 3484 亿元，同比增长 19.1%。此外，上海区域特色建设和在线新经济产业聚集也是初见成效，网络零售、网络视听、消费金融等信息消费新业态不断涌现，在线新经济基本形成了以浦东、杨浦、静安、长宁为主产业发展布局的"浦江 C 圈"。其中：杨浦区吸引了哔哩哔哩、美团点评、优刻得、流利说等优势企业相继落户；浦东新区汇聚了喜马拉雅、阅文集团、盛趣游戏等一批数字娱乐、互联网服务领域重点企业；徐汇区依托漕河泾、滨江地区，集聚了阿里、腾讯、网易等头部企业，成为全国人工智能产业高地；长宁区集聚了拼多多、携程等平台企业，引领全国信息消费。

在数字化创新应用与公共服务融合方面，政务服务实现了"一网通办"。2018 年，上海市率先提出了"一网通办"改革理念，并在随后三年扎实推进。

截至 2020 年末，上海市"一网通办"已接入事项达到 3166 个，"随申办"实名注册用户数超过 5000 万。以"高效办成一件事"为目标，以"两个免于提交"和"两转变"为聚焦点，"一网通办"积极推进业务流程再造，切实提升了企业和群众办事的满意度。为此，2020 年，"一网通办"入选联合国全球电子政务调查报告经典案例。此外，在数字化创新场景应用方面，上海全市统一的社区基础信息数据库、"社区云"平台、教育云网融合试点推进中的"空中课堂"、上海市综合为老服务平台、"健康云"平台、"上海停车"、"一键叫车"等一站式服务平台或数字公共服务平台逐步建成，在推动城市的智慧养老、智慧医疗应用、智慧出行和在线教育等方面发挥了重要作用。

在数字化创新应用与城市治理融合方面，城市运行实现了"一网统管"。2019 年，以城市运行管理中心作为运营实体，以城市运行管理系统作为基本载体，以公共管理、公共服务、公共安全和应急处置等方面的事务为具体管理对象，上海市部署推行了"一网统管"工作，按照"三级平台、五级应用"的逻辑架构，建立了市、区、街镇三级的城市运营中心。在此基础上，围绕"高效处置一件事"，推动多网格合一、流程再造、人机协同管理，打造务实管用的智能化应用场景，重点建设了城市之眼、道路交通管理（IDPS）和公共卫生等系统，全市重点工程建设项目应用 BIM 技术比例达到 93%，建立了实时动态"观管防"一体化的城运总平台，共接入了 50 个部门的 185 个系统和 730 个应用，最终实现了"一屏观天下、一网管全城"。

综上所述，上海市的数字化创新应用探索更加注重营造更好的转型政策制度环境，以平台思维来激发各类主体活力，吸引更加多元化的社会力量参与其中，从而全面推动城市的全方位、深层次数字化转型。2022 年 2 月 23 日，上海城市数字化转型工作领导小组会议上强调："要探索以整个城市为视角，打造城市级平台。树立平台思维、把握平台逻辑、创新平台模式，充分用好上海市海量应用场景优势，在数字底座的夯实、系统建设的开源、应用开发的跨界、共性技术的支撑、制度规则的统一上下更大功夫，坚持统一规划，推动开放共享，加快技术创新，强化制度供给，不断提升实际应用效能。"

三、江苏省数字化创新应用实践

自《长三角地区一体化发展三年行动计划（2018-2020）》实施以来，江苏省依托雄厚的经济基础实力和科教资源，以数字化创新应用为驱动力，积极推动数字技术与实体经济的深度融合。在数字产业化、产业数字化和数字技术创新驱动、数据资源开发利用等方面都取得了显著成效后，江苏省又相继出台了《省政府办公厅关于深入推进数字经济发展的意见》《江苏省"十四五"数字经济发展规划》等一系列文件，进一步明确了江苏全面实施数字经济强省战略、全力打造"四个高地"（即数字技术创新高地、数字产业发展高地、数字社会建设高地、数字开放合作高地）的目标要求。根据2021年5月江苏省通信管理局发布的《2020江苏省信息通信业发展蓝皮书》和2021年12月江苏省人大财政经济委员会提交的《关于江苏省推进数字经济建设情况的调研报告》等相关材料显示，2020年，江苏数字经济规模已超过4.4万亿元，占GDP比重大约为43%，总体呈现出数字化创新融合驱动加快、新业态新模式不断涌现的良好发展态势。

数字基础设施建设方面。对于网络基础建设，截至2020年底，江苏省光缆线路长度达399万千米，连续多年居全国第一；建成7.1万座5G基站，基本实现了全省各市县主城区和重点中心镇全覆盖；IPv6发展指数位居全国前列，工业互联网、车联网、智慧城市等领域试点应用成效显著。对于算力基础设施建设，目前江苏省在用数据中心拥有标准机架35万架，国家超级计算无锡中心和昆山中心已完成建设并投入使用，昆山花桥经济开发区和南通国际数据中心产业园被认定为国家新型工业化产业示范基地。截至2021年10月，江苏省在云计算、大数据、物联网等领域布局建设的5G智能移动通信综合测试中心等省级以上数字技术创新服务平台的数量已达400余家，先后获批设立国家第三代半导体技术创新中心、国家新一代人工智能创新发展试验区。

数字技术创新应用及数字化产业发展方面。"神威·太湖之光"超级计算机和"昆仑"超级计算机达到国际顶尖水平，未来网络试验等国家重大科技基础设施落户江苏，网络通信与安全紫金山实验纳入国家科技力量布局第三代半导体技术创新中心正式获批。物联网、人工智能、云计算等数字产业规模及增速均位居全国前列。2020 年，江苏省电子信息产品制造业的业务收入为 2.87 万亿元，软件和信息服务业业务收入为 1.08 万亿元，在"十三五"时期年均增速分别达 9.54%、8.87%。目前，参与创建和试点的中国软件名城数量位居全国第一，南京市软件和信息服务、无锡市物联网入选全国先进制造业集群，同时苏州市已成为国家新一代人工智能创新发展试验区。

数字化创新应用赋能产业升级方面。根据中国信息通信研究院数据显示，2020 年江苏省产业数字化规模 2.91 万亿元，位居全国第二。在数字化创应用新赋能制造业领域方面，截至 2020 年底，江苏省已累计建成 1307 家省级示范智能车间，42 家示范智能工厂，24 家企业获批国家智能制造系统解决方案供应商，占全国 21%。在工业互联网应用方面，已建成区域级、行业级和企业级工业互联网平台 86 家，其中苏州紫光云和徐工信息汉云工业互联网平台入选国家级双跨平台，两化融合管理体系贯标企业达 4985 家，两化融合发展水平指数连续六年名列全国榜首。在数字化创新应用赋能服务业领域方面，江苏省目前拥有 12 家国家级电子商务示范基地和 10 个国家级跨境电商综合试验区，南京、苏州、徐州、常州、无锡 5 市先后获评国家电子商务示范城市，社交电商、直播电商等新业态新模式也在江苏蓬勃兴起。2020 年，江苏省网上零售额达 10602.4 亿元，各地组织淘宝直播累计 247.7 万场、观众达 62 亿人次，苏州成为全国首批 4 个法定数字货币试点城市之一。在数字化创新应用赋能农业、发展智慧农业方面，江苏省规模设施农业物联网技术推广应用面积占比达 22.7%，已建成全国农业农村信息化示范基地 12 家、省级基地 492 家，入选全国数字农业农村"三新"优秀案例 64 项，建成省级农业电商基地 304 家、县级农业电商产业园 82 个。2020 年，江苏省农产品网络销售额达到 843 亿元。

数字化创新应用与公共管理和服务融合方面，截至 2020 年，江苏省已全面推行"互联网+政务服务"和"不见面审批（服务）"，启动了面向企业跨部门实体证照免带的"苏服码"创新政务应用试点，并有序开展了"互联网+医疗健康"示范省建设，不断普及就业、养老、社保、教育和救助等服务场景数字化应用，基本建成了覆盖全省的政务云资源体系，成功搭建了省级公共数据开放平台，完成了第一批重点领域公共数据资源开放。目前，政府和社会数据融合应用格局初步形成，江苏省已成为全国首批国家工业数据分类分级、数据管理能力成熟度评估模型（Data Management Capability Maturity Assessment Model，DCMM）试点省份，并积极培育了苏州吴江区、无锡梁溪区等 5 家区域大数据开放共享与应用试验区，形成了"大数据+网格化+铁脚板"治理机制的经验做法。

四、浙江省数字化创新应用实践

早在 2002 年，浙江省就提出建设"数字浙江"，全面推进国民经济和社会信息化。2003 年则提出"八八战略"①，其中明确提出"进一步发挥浙江的区位优势，主动接轨上海、积极参与长江三角洲地区合作与交流"。2014 年以来，浙江省聚焦以互联网为核心的信息经济，制定出台了《关于加快发展信息经济的指导意见》《浙江省信息经济发展规划（2014-2020 年）》《浙江省国家信息经济示范区建设实施方案》等一系列政策文件，在 2017 年确立了实施数字经济"一号工程"的重要决策，进一步明确提出要努力打造"三区三中心"②，随后建设国家数字经济示范省、数字经济五年倍增计划等相继出台，并于 2019 年 10 月成为全国首批国家数字经济创新发展试验区。与此同时，浙江省的数字经济"一号工程"也从"1.0"迭代至"2.0"，以数字化改革为引领，在推动产业链、创新链、供应链深度融合等方面取得了显著成效。

根据 2021 年 7 月浙江省人民政府发布的《浙江省数字经济发展"十四五"规划》相关数据显示，浙江省的数字化应用实践情况主要体现在如下五个方面：

（1）在数字化创新驱动经济增长方面，浙江省在 2020 年数字经济增加值达

---

① "八八战略"是 2003 年 7 月中国共产党浙江省委员会第十一届四次全体（扩大）会议上提出的浙江省面向未来发展要进一步发挥八个方面优势、推进八个方面举措：一是进一步发挥浙江的体制机制优势，大力推动以公有制为主体的多种所有制经济共同发展，不断完善社会主义市场经济体制；二是进一步发挥浙江的区位优势，主动接轨上海，积极参与长江三角洲地区合作与交流，不断提高对内对外开放水平；三是进一步发挥浙江的块状特色产业优势，加快先进制造业基地建设，走新型工业化道路；四是进一步发挥浙江的城乡协调发展优势，加快推进城乡一体化；五是进一步发挥浙江的生态优势，创建生态省，打造"绿色浙江"；六是进一步发挥浙江的山海资源优势，大力发展海洋经济，推动欠发达地区跨越式发展，努力使海洋经济和欠发达地区的发展成为浙江经济新的增长点；七是进一步发挥浙江的环境优势，积极推进以"五大百亿"工程为主要内容的重点建设，切实加强法治建设、信用建设和机关效能建设；八是进一步发挥浙江的人文优势，积极推进科教兴省、人才强省，加快建设文化大省。

② 三区：全国数字产业化发展引领区、产业数字化转型示范区、数字经济体制机制创新先导区；三中心：具有全球影响力的数字科技创新中心、新型贸易中心、新兴金融中心。

30218 亿元，占 GDP 比重达到 46.8%，其中的数字经济核心产业增加值 7020 亿元，对 GDP 增长贡献率达 34.9%，电子信息制造业、软件业、数字安防、云计算、大数据等行业影响力持续增强。

（2）在数字基础设施建设方面，浙江省建成 193 个数据中心，联合国大数据全球平台中国区域中心落户杭州；建成 6.3 万个 5G 基站，全省网络基础设施基本实现 IPv6 改造，国家（杭州）新型互联网交换中心启用。同时，之江实验室、西湖实验室被纳入国家实验室体系并加快建设，阿里云城市大脑和海康威视视频感知成为国家新一代人工智能开放创新平台，数字经济领域的有效发明专利达 6.5 万件。

（3）在数字化创新与产业转型升级融合方面，截至 2020 年底，浙江省在役工业机器人达 11.1 万台，已培育 263 家（个）智能工厂（数字化车间）和 12 家未来工厂；以 supET 工业互联网平台为核心，"1+N"工业互联网平台体系初步构建完成，已培育 210 个省级工业互联网平台和近 44 万家企业上云；规模以上工业企业全员劳动生产率达到 25.0 万元/人，5 年内提高了 29.4 个百分点。

（4）在数字化赋能服务业领域方面，2020 年，浙江省网络零售额达 2.3 万亿元，约占全国 1/6，居全国第二位；移动支付活跃用户普及率达 75%；基本实现跨境电子商务综合试验区的全省覆盖；世界电子贸易平台（Electronic World Trade Platform，eWTP）秘书处、世界银行全球数字金融中心、国家"互联网+医疗健康"示范省、国家短视频基地等已落地建设运营；钉钉、淘宝直播、智能快件箱等"非接触经济""线上经济"新业态新模式爆发式涌现。

（5）在数字化赋能公共管理和服务方面，浙江省加快推进建设"掌上办事之省"和"掌上办公之省"，"浙里办"实名注册用户已超 5500 万，全省依申请政务服务办件"一网通办"率超过 80%。浙江省在全国率先实现身份证、户口簿等 11 本证照跨省"亮证"，城市大脑"杭州经验"已经被广泛推广，尤其在疫情防控期间，"一图一码一指数"精密智控成为治理数字化的重要成果。

五、安徽省数字化创新应用实践

安徽省作为长江经济带发展、长三角一体化发展、中部地区高质量发展三大国家战略叠加的唯一省份，具有"左右逢源"的区位优势：既是长江经济带承东启西的重要节点，又是长三角成员，还是长三角与中部地区联动发展的桥头堡。以合肥为圆心，500千米为半径的区域内，聚集了全国40%的人口和50%的消费市场。在2018年6月长三角"三省一市"联合发布《长三角地区一体化发展三年行动计划（2018-2020年）》后，同年10月30日，安徽省出台了《安徽省支持数字经济发展若干政策》，明确提出要"以加强数字社会建设为牵引，扩需求拉动数字技术应用"，要加快建设"数字江淮"。2021年2月8日，安徽省经济和信息化厅召开的新闻发布会上公布的数据显示，"十三五"期间的"数字江淮"建设取得了显著成效。

数字化基础设施建设方面。在"十三五"期间，安徽省共建成59个国家级工业互联网示范平台，305个省级制造业与互联网融合发展试点企业，发布30家工业互联网服务资源池（包括双跨平台、特色平台、解决方案供应商和安全服务供应商），初步构建了企业级平台、行业级平台和跨行业跨领域平台的工业互联网平台体系。2020年，安徽省加快5G发展专项协调小组和安徽省5G产业发展联盟成立，负责统筹推进5G建设，当年完成29415个5G基站站址建设，建成62个5G场景应用，评选出了马钢5G智慧矿山、海螺集团5G+工业互联网项目等十大"安徽省5G+工业互联网"创新应用。同时，安徽省加强工业互联网试点示范培育，格力电器、江淮汽车、长虹美菱、司尔特肥业等14家企业被评为国家级工业互联网试点示范。

数字化技术产业化方面。在"十三五"期间，安徽省以电子信息产业、软件服务业和新兴产业为代表的数字产业加速发展，电子信息规模以上工业企业增加值年均增速超过20%，营业收入总量规模跃居全国同行业第10位。营收增速居长三角地区和中部地区首位；2020年，安徽省电子信息规上工业增加值实现增长24.1%，营业收入同比增长达到25.2%，高于全国同行业16.3个百分点。2020年，安徽省软件和信息服务业营业收入达到1202.2亿元，在"十三五"期间年均增长29.74%，以科大讯飞、华米科技、科大国创等为代表的优势智能企业量质提升，中国声谷入园企业实现"千家企业、千亿产值"目标（1024家、1060亿元），合肥市和蚌埠市入选国家信息消费示范城市。在新兴产业体系完善中，安徽省新型显示产业实现了"从沙子到整机"的全产业链布局，目前合肥市新型显示产业基地已成长为国内面板产能最大、产业链最完善、技术水平最先进的产业集群，以合肥为核心、沿长江相关市协力发展的"一核一带"产业格局初步显现。而且合肥市新型显示器件集群、集成电路产业集群也被列入国家首批战略性新兴产业集群工程。

数字化创新应用与产业转型升级融合方面。安徽省印发实施《安徽省智能制造工程实施方案（2017-2020年）》，启动了机器换人"十百千"工程。截至2020年，安徽省超过3万台工业机器人在机械、汽车、钢铁、石化、建材等十大领域500多家企业中推广应用。安徽奇瑞汽车、云轨科技、中科类脑等14家企业先后入选国家大数据产业发展试点示范。安徽省先后培育出三只松鼠食品全产业链协同制造平台、中科美络车联网公共服务平台、华升泵阀机泵数字化平台等一批数字经济创新共享服务联合体。在推进两化融合管理中，通过贯标评定的安徽省企业已达1417家，位居全国第4；在制造业"双创"平台培育中，有22家企业的25个项目被工业和信息化部认定为制造业"双创"平台试点示范项目。

根据《2021中国数字经济发展白皮书》数据显示，2020年安徽省数字经济增加值超过万亿元，居全国省市第13位，占GDP比重超过30%，连续三年增速超过10%。2021年11月12日安徽省政府举办新闻发布会，在会上介绍了安徽推进长三角一体化发展国家战略实施情况，其中也提到多个成果都涉及数字经济相关领域，具体主要如下：在数字化基础设施建设方面，合肥综合性国家科学中心建设取得重大进展，"五个一"创新主平台升级版加快打造，"科大硅谷"等新型创新载体启动建设，大科学装置数量位居全国前列；合力打造长三角科技创新共同体，上海张江、合肥综合性国家科学中心"两心共创"迈出坚实步伐，在量子信息、同步辐射光源、智能语音等领域积极开展科技攻关，成果转化取得了积极成效。由上海、江苏、浙江、安徽共同建设的长三角国家技术创新中心于2021年6月3日在上海揭牌成立。2020年9月，长三角产业链补链固链强链行动启动，其中由安徽省牵头的长三角人工智能产业链联盟已集聚了科大讯飞、苏宁软件等72家上下游企业。

第四节　西部大开发中的数字化创新应用

一、"西部大开发"战略的实施概况

1999 年 9 月 22 日，中国共产党第十五届中央委员会第四次全体会议通过的《中共中央关于国有企业改革和发展若干重大问题的决定》中提出了实施"西部大开发"战略。2000 年 10 月 11 日，在中国共产党第十五届中央委员会第五次全体会议通过的《中共中央关于制定国民经济和社会发展第十个五年计划的建议》中明确指出："实施西部大开发战略，加快中西部地区发展，关系经济发展、民族团结、社会稳定，关系地区协调发展和最终实现共同富裕，是实现第三步战略目标的重大举措。"这里的西部地区①包括十二个省、自治区和直辖市，涉及国土面积 670 多万平方千米，占我国国土面积的比例超过 70%，占我国总人口的比例超过 27%。实施"西部大开发"战略，就是要依托亚欧大陆桥、西南出海通道、长江水道等交通干线，促进中心城市作用发挥，以线串点、以点带面，逐步构建我国西部有特色的西陇海兰新线、成昆（明）、南（宁）贵等跨行政区域的经济带，实现西部大开发有序推进。

相关的研究文献表明，规避和克服西部地区空间格局相对低效是实施"西部大开发"战略的关键。

一是我国西部地区地理位置偏僻。由于城乡聚落之间距离长，交通不便，缺乏交流的规模经济，导致对内对外交流机会少、成本高、效率低，空间交往成本相对高昂。根据《中国物流年鉴》，2018 年，宁夏回族自治区运输费用和社会物流总费用占全区 GDP 的比重分别为 13.7% 和 17.49%，均远远高于全国平均水平的 7.7% 和 14.8%。

---

① 西部地区特指陕西、四川、甘肃、宁夏、内蒙古、青海、西藏、新疆、云南、贵州、重庆、广西十二个省、自治区和直辖市。

二是城乡聚落规模小、密度低。对于供应商以及消费者来讲，能够提供有效分享的本地市场规模相对狭隘。同时，本地劳动力池效应相对较弱、知识溢出效应相对薄弱，从而导致除关中地区、成渝地区和省会城市以外的其他西部广大地区，"过剩"与"短缺"并存、人才流失与饥渴并存，商业繁华度普遍很低，产业链和产业集群的发展处于较低水平，工人和企业之间难以形成良性的循环累积因果互动。

三是西部生态脆弱区人地失调。虽然生态脆弱区的人口绝对密度低，但仍然超过了生态系统承载能力，陷入到贫困人口增长与生态环境退化的恶性循环。西部大开发以来，随着退耕还林还草和易地扶贫搬迁政策的实施，虽然生态脆弱区的人地失调现象得到明显缓解，但要彻底解决依然需要全力以赴。

"西部大开发"战略实施20年来，以"全面建成小康社会"为目标，以基础设施建设、新的经济增长极培育、生态建设和环境保护、特色优势产业发展、社会事业发展和深化改革扩大开放为主要内容，我国先后颁布实施了《关于实施西部大开发若干政策措施的通知》《国务院关于进一步推进西部大开发的若干意见》《中共中央　国务院关于深入实施西部大开发战略的若干意见》等一系列相关文件和政策，对西部大开发提供了重要支持和指导。在此过程中，为加快西部地区信息化、数字化、智能化建设步伐，实施了"减小数字鸿沟——西部行动"计划等一系列行动，其中动因在于：信息技术在与实体经济进一步融合过程中，通过将不同区位的人与物实施有效联结，不仅在一定程度上可以摆脱地理因素的制约、显著降低生态的冲击，还可以降低社会经济活动的成本、提升供求响应的速度和质量，同时在此过程中还可能催生出新服务、新业态和新模式。这无疑为改善空间格局低效性，提高区域竞争力提供了基本解决方法。

"西部大开发"战略实施至今取得了一系列显著成效。根据《中国统计年鉴》相关数据，首先，在经济实力方面，西部十二省（区、市）地区生产总值由1999年的1.5万亿元增加到2019年的20.5万亿元，占全国比重达到20.7%，提高了约3.6个百分点，年均增长10.9%，高于全国平均水平；其次，在居民收入提升方面，西部地区2019年农村居民和城镇人均可支配收入分别达到1.3万元和3.5万元，分别是1999年的7.8倍和6.5倍，截至2019年底，西部地区

90%以上的贫困县已经实现脱贫；最后，在基础设施和现代产业体系建设方面，截至 2019 年底，西部地区铁路营运里程已达 5.6 万千米，其中高速铁路 9630 千米，西部大部分省会城市和 70%以上的大城市之间已经实现完全连接；西电东送和西气东输等重大能源工程相继竣工，目前已有一批国家重要的能源基地、装备制造业基地、战略性新兴产业基地和资源深加工基地建设完成。

尽管在短短 20 年的时间里，西部十二省（自治区、直辖市）发生了历史性的变革，但如果与东部地区的快速发展相比较，西部地区发展不平衡不充分问题依然突出。为此，2017 年 10 月 18 日，习近平总书记在党的十九大报告中提出了"强化举措推进西部大开发形成新格局"。2020 年 5 月发布的《中共中央 国务院关于新时代推进西部大开发形成新格局的指导意见》进一步明确了未来形成西部大开发新格局的定位和发展方向。2022 年 2 月，国家发展和改革委员会、中共中央网络安全和信息化委员会办公室等部门联合印发通知，同意在京津冀、长三角、粤港澳大湾区、成渝、贵州、内蒙古、甘肃、宁夏 8 地建设国家算力枢纽节点，并规划了张家口集群等 10 个国家数据中心集群。这标志着全国一体化大数据中心体系总体布局设计完成，国家正式全面启动"东数西算"①工程。根据 IDC、浪潮信息和清华大学全球产业研究院联合发布的《2021-2022 全球计算力指数评估报告》，算力指数平均每提高 1 个百分点，GDP 和数字经济将分别增长 0.18%和 0.35%，而对算力的旺盛需求又将成为推动新基建投资的重要力量。按照全国一体化大数据中心体系布局，8 个国家算力枢纽节点作为国家"东数西算"工程的战略支点，积极发展数据中心集群，有序推进算力资源向西转移，从而有效解决东部和西部算力供需失衡问题，并在此过程中推动西部地区 GDP 和数字经济的发展。简言之，"东数西算"工程不仅是资源重新分配、达成"双碳"目标的重要手段，而且还是西部开发新格局构建和西部崛起的重要机遇。

二、"西部大开发"战略中的十二省数字化创新应用概况

自 2000 年"西部大开发"实施以来，在我国经济飞速发展的过程中，西部

---

① "数"是指数据；"算"是指算力、数据处理能力。

地区也开创了无数具有标志性的巨大成就。在外部环境变化的推动和源自内生变革的赋能下，西部十二省、自治区和直辖市在信息化建设、"互联网+"、数字化创新应用等方面均出台了一系列政策和举措，各地不断夯实数字基础设施建设，不断释放数字经济活力，在数字化发展和变革的进程中跑出了西部"加速度"。其中，重庆、贵州、四川、陕西等先行地区抢抓数字时代机遇，积极开展数字经济发展先行区建设，打造了众多智慧名城，其余的西部省份也在积极推动数字化技术与优势产业的深化融合，将地区特色转化为经济优势，激活数据在产业发展中的新动能。

1. 陕西

根据《陕西省数字经济发展"十四五"规划》相关数据显示，2020 年，陕西省数字经济规模占生产总值比重达到 30.6%，依托高校和科研院所优势，甘肃省软件服务和计算机、通信等电子设备制造等数字经济核心产业产值增长 40%。截至 2020 年底，西安国际互联网数据专用通道总带宽达到 870G，全省建成 1.9 万个 5G 基站，工业互联网标识注册量突破 2000 万，物联网终端用户总数超过 2700 万户，并建成 94 座北斗地基增强系统基准站，北斗卫星导航系统在 41 个行业得到推广应用，IPv6 支持度居全国第 9，全省规模以上工业企业数字化研发设计工具普及率达到 66.6%。

2. 甘肃

根据《甘肃省"十四五"数字经济创新发展规划》相关数据显示，2020 年，甘肃省数字经济核心产业增加值占 GDP 比重为 2.2%，比全国平均水平低 5.6 个百分点，全省农产品网上销售 194 亿元，建成覆盖全省 14 个市（州）的农产品质量安全信息追溯体系。截至 2020 年底，甘肃省 14 个市（州）实现主城区 5G 网络覆盖，5G 网络人口覆盖率达到 24% 以上。兰州已建成西北第二大信息通信网络枢纽，实现与北京、西安、成都等核心节点城市以及西宁、拉萨、乌鲁木齐、银川等重点城市的网络直联。金昌紫金云大数据中心、丝绸之路西北大数据产业园数据中心、甘肃联通马滩大数据中心、甘肃国网云数据中心等投入运营。目前，甘肃省数字经济企业已达 10.3 万家，占全省企业总数的 25.8%。

3. 宁夏

根据《宁夏回族自治区数字经济发展"十四五"规划》相关数据显示，截至 2020 年，网络基础设施全面支持 IPv6，应用基础设施基本具备 IPv6 服务能力。移动互联网基础设施建设稳步推进，4G 基站、5G 基站分别达到 3.45 万个和 0.33 万个。国家（中卫）新型互联网交换中心正式揭牌，成为继杭州、深圳后国家第三个试点城市。亚马逊、美利云、中国移动、中国大脑等数据中心已落户的中卫西部云基地，数据中心安装机架 2.7 万架、总体上架率 74.67%。中国（银川）跨境电子商务综合试验区成功落地，已培育 40 余个工业互联网平台，600 余家工业企业实现上云，千台工业设备实现联网。信息通信业"十三五"期间年均增速均超过 20%。2020 年，宁夏回族自治区网络零售总额达 209.4 亿元。目前，盐池县、平罗县、利通区、西夏区入选国家数字乡村试点地区。

4. 青海

根据青海省工业和信息化厅统计信息，2020 年，青海省数字经济规模达到 739.64 亿元，数字经济占 GDP 的比重达到 24.61%。截至 2020 年，互联网省际出口带宽增加 16 倍，由 2015 年的 354Gbps 增加到 2020 年的 6000Gbps；信息传输、软件和信息技术服务业的营业收入增长 9.6%，由 2015 年的 63.04 亿元增加到 2020 年的 69.08 亿元；规模以上计算机、通信和其他电子设备制造业收入增加 9 倍，从 2015 年的 3.57 亿元增加到 2020 年的 36.52 亿元；大数据中心机架数增长 6.85 倍，从 2015 年的 1261 个增加到 2020 年的 9900 余个。

5. 新疆

根据新疆维吾尔自治区工业和信息化厅公布的相关数据显示，2020 年数字经济增长 10%，占新疆 GDP 比重的 26%。截至 2020 年，新疆共建成 6272 个 5G 基站。5G 用户达 275 万户，工业互联网应用已覆盖油气开采、新能源、装备制造、电力等 20 多个新疆重点行业。

6. 四川

根据四川省统计局发布的数据显示，2020 年四川省数字经济规模达到 1.6 万亿元，约占全省 GDP 比重的 1/3。作为国家数字经济创新发展试验区、"芯火"双创基地和数字服务出口基地，四川省跟随新基建浪潮紧抓数字经济。截至 2020

年底，四川省已建设5G基站3.4万个，开通NB-IoT基站4.5万个，企业上云总数超20万家，拥有人工智能相关企业超过600家，培育特色工业互联网平台30余个，工业互联网标识解析（成都）节点标识注册量达5.4亿条。

7. 云南

根据云南省工业和信息化厅的相关数据显示，2020年云南省数字产业主营业务收入超过1700亿元，数字经济总量突破5000亿元，年增速超8%，占GDP比重近25%（洪正华，2021）。《云南省"十四五"大数据中心发展规划》中显示，截至2020年底，云南省在用及规划在建42个数据中心（其中7个大中型数据中心），机架总数约4.1万架，建成27条省际光缆、18个互联网出省方向。目前，云南省各州（市）、县（区）政府所在主城区实现重点区域4G、5G移动网络广泛覆盖。国际方面，云南省已建成跨境陆缆13条，昆明成为全国第四个拥有三大基础电信运营商区域性国际通信出入口的城市。

8. 贵州

根据贵州省通信管理局数据显示，截至2020年，全省云机房数量排全国第11位，5G基站建设2.07万个，中国移动、现代汽车、中国联通、华为、苹果、腾讯、富士康等大型企业均在贵州建立了大数据中心。《中国数字经济发展白皮书（2021年）》数据显示，2020年贵州省数字经济增加值5715亿元，占GDP比重的32.1%，数字经济增速达15.6%，高于全国平均增速5.9个百分点。

9. 重庆

重庆市紧紧围绕构建"芯屏器核网"（芯片、液晶面板、智能终端、核心零部件、物联网）全产业链，集聚"云联数算用"（云平台、联网、大数据、算力、应用）全要素群，塑造"住业游乐购"全场景集，倾力打造"智造重镇"，着力建设"智慧名城"。根据重庆市经济和信息化委员会相关数据显示，截至2020年底，全市累计建成开通4.9万个5G基站，两江国际云计算产业园已形成机柜1.9万架，服务器24万台的数据存储能力，建成了中新（重庆）国际互联网数据专用通道和国家级互联网骨干直联点，省际直联城市超过32个。两江数字经济产业园、中国智谷（重庆）科技园、渝北仙桃国际大数据谷、重庆高新软件园等战略平台已集聚了7000余家大数据智能化企业。2020年前三季度，重庆市数字经济实现增加值 4457.67 亿元，同比增长 17.3%，占全市 GDP 总量的 25.2%；数字产业化实现增加值 1227.67 亿元，同比增长 17.2%；全市产业数字化增加值达 3230.00 亿元，同比增长 17.3%。

10. 西藏

根据西藏自治区经济与信息化厅公布的数据显示，2020 年，西藏数字经济规模突破 330 亿元，同比增长 20%。高新数字产业增加值 152.48 亿元，同比增长 23.9%。全区共建成开通 3669 个 5G 基站，5G 信号覆盖全区七地（市）所在地，信息化指数 75.8，培育了西藏宁算科技集团、中国移动通信集团西藏有限公司等 6 家 5G 和大数据应用示范，高新数字产业就业人数达 1.2 万。

11. 广西

根据广西壮族自治区大数据发展局公布的数据显示，2020 年，广西数字经济规模达 7267 亿元、同比增长 10.2%，占 GDP 的 32.8%，对经济增长的贡献率达到 73.3%。截至 2020 年底，广西壮族自治区共获批国家电子商务进农村综合示范县 54 个，已建成近 7000 个农村电商服务站点，行政村站点覆盖率达到 50.7%。围绕智慧农业，广西壮族自治区各市综合运用"物联网+大数据""特色产业+电子商务+精准扶贫""遥感技术+"等模式，建设螺蛳粉、芒果、茉莉花、罗汉果、养殖等大数据平台已初见成效。

12. 内蒙古

根据内蒙古自治区人民政府办公厅印发的《自治区"十四五"数字经济发展规划》相关数据显示，2020 年，内蒙古自治区数字经济总量超过 4280 亿元，占 GDP 总量比重超过 24.7%，已建设 5G 基站突破 1 万个。全区大型数据中心服务器装机能力达到 120 万台，综合装机率超过 60%，已建成了一批工业互联网平台、云计算大数据平台、电子商务平台，其中：内蒙古网络协同制造云平台列入工业和信息化部工业互联网创新发展工程，已服务企业 14000 多家；内蒙古工业能源管理公共服务平台接入用能企业 92 户，矿热炉 228 台。

三、重庆市数字化创新应用实践

重庆市处在"一带一路"和长江经济带的联结点上，是西部大开发的重要战略支点。但近年来重庆市工业经济一度面临着规模增长乏力、新旧动能转化源动力不足的难题。从 2017 年底开始，重庆市先后出台了《重庆市以大数据智能化为引领的创新驱动发展战略行动计划（2018-2020 年）》《重庆市深化"互联网+先进制造业"发展工业互联网实施方案》《重庆市发展智能制造实施方案（2019-2022 年）》等一系列政策，并成立了重庆市大数据智能化发展领导小组，开展顶层设计，采用点面结合，重点打造大数据、人工智能、集成电路、智能网联汽车等 12 个领域的高端产业集群，并着力为产业厚植"智能因子"，加速数字化技术与实体经济的深度融合，有效推动产业层级跃升、城市治理提升和经济高质量发展，从而倾力打造"智造重镇"，着力建设"智慧名城"。

1. "智造重镇"建设的进展及成效

（1）根据重庆市大数据应用发展管理局发布的相关数据显示，2018~2020 年，重庆市累计实施了近 2000 项智能化改造项目，新增 2500 余家大数据智能化企业，新建近 400 个数字车间。2018~2020 年，数字经济增速逐年上涨，分别增长了 13.7%、15.9%、18.3%，均高于同期 GDP 增速 7.7%、9.6% 和 14.4%。2020 年，重庆市数字经济规模达到 6387 亿元，占 GDP 比重由 2017 年的 16% 提升至 2020 年的 25.5%，全市数字经济企业数量达到 1.85 万家，同比增长 11%。目前，重庆智谷、两江智慧体验园、西部（重庆）科学城等产业集聚区已经集聚了 3000 多家大数据智能化企业。

（2）重庆市围绕"芯屏器核网"智能产业的补链强链，形成了构建智能产业集群、推动智能制造、拓展智能化应用"三位一体"的转型升级路线图。根据重庆市经济和信息化委员会相关数据显示，2020 年重庆市智能产业保持高速增长。同比增长 12.8%。此外，重庆市不仅构建了从芯片设计、晶圆制造、封装测试到原材料配套的集成电路全产业链条，而且构建了从光学材料、玻璃基板、液晶面板到显示模组的显示终端全产业链，形成了"品牌+整机+配套""生产+检测+供应链服务"的智能终端产业体系，同时从芯片、主板到操作系统等核心软硬件全部实现国产化的"天玥"成功下线。在核心器件方面，智能化网络化仪器仪表已实现工程化、产业化应用，长安汽车成立全球软件中心聚焦于智能驾驶、智能座舱、智能车控等软件研发，电子信息（物联网）基地在工业和信息化部国家新型工业化产业示范基地发展质量评价中连续两年获评为五星级示范基地。工业互联网标识解析国家顶级节点（重庆）已投入运行并服务于四川、贵州等西部六省市，共接入16个二级节点，791家企业。同时，重庆忽米工业互联网平台成为中西部地区首个国家级"双跨"平台，并入选工业和信息化部"2020年跨行业跨领域工业互联网平台"。目前，全国15个跨行业跨领域工业互联网平台中，已有11个落户重庆。

（3）2021年8月23日，根据国家工业信息安全发展研究中心在"2021中国国际智能产业博览会——制造业数字化转型高峰论坛"发布的《重庆市两化融合发展数据地图（2021）》相关数据显示："十三五"时期，重庆市两化融合的发展水平连续5年位于中西部第一。2020年重庆市两化融合的发展水平为59.2%，位列国内第一梯队为中西部第一。2020年，重庆市高新技术产业和战略性新兴产业对工业增长贡献率分别为37.9%和55.7%。在重庆市制造企业中，14.2%的企业已初步具备探索智能制造的基础，尤其在汽车摩托车、装配、电子信息、材料化工、医药五大行业融合发展成效显著。

2."智慧名城"建设的进展及成效

（1）从2019年起，为大力推动大数据智能化创新发展，重庆市积极探索实行"云长制"，形成了以市政府主要领导任"总云长"，分管政治、组工、住房城建设、交通、农业农村、对外开放领域6位市领导任"系统云长"，110个市级部门、区县政府、开发区管委会主要负责人任"云长"的"云长制"体系。截至2020年底，"云长"单位累计上云2458个信息系统，上云率达到98.9%，同比提升13%。同时累计整合关停2079个信息系统，整合率68.4%，同比提升18%。

（2）依托重庆两江云计算产业园，根据重庆市大数据应用发展管理局发布的相关数据显示，目前重庆市已汇聚十大数据中心，形成机柜1.6万个，服务器19万台，建有重庆市电子政务云等近20个大型云平台，建成5G基站4.9万个，实现了重点地区及场所5G网络连片覆盖。2020年，重庆市建成的城市大数据资源中心已包含68个市级部门的共享数据，形成集中部署部门数据资源池，集中存储数据2666类。"国家—市—区县"三级政务数据共享体系在全国率先达到全覆盖，实现了川渝两地跨区域联通、两地目录互挂、生态环保领域首批政务数据资源共享；上线全市公共数据开放系统，首批向公众提供了800多类公共数据，涉及市场监管、税务等；建成中新国际数据通道等，推动跨境通信能力显著提升。

（3）持续推动建设新型智慧城市"135"框架，加大政府管理和社会治理模式创新，推动数字民生服务，有效助力新型智慧城市建设。在"135"框架中，"1"表示一个智能中枢，依托"数字重庆"云平台，构建了覆盖全域的城市大数据资源中心和智慧城市综合服务平台；"3"表示新一代信息基础设施体系、网络安全体系和标准评估体系三大支撑体系，用以支撑智慧城市高效有序的建设运行；"5"表示聚焦政府管理、城市治理、产业融合、民生服务和生态宜居五类重点数字化创新应用，并积极建设推广各类数字化创新应用。2020年，重庆市新型智慧城市运行管理中心作为"智能中枢"建成并投入使用，首批已接入市级部门80个，区县及企事业单位业务系统150个，城市运行初步实现"一键、一屏、一网"统筹管理。

3. 经验总结

重庆市的"智造重镇、智慧名城"建设是一个系统工程，其所取得的上述成效主要得益于政府在以下五个方面的努力和作为：

（1）创新体制机制，全面推进实施"云长制"。重庆市坚持依法治数，加快建立数字规则体系，探索打造了从数据采集、汇聚、共享、开放、应用到安全的贯穿数据全生命周期的全链条管理体系。通过积极营建大数据发展的良好生态，聚集了一批行业头部企业，建设了一批数字经济产业园，同时制定出台了《关于促进平台经济规范健康发展的实施意见》。截至2020年底，新业态从业人员超过200万。

（2）围绕"云联数算用"，积极构建全要素集群。"云"是基础，重庆市通过"数字重庆"云平台建设，搭建了开放可扩展的云平台架构，上线多云管理系统，构建了政务云服务体系；"联"是前提，重庆市推动建成了我国首条针对单一国家的"点对点"国际数据专用通道——中新国际数据通道，并建成了规模位于西部前列的数据中心。根据重庆市大数据应用发展管理局发布的数据，截至2020年底，仅两江国际云计算产业园就已形成40万台服务器的支撑能力，重庆数据中心总体上架率高于全国平均水平17个百分点；"数"是资源，重庆市在全国率先建成了全覆盖的"国家—市—区县"三级政务数据共享体系和城市大数据资源中心；"算"是能力，完成重庆智慧城市智能中枢核心能力平台上线运行和中国移动边缘计算平台建设投用；"用"是落脚点和出发点，重庆市积极推动数字经济与实体经济深度融合，强化大数据智能化在民生服务、城市治理、政府管理等领域应用，2018年至2020年连续三年数字经济保持两位数增长。

（3）以应用为导向，精心打造"住业游乐购"全场景应用集合。在"住"方面，重点打造包括智慧医疗、智慧养老等应用场景；在"业"方面，重点打造智慧教育、智慧就业等应用场景；在"游"方面，重点打造智慧景区、智慧交通等应用场景；在"乐"方面，重点打造智慧餐饮、数字娱乐等应用场景；在"购"方面，重点打造智慧商圈、智慧金融等应用场景。

（4）数字驱动创新，积极发展线上业态、线上服务和线上管理。作为深化大数据智能化发展战略和推动高质量发展的长远之策，《重庆市人民政府办公厅关于加快线上业态线上服务线上管理发展的意见》在全国率先制定出台。此外，重庆市积极引进培育忽米网、中移物联网等一大批知名线上企业与平台共同打造线上业态；围绕线上服务，推出常住居民电子健康卡3100万张，升级新型智慧城市运行管理中心，积极推进线上管理，完成全市一体化网上政务服务平台建设。

（5）充分利用国家级工业互联网一体化发展示范区、国家新一代人工智能创新发展试验区和国家数字经济创新发展试验区的政策利好效应。同时，紧紧抓住成渝地区双城经济圈建设机遇，川渝两地已签署多项大数据智能化合作协议，引导政企学研共同助力两地大数据协同发展，实现了川渝政务数据的跨省共享，并且共同推动成渝地区成功获批建设全国一体化算力网络国家枢纽节点，全面融入到全国一体化大数据中心协同创新体系建设。

四、贵州省数字化创新应用实践

1. 贵州省"大数据"发展概况

在我国经济版图中，贵州省是发展较为落后的西部省份，曾经有贫困人口最多、贫困程度最深、贫困面最大的"三最"标签。而在 2011 年以来，特别是党的十八大以来的 10 年间，贵州省经济增速连续 10 年位居全国前三，923 万贫困人口全部脱贫，数字经济增速连续 5 年全国第一，"中国天眼"瞭望茫茫宇宙，森林覆盖率达到 61.51%[①]。根据贵州省统计局数据显示，2020 年贵州省 GDP 达到 17827 亿元，是 2010 年 GDP（4594 亿元）的 3.88 倍，在全国排第 19 位，较 2010 年的第 26 位提升了 7 位。十年间，贵州省勇于创新，逐步走出了一条既不同于东部发达地区又不同于西部其他省份落后地区的转型发展和跨越发展新路。

在贵州省经济快速崛起中，大数据产业发展尤为引人关注。2012 年 11 月 9 日，贵州省人民政府就出台了《关于加快信息产业跨越发展的意见》。2013 年 7 月发布了《贵州省云计算产业发展战略规划》。2014 年 2 月 25 日，贵州省人民政府印发《关于加快大数据产业发展应用若干政策的意见》和《贵州省大数据产业发展应用规划纲要（2014-2020 年）》，明确提出"将推动大数据产业发展上升为全省战略"。因此，2014 年也被誉为"贵州大数据元年"。"十三五"以来，贵州省深入贯彻实施国家大数据战略，围绕纵深推进国家大数据（贵州）综合试验区高质量建设，稳步推进新经济发展，取得了令人瞩目的成绩（见表 5-1）。

表 5-1　贵州省新经济数据　　　　　　　　　　　　　　　　单位：%

年份	贵州省 GDP 增速	贵州省新经济占 GDP 比重	全国"三新"经济增加值占 GDP 比重
2017	10.2	18.0	15.7
2018	9.1	18.9	16.1
2019	8.3	19.7	16.3

资料来源：贵州省统计局。

（1）从第一届"互联网+时代的数据安全与发展"、第二届"大数据开启智能时代"、第三届"数字经济引领新增长"、第四届"数化万物智在融合"，到第五届"创新发展数说未来"，贵阳市已连续 5 年成功举办"数博会"。同时，通

[①]　贵州发展"黄金十年"观察［EB/OL］．半月谈，［2021-09-26］．http：//www.gz.xinhuanet.com/2021-09/26/c_ 1127903130.htm.

过"数博会""筑巢引凤计划""黔归人才计划""百千万人才引进计划"等一系列行动计划，引进了一大批知名大数据专家和专业技术人才。据不完全统计，仅2018年，贵州全省就引进2000多名各类高层次大数据骨干人才，新建5个大数据及相关业态的博士后流动（工作）站，引进院士及其人才团队10人，并积极扩大招商引资，引入Apple（中国）、戴尔、IBM等世界跨国企业数据资源项目和华为、腾讯等国内互联网领军企业落户贵州，推动满帮集团、贵州白山云科技股份有限公司、贵州数联铭品科技有限公司等企业开拓国际市场。

（2）贵州省本土培育的贵阳朗玛信息技术股份有限公司连续4年入选中国互联网协会与工业和信息化部网络安全产业发展中心联合发布的"中国互联网企业100强"中"互联网+医疗"的企业。贵州白山云科技股份有限公司积极开展边缘计算应用场景开发，入选《中国企业家》发布的中国"科创企业百强榜"和硅谷"红鲱鱼2019亚洲百强"。2020年，贵州省建设开通了20721个5G基站，通信光缆达到135万千米，互联网出省带宽达到17000G。同时建成贵阳·贵安国际互联网数据专用通道，打通了国际互联网直达高速链路，贵阳·贵安国家级互联网骨干直联点实现了17个城市直联。2020年，贵州省投入运营及在建的重点数据中心达到23个，其中11个超大型数据中心，4个大型数据中心，并有7家数据中心进入国家绿色数据中心名单，其中位于贵安新区的富士康科技集团绿色隧道中心电源使用效率值（Power Usage Effectiveness，PUE）最优达到1.05，成为全国唯一获得国际最高等级认证的绿色数据中心[①]。

（3）贵州省通过实施"千企改造""千企引进""万企融合"，推动大数据与实体经济深度融合。目前已带动6000余户企业开展融合，2万家企业核心应用"上云"，2020年深度融合指数比2017年提升了7.3，达到41.1。同时在全国率先接入国家数据共享交换平台，率先开放省级政府可机读活数据集，率先在全国探索数据调度机制。作为贵州省统一的数据共享交换平台和开放平台，"云上贵州"平台实现所有政府部门信息系统网络通和数据通，被国家发展和改革委员

---

① 从贵安新区看贵州大数据抢抓新机［EB/OL］. 求是网，［2021-08-16］. http：//www. qstheory. cn/laigao/ycjx/2021-08/16/c_ 1127766689. htm.

会、国家信息中心作为全国首个政府数据一体化大数据平台在全国推广。

（4）根据《中国数字经济发展白皮书（2021年）》公布数据显示，2020年贵州省数字经济增速连续六年排全国第一，增速超过15%。2020年，贵州省加快电子信息制造业结构调整，智能电视、电子元件等产品产量实现快速增长；软件和信息技术服务业软件业务收入增长26.3%；电信业务收入、总量分别同比增长5.6%和31%。

（5）在大数据方面，贵州省已经获批多个"中国首个"：全国首个国家级大数据综合试验区——国家大数据（贵州）综合试验区、全国首个国家级大数据集聚发展试点示范区——贵阳·贵安大数据产业发展集聚区、全国首个大数据国家工程实验室——提升政府治理能力大数据应用技术国家工程实验室、国家大数据产业技术创新试验区——贵阳大数据产业技术创新试验区、全国首个大数据战略重点实验室、首批大数据发展水平五星级城市、全国首个"大数据及网络安全示范点城市"、贵州·中国南方数据中心示范基地、贵阳·贵安国家级互联网骨干直联点、国家技术标准（贵州大数据）创新基地、全球·全国首家大数据交易所贵阳大数据交易所。

2. 贵州省"大数据"发展的经验借鉴

纵观贵州省大数据产业发展历程可以看出，贵州省发展的大数据，不是单纯的大数据技术，而是发展以大数据为引领的电子信息产业。通过推动大数据、人工智能等信息技术与实体经济融合，实现经济和社会高质量发展。在这一过程中，贵州省政府充分发挥了创新统筹的重要作用，首先利用大数据产业形成"由点及线到面"的集群式发展，并以此作为产业转型升级的精准突破口，改变了贵州省经济社会的发展格局。因此，对其他地区特别是发展较落后地区而言，贵州省在以下四个方面的创新统筹值得借鉴：

（1）结合自身资源禀赋，找准突破口。数据中心具有内部设备复杂，散热量大，保障性要求高的特点，而贵州省自然条件适宜、地质结构稳定、电价成本低等优势，使其具有服务器存放和数据存储的得天独厚优势。此外，贵州省以三大军工基地为核心，形成了航空、航天、电子三大产业体系，电子信息产业链发展完备，贵州省的产业基础具备发展大数据产业优势。

（2）地方政府高度重视顶层制度设计和制度执行情况。贵州大数据产业领先全国的最主要因素是地方政府的重视以及自上而下的推动。2014 年我国大数据产业刚刚兴起之时，贵州省就紧抓机遇，实现后发崛起，先后出台了《关于加快大数据产业发展应用若干政策的意见》《贵州省大数据产业发展应用规划纲要（2014-2020 年）》等政策。在随后的发展中，贵州省地方政府一方面不断完善协调机制，在全国率先建立和完善大数据组织领导机构和工作推进机制，设立了省市县三级云长制，构建了"领导小组—政府机构—技术团队—平台公司—研究智库"的发展管理机制。另一方面，从贵州省、贵阳市、贵安新区三个不同层次强化相关制度，为大数据产业发展保驾护航。在省级层面，2016 年贵州省成为首个国家级大数据（贵州）综合试验区，颁布了首个省级大数据法规《贵州省大数据发展应用促进条例》，并陆续出台了《贵州省大数据安全保障条例》《贵州省政务数据资源管理暂行办法》《贵州省省级政务信息系统建设管理办法（试行）》等地方性法规和规章制度，同时建立了相应安全监督管理机制。在 2020 年 12 月 1 日，作为全国首部省级层面政府数据共享开放地方性法规，《贵州省政府数据共享开放条例》正式施行。在市级层面，贵州省 2014 年发布了《贵阳大数据产业行动计划》，2017 年发布了《贵阳市政府数据共享开放条例》，2018 年出台了《贵阳市健康医疗大数据应用发展条例》。在区级层面，贵安新区规划建设电子信息产业园于 2014 年获批，并于 2015 年发布了《贵安新区推进大数据产业发展三年计划（2015-2017）》。

（3）注重基础性和平台性建设。在紧紧抓住大数据刚刚兴起机遇的同时，贵州省首先从基础设施建设和平台建设等硬件入手，并从多方面完善整个大数据产业链发展，涵盖了大数据共享、存储、交易以及其他应用的全产业链。贵州省在发展大数据产业之初，便开始同步建设智慧工业、电子政务、电子商务、智能交通、智慧物流、智慧旅游、食品安全"七朵云"。同时为了消除行业分散带来的信息孤岛，贵州省在 2014 年 10 月 17 日正式上线"云上贵州"系统平台。"云上贵州"是全国首个实现省级政府、企事业单位数据整合管理的政府数据共享平台。2015 年，贵阳市与北京市科委合作共建大数据战略重点实验室，打造大数据技术创新平台。2015 年在贵阳市正式挂牌我国首个大数据交易所，大数据交易稳步发展。2016 年 5 月，贵阳市建设了大数据创新产业（技术）发展中心，构建了涵盖大数据技术公共开发与实验、大数据技术孵化和大数据技术培训的"三维一体"平台。从 2015 年起，贵阳市连续举办"中国国际大数据博览会"，以会为媒，汇聚全球大数据业内精英和知名企业，展示最前沿的大数据创新成果。一系列的基础性和平台性项目相继建成，有力地支撑了贵州省大数据产业发展。

（4）围绕大数据产业链集群发展，积极整合外部资源。作为信息服务业，大数据产业是一个涵盖众多链条的产业体系。由于自身产业、地域和人才限制，在交易和应用等方面贵州省大数据产业还存在着明显短板。因此，贵州省通过积极创造条件加强与国内外相关企业进行合作，充分利用大数据的先发优势，共同做大做强大数据产业，共享其市场收益。在实践过程中，利用政策和基础优势，贵州省先后吸引我国三大通信运营商、高通、富士康等通信企业入驻，与阿里、京东等著名互联网企业建立电子商务集群，同时依托企业知名度组织"云上贵州"大数据国际年会、大数据产业峰会以及数博会等重大活动，由单纯的数据存储向大数据产业链条两端发展。随着企业项目的落地实施，贵州省不断涌现出与大数据相关的新业态、新模式和新产品，逐步形成了从核心业态（包括数据安全、数据存储、清洗加工）、关联业态（包括软件开发、高端产品制造、信息技术服务）到衍生业态（包括智慧农业、智慧旅游、大数据金融、电子商务、服务外包）的大数据产业链条。

综上所述，贵州省虽然地处西南内陆，但在充分评估自身资源优势后，认准将大数据作为"换道超车"的重要路径，从完善大数据产业基础设施积累储存体量，到吸引优质企业推出大数据应用项目，到建立我国首个大数据交易所，再到围绕建设国家大数据综合试验区培育大数据核心业态、关联业态和衍生业态，深入挖掘大数据政用、民用和商用价值，逐步形成了较完整的大数据产业体系，促进了大数据产业链在贵州省的全面发展，并成为牵引贵州省经济社会发展的重要一环。

第五节　小结

数字化创新驱动区域协调发展的内在逻辑在于：数字化创新能够渗透到区域创新系统的各个方面，有效颠覆传统的时空模式，化解既有地理环境约束，并超越现实发展基础配置资源要素，开展投资经营活动，促进创新组织、创新主体和创新要素根本性变革，产生创新组织集聚规模、空间关联等驱动作用，创新主体精准配对、渗透融合等驱动作用，创新要素高效联通、溢出扩散等驱动作用，推动区域协同创新水平与质量的提升，从而推动欠发达地区超常发展，有效化解长期存在的区域发展不协调、不均衡问题。但是，数字化创新在区域协调发展中的驱动力作用，还有赖于在区域层面、组织层面、市场创新主体层面设立或组建相应的载体，如区域层面的区域数字化创新中心、组织层面的数字化创新平台、企业层面的数字化创新部门。相关实证分析进一步说明了要想充分发挥数字化创新对区域经济高质量发展的作用，还需要关注培养科技创新人才、扶持创新型中小企业、新型基础设施建设、发挥外商投资作用和发达地区技术辐射作用等基础问题。

数字化创新驱动下的京津冀地区数字经济，发展至今，已形成了"一极两翼、振翅欲飞"的总体格局，作为"一极"的北京发挥着创新引领的作用，"两翼"的天津和河北石家庄则辐射带动周边城市。"三地一体化"在以制造业为代表的产业转移上成效显著，"轨道上的京津冀"正在加快构建，创新资源优势互补、产业链条内嵌融合的区域协同创新模式已初步形成。

长三角一体化中的数字化创新应用颇具区域特色，也更显灵活性，不仅体现了区域内部的发展联动，还体现了服务区域整体的战略定位。就成效而言，数字化创新应用逐步成为推动长三角高质量一体化发展的关键动力，该地区在数字政府和智慧城市建设方面的实践和初步形成的"四位一体"数据要素市场格局，使其在数字产业化、产业数字化、数字化治理、数据价值化、数字贸易等领域的探索实践都处于全国领先地位。

"西部大开发"战略自 2000 年实施以来，在外部环境变化的推动和源自内生变革的赋能下，西部十二省在信息化建设、"互联网+"、数字化创新应用等方面均出台了一系列的政策和举措，各地不断夯实数字基础设施建设、不断释放数字经济活力，在数字化发展和变革的进程中跑出了西部"加速度"，西部地区也在我国经济腾飞的过程中开创了许多里程碑式的巨大成就。其中，重庆、贵州等先行地区抢抓数字时代机遇，在探索数字化创新应用的过程中，分别聚焦打造"智造重镇"、发展"大数据"，将地区特色转化为经济优势，激活了数据在产业发展中的新动能。

简言之，各地区在数字化创新驱动经济社会发展的探索与实践表明：要充分发挥数字化创新促进区域一体化发展的积极作用，有赖于地方政府能结合自身资源禀赋，找准自身区域优势，从顶层设计层面做好创新统筹，自上而下用好先行先试政策，协同内外部资源，培育共赢的生态体系。

第六章 微观视角的数字化创新：企业数字化转型与管理实践

第一节 企业数字化转型的管理逻辑

一、数字化促进企业管理创新的作用机理

纵观人类发展史，每次的科技革命都至少从如下三个方面影响到现代企业管理科学：一是科技进步从管理技术、管理工具等方面进一步促进了管理的科学化和高效化；二是科技进步推动社会经济发展的同时，需要与之相配套的管理科学，从而促进了管理实践与管理理论的不断完善；三是科学研究的思维和方法从方法论上为管理学理论和管理问题研究提供了指导。进入 20 世纪以来，以数字化、智能化为先导的新技术革命不仅推动了工业时代向智能制造（工业 4.0）转变，还将推动企业管理的决策机制、商业模式等发生改变。正如本书第一章所阐述的，"数字化"首先是一种使用 0 和 1 两位数字编码来表达和传输一切信息的综合性技术，但在技术应用中，数字化就是业务本身。与之相关的企业数字化转型，是以数据为核心，通过技术与业务的深度融合，将企业的数据资产进行梳理、集成、共享、挖掘，从而帮助企业管理者发现问题、优化决策，进而驱动创

新与转型发展。在此过程中，数字化对于企业管理创新的作用机理主要体现在以下四个方面：

1. 降低企业交易成本

数字化过程中的数据开放、共享与流动，使得组织内各部门间、价值链上各企业间甚至跨价值链跨行业的不同组织间开展大规模协作和跨界融合。这不仅是企业价值链优化与价值重组、创造的过程，也是企业内外部信任体系重构、增强企业信任度、降低交易成本的过程。此外，区块链等数字化技术的应用，消除了中心化的对账性组织等交易中介存在的必要性，简化了企业内外部的交易流程，降低了业务协作或合作过程中的沟通和人力成本，进而降低了企业活动的交易成本。

2. 拓展企业分工边界

在数字化创新应用于企业经营管理的过程中，以人工智能、大数据、物联网、云计算等为代表的数字技术打破了传统生产要素流动的时间和空间局限，实现了生产要素的高度连接，从而拓展了企业的业务空间和分工边界。此外，这一过程中，无处不在的信息基础设施、按需服务的云模式和各种商贸、金融等服务平台降低了参与经济活动的门槛，使得各分工主体通过高度连接与协同的组织网络，大幅提升了彼此间的生产协同和信息共享，从而降低了地理空间对企业上下游及产业链组织分工的影响，带动更大空间内的个体参与到产业链组织分工中。

3. 重塑价值链形态

从价值链角度来看，企业直接生产最终产品的价值链长度、企业在价值链中所处的位置是直接影响企业竞争力的两大重要因素，在全球价值链呈现"微笑曲线"特征（附加价值在整个链条中的分布呈现两端高、中间低的微笑形状）的背景下，企业竞争力提升的路径，一方面可以从"微笑曲线"中的低端向两端跃升，来实现竞争力提升；另一方面可以通过"微笑曲线"向"彩虹曲线"（附加价值在整个链条中的分布呈现两端低、中间高的彩虹形状）的价值链重塑，来实现竞争力提升。其中，由于云计算、人工智能、区块链等数字新技术与业务的融入，企业价值链各环节的生产效率、产品质量和价值增值空间都得到提升。处于中间装配制造环节的价值增量更为显著，因此使得价值链形态由传统的"微笑曲线"转变为"彩虹曲线"。此外，平台经济体的兴起使得传统的企业竞争从强竞争关系向竞合关系转变，并逐步围绕核心企业或平台形成具有高度协同效应的价值共同体，从而导致企业价值链形态发生变化。综上所述，在云计算、大数据、移动互联等数字化技术与业务融合的过程中，个性化、定制化消费的规模化逐步成为现实，"互联网+"等新型经济发展方式和生产组织模式逐步兴起，其具有的数据驱动、平台支撑和服务增值等新优势，从组织的内外部为企业价值链的重塑创造了有利条件。

4. 释放潜在需求

数字化过程中的数据既有沿着生产方向的正向流动，同时也存在生产的后续环节向前向环节的反馈，形成全流程的数据闭环，这一过程也是数据价值链作用于研发、制造、营销、服务等环节的价值创造机理。其中，在服务环节，通过对产品运行和用户使用过程中的实时数据分析，企业可以提供远程监控、预防性维护等服务，这不仅可以改善用户体验、提升用户满意度，还可以通过多维度多场景的一系列数据及数据分析，挖掘用户潜在需求并及时响应，从而实现产品基于软硬件结合为用户提供个性化的功能，实现"千人千面"的差异化。这一过程中，从企业产业链的上游研发设计、中游生产制造到下游营销服务等全部环节都融入了消费者的需求，使得企业开始由生产型制造转变为服务型制造，通过挖掘并释放消费者的潜在需求等方式，在更好地满足消费者差异性需求的同时，企业自身的市场竞争地位也进一步得以巩固。

综上所述，由于数字技术具有基础性、广泛性、外溢性和互补性等特征，使其在不断迭代和与实体经济融合应用的过程中，通过降低交易成本、拓展分工边界、重塑价值链形态、释放潜在需求等方式，为企业的管理创新和转型升级创造了更多的有利条件，如图6-1所示。

二、企业管理的数字化转型动因

1. 企业管理数字化转型的内涵

从企业战略管理的视角来看，数字化转型是以数据为核心，将数字技术与业务全面深度融合，全方位提高企业效率的转型过程，其中，数字化转型的前提是数字技术（以大数据等为代表的新一代信息技术）与业务深度融合；数字化转型

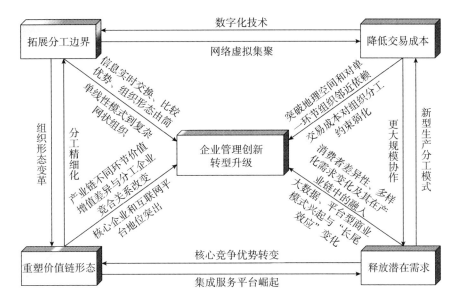

图 6-1 数字经济驱动制造业转型升级的作用机制

资料来源：李春发，李冬冬，周驰．数字经济驱动制造业转型升级的作用机理——基于产业链视角的分析［J］．商业研究，2020（2）：73-82.

的主线是将业务、运营、人员（包括员工和客户）的数字化贯穿到全业务链，实现全业务链数据的汇总、管理和分析，以便为组织的经营决策提供数据支撑；数字化转型的目标是通过大数据的分析，重构流程、重构用户体验、重塑模式，实现业务转型和创新发展。综上所述，企业管理的数字化转型本质上是通过将数字技术和数学算法显性切入企业业务流，实现企业各环节、各要素数字化，推动资本、技术和人才等要素资源配置优化，改进生产流程、变革管理模式、优化营销方法，从而提高企业经济效率，降低企业运营成本，最终达到提高生产效率的一种转型过程。通过数字化转型，实现数字化技术对企业的整体性和全面性改造，达到释放数字对经济发展的放大、叠加和倍增作用。

2. 企业管理中的数字化转型驱动力

（1）传统经营模式下的经营压力加剧。在近十年来经济增速逐级回落、经济增长期待新动能的大背景下，多数行业和企业都面临传统业务模式盈利空间日渐压缩，市场波动加剧的较大经营压力，聚焦精细化管理、重构流程、寻求创新发展，自然是多数企业的必然选择。而数字化能有效化解供需市场波动带来的风险，帮助企业从产品或服务的转型升级到以客户为中心的服务运营体系，以保证最大限度地满足客户需求并实现客户体验最大化。数字化企业能够综合运用云计算、大数据和人工智能等技术提前预判市场危机，合理做出应对措施，有效规避市场风险。数字化企业通过将业务与技术深度融合，利用完备的数字化平台底座，有效整合多方资源共享，通过对数据的高效利用，为企业内外客户提供更加精准的个性化、多元化、定制化、生态化、智能化服务，促使企业从以"产品为中心"向"客户为中心"转变，从而保证企业在未来竞争中保持优势。同时，数字化企业还可以实现数字化生态系统的构建，通过高效的平台实现上下游企业与合作伙伴连接，确保了内外部人员之间数据流转更加便利，为创新实践提供了低成本、便捷访问的资源池和丰富强大的数据分析支持。

（2）消费者和用户需求变化以及数字化管理正在颠覆多个行业的商业模式。随着我国互联网行业的发展和网民规模的扩大，用户的消费需求、消费偏好也较此前发生了很大变化。消费者不仅关注产品的功能性，还关注产品生产过程中的参与度、产品使用过程中的服务等体验，从而导致小批量、多品种、短交期的个性化消费正在逐渐取代大众消费，这一现象迫使企业不得不反思如何提高资源配置效率，进一步为客户提供更为精准的个性产品和服务，而这其中自然离不开营销服务过程中的客户行为数据分析及相关的数字化管理。根据埃森哲公司针对数字化技术对各行各业的影响程度而建立的颠覆性指数研究显示，在全球 18 个行业、细分为 106 个细分市场、约 1 万家上市企业的样本中，89% 的企业数字颠覆程度正在加速，其中：①高科技、软件平台类企业的颠覆已经完成，这类行业中没有转向数字化的企业基本上已经倒闭；②生命科学、医疗保健、化工等领域企业的数字化颠覆程度虽然存在，但是不足以颠覆其行业的核心本质，数字化更多的是在前端提升客户的体验，以及在后端提高运营的效率；③基础设施、金融行业等领域的企业，除了一些个性化的服务还需要人工支持以外，其余大量流程性或重复性的工作都会被数字技术所取代。因此，对于多数行业和企业来讲，必须要认真考虑如何结合行业特征和企业核心能力进行数字化转型，数字化转型已经不再是一个选择项，而是一个必选项。进一步的分析显示，数字化之所以能够颠覆传统模式，就在于它所拥有的全空域、全流程、全场景、全解析和全价值等特征。

（3）新一代信息技术为以数据为核心的企业数字化转型提供了技术支撑。企业管理数字化的核心是数据，这就对信息储存、信息处理、信息传输相关的技术提出了较高要求。伴随着一次次的信息化浪潮，以廉价高效能的硬盘储存设备和以闪存为代表的新型储存介质逐步大规模普及和应用，促成了信息储存能力的大幅提升。CPU 处理能力的持续增强，不仅促使数据量不断增加，也大大提升了信息处理的能力；网络带宽的不断增加，尤其是我国 4G 网络的广覆盖更是极大地提高了信息传输速度。互联网的出现，使得数据从最初的被动产生，逐步发展到上网用户成为内容生成者。而物联网的发展和传感器、视频监控摄像头等感知式设备系统的广泛使用，更是催生了大数据时代的到来。当前的新一代信息技术在"云（云计算）、大（大数据）、物（物联网）、移（5G 和高速光纤网络）、智（行业智能）、链（区块链）"体系及数字基础设施日趋完善的趋势下，与实体经济的融合日渐深入，全产业链、全价值链、全场景的数字化也在各行各业兴起，网络化、数字化和智能化正在成为企业管理创新的聚焦点和转型升级的核心点，数字化转型中"云大物移智链"应用如图 6-2 所示。

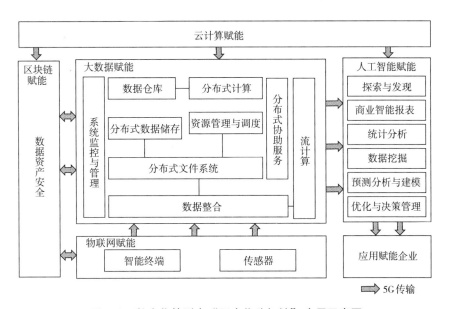

图 6-2　数字化转型中"云大物移智链"应用示意图

资料来源：亿欧智库。

（4）数字化驱动下的社会经济价值越发显现。埃森哲公司基于大量资料的分析研究显示，20世纪60年代的全社会经济价值主要来自于硬件，但进入21世纪后，作为传统价值主要来源的硬件正逐步被数字经济价值所超越。世界经济论坛（WEF）在2017年1月发布的《数字化转型倡议》中也指出：2016~2025年，各行业的数字化转型有望带来超过100万亿美元的产业价值和社会价值。2021年4月，中国信息通信研究院的《中国数字经济发展白皮书（2021）》中的数据分析显示：①2020年全球数字经济占GDP比重已经超过40%，这也意味着数字经济在世界经济发展中占据重要的一席之地，如图6-3所示；②就我国数字经济的发展情况而言，2020年我国数字经济规模达到39.2万亿元人民币，占同期GDP的比重为38.6%，其中产业数字化规模达31.7亿元，在数字经济中的占比达到80.9%；③从2020年我国各行业的数字渗透率来看，服务业的数字渗透率最高，达到40.7%，工业、农业的数字渗透率分别为21%、8.9%，如图6-4所示。

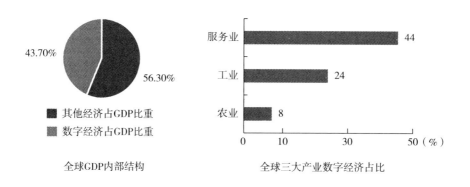

全球GDP内部结构　　　　　全球三大产业数字经济占比

图6-3　2020年全球GDP内部结构

资料来源：中国信息通信研究院。

（5）政策引导驱动企业管理数字化。2013年以来，随着《"宽带中国"战略及实施方案的通知》《关于推进物联网有序健康发展的指导意见》《关于促进云计算创新发展培育信息产业新业态的意见》《关于积极推进"互联网+"行动的指导意见》《促进大数据发展行动纲要》《国家信息化发展战略纲要》等一系

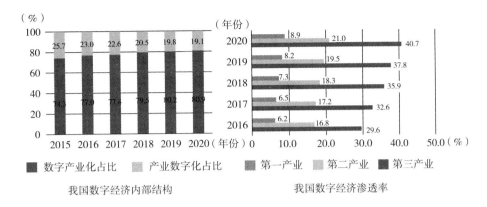

我国数字经济内部结构　　　　　　　我国数字经济渗透率

图 6-4　我国数字经济相关数据

资料来源：中国信息通信研究院。

列国家层面关于信息化、"互联网+"、大数据、物联网等顶层制度的相继发布和落地实施，大力发展数字经济以及产业数字化、数字化产业化的基础设施和基础条件也越发成熟，由此也推动了《关于发展数字经济稳定并扩大就业的指导意见》《中小企业数字化赋能专项行动方案》《关于加快推进国有企业数字化转型工作的通知》《关于推进"上云用数赋智"行动培育新经济发展实施方案》《关于深化新一代信息技术与制造业融合发展的指导意见》《关于印发"十四五"数字经济发展规划的通知》等一系列关于大力发展数字经济、推动企业数字化转型的政策相继推出。在此基础上，2021 年 3 月十三届全国人大四次会议通过的《关于"十四五"规划和 2035 年远景目标纲要的决议》中，进一步明确提出了要加快数字化发展。建设数字中国的战略目标，并在随后出台了针对数字经济发展的《"十四五"数字经济发展规划》。上述一系列国家层面的政策制度，不仅为我国的数字化创新驱动发展指明了方向，还成为市场各方参与数字化转型、发展数字化经济的重要驱动力。

三、企业"两化融合"与企业管理的数字化转型

1. "两化融合"的基本内涵及其提出的时代背景

企业"两化融合"是指信息化和工业化的深度融合，其初衷是加快我国的

工业化进程，主要包括技术融合（推动技术创新）、产品融合（增加产品的技术含量）、业务融合（推动企业业务创新和管理升级）、产业衍生（催生新业态、新模式）四个方面。信息化和工业化的"两化融合"理念最早出现在党的十六大提出的"以信息化带动工业化，以工业化促进信息化"，党的十七大进一步明确"大力推进信息化与工业化融合"，党的十八大则明确提出"'两化融合'是中国工业经济转型和发展的重要举措"。

18 世纪中叶以来，人类社会经历了工业 1.0、工业 2.0、工业 3.0 三次工业革命，目前正迈向工业 4.0 的第四次工业革命道路上，其中：工业 1.0 时代始于 18 世纪英国，主要技术特征是以蒸汽机为标志的机械化；工业 2.0 时代始于 19 世纪中期，主要技术特征是以电力的广泛应用为标志的电气化；工业 3.0 时代始于 20 世纪 70 年代，主要技术特征是以电子计算机等应用为标志的自动化；工业 4.0 时代这一概念，最早出现于 2012 年底由德国产业经济联盟向德国联邦政府提交的《确保德国未来的工业基地地位——未来计划"工业 4.0"实施建议》中，主要技术特征是"智能化"。工业 4.0 时代的智能化，本质上是工业技术和信息技术发展到一定阶段后互相结合的产物。在 2013 年 4 月 7 日至 11 日举办的德国汉诺威工业博览会上，德国政府正式推出了"工业 4.0"战略，由此也引发了新一轮的工业转型热潮。随着美国的《先进制造业国家战略计划》、日本的《科技工业联盟》、英国的《英国工业 2050》先后推出，我国也在 2015 年 5 月提出《中国制造 2025》，并将"推进信息化与工业化深度融合"列为九项战略任务和重点之一，提出建立完善智能制造和两化融合管理标准体系。尽管各国的战略表述有所差异，但内容实质基本相同。就实际发展情况来看，西方发达国家已经经历了完整的三个工业革命阶段，我国所处的工业时代大致还处于工业 3.0 的早期阶段。因此，信息化和工业化的"两化融合"，可以被视为具有中国特色的新型工业化道路，不仅是我国制造业数字化、网络化、智能化发展的必由之路，还是数字经济时代建设制造强国、数字中国的重中之重。

2. 我国企业"两化融合"的推进现状

根据 2021 年 11 月工业和信息化部印发的《"十四五"信息化和工业化深

度融合发展规划》，自 2012 年党的十六大提出"两化融合"以来，两化融合的推进成效除了政策体系和推进机制逐步健全以外，还体现在以下几方面：①在促进传统产业转型升级方面，信息技术在企业研发、生产、服务等关键业务环节的应用逐步深入，截至 2020 年，全国工业企业关键工序数控化率、经营管理数字化普及率和数字化研发设计工具普及率分别达到 52.1%、68.1% 和 73.0%，为传统制造业的数字化转型奠定了坚实基础；②在构建基于工业互联网的融合发展生态方面，截至 2020 年，工业互联网标识解析体系基本建成，标识注册总量超过 94 亿，平台资源配置能力显著增强，设备连接数量超过 7000 万，由此催生了数字化管理、个性化定制、网络化协同等融合发展的新模式新业态，同时也体现了融合的赋能效应；③在"两化融合"的基础设施建设方面，我国已建成全球规模最大的信息通信网络，截至 2021 年 11 月已开通 5G 基站超过 115 万个，互联网协议第六版（IPv6）基础设施全面就绪，"蛟龙"下水、北斗组网等关键领域核心技术、重大技术短板攻关取得新进展。

3. "两化融合"管理体系对于数字化转型的促进作用

由于"两化融合"本质上是通过信息技术在企业研发、生产、销售和管理等环节的应用，帮助企业提高效率、快速响应客户，从而实现高质量发展和高水平目标达成。这一过程中，需要与之相配套的新型管理能力及管理体系。所谓的"两化融合"新型能力是指，为了适应信息化与工业化融合的管理要求，进一步整合组织内外部资源，从而实现能力改进、形成新的竞争优势的结果。也正是基于这一考虑，国家工业和信息化部通过组织专家组分析具体国情，研究提出了"两化融合管理体系"框架，并于 2013 年发布了《信息化和工业化深度融合专项行动计划（2013-2018 年）》（提出"两化融合管理体系贯标"的要求），于 2014 年发布了《信息化和工业化融合管理体系要求（试行）》。在此基础上，国家市场监督管理总局、国家标准化管理委员会先后于 2013 年发布《工业企业信息化和工业化融合评估与规范》，2017 年正式出台《信息化和工业化融合管理体系基础和术语》及《信息化和工业化融合管理体系要求》，并在全国范围内推广实施。2020 年 9 月，中关村信息技术和实体经济融合发展联盟发布了《信息化和工业化融合管理体系新型能力分级要求》等团体标准，随后则依据部分试点情况，在 2021 年进一步修订了《数字化转型参考架构》《信息化和工业化融合管理体系新型能力分级要求》《数字化转型新型能力体系建设指南》《信息化和工业化管理体系评定分级指南》四项团体标准，并将上述标准纳入两化融合管理体系标准。2022 年 3 月，国家市场监督管理总局、国家标准化管理委员会正式批准国家标准《信息化和工业化融合管理体系新型能力分级要求》和《信息化和工业化融合管理体系评定分级指南》（以下简称《评定分级指南》），这意味着我国两化融合标准化建设进入新阶段。

作为企业构筑信息时代核心竞争能力的体系方法，两化融合管理体系是由国家工业和信息化部主推的引导企业数字化转型的重要抓手，被视为是一套"以价值效益为导向、数据为驱动、新型能力建设为主线"系统推进企业数字化转型的体系架构和方法机制。两化融合管理体系在 2013 年开始普及推广，2020 年 9 月升级为分级分类的升级版标准，发展至今获得了更多企业的认可和应用。实践中，企业通过参与以新型能力建设为主线的两化融合分级贯标和分级评定活动，不仅能进一步加深对工业化、信息化两者关系的认识，还能更加全面地梳理自身的转型发展战略和战略实施步骤。根据工业和信息化部相关数据统计，截至 2021 年，已有 50000 多家企业开展两化融合管理体系贯标，其中：达标企业超过 20000 家，升级版贯标企业超过 7000 家。截至 2021 年 12 月 31 日，国家工业和信息化部累计公布国家级专精特新"小巨人"企业共计 3 批 4922 家，认定 4762 家，其中的 1383 家（占比达 28.1%）专精特新"小巨人"企业开展了两化融合管理体系贯标工作。据中关村信息技术和实体经济融合发展联盟的统计数据显示，完成贯标并通过评定的企业平均运营成本降低 10%，经营利润提高 11.2%，新产品研发周期缩短 17.4%，生产计划完成率提升 5.3%，产品一次合格率提高 2.5%，用户满意度提升 3.3%。

第二节　企业管理的数字化转型探索

一、企业管理的数字化转型推进现状

1. 整体概况

在全球信息技术基础设施建设大幅加强的支持下，海量数据源源不断地产生，促进了资本、劳动、市场、技术和数据等要素相互联通，企业管理的数字化转型呈现出如下三大特征：首先，从被动转型向主动转型转变，数字化不再只是用于提高生产效率的工具，而且还是强化创新引领，提升发展质量的主动战略；其次，从局部转型向全局转型转变，数字化从只获取和分析企业某一局部生产经营环节的数据信息，转变为优化和重构企业全流程管理及架构；最后，从垂直分离转型向协同集成转型转变，数字化不再只是针对某个单一环节、行业或领域关注，而是转变为对整个产业链平台和生态体系的全面聚焦。与此同时，在数字化转型的驱动下，企业管理中的相关要素也发生了一系列变化。

（1）数字化转型加速推动了产业链各个环节之间以及不同产业链之间的跨界融合，重构了组织架构和商业模式，实现了大平台的构建。这些平台的核心优势各具特色、运作体系也不拘一格，也使企业之间的竞争重点从产品和供应链范畴转向生态范畴，并且更加关注数字化转型底层技术、标准和专利的掌控。同时，快速发展的数字化转型也为供需之间实时匹配奠定了坚实的基础，并通过广泛使用的在线社交平台和日趋完善的信用评价体系，使部分产业未有效配置资源的共享成本越来越低，开始更多关注强调"使用权"而弱化了"所有权"，从而实现了共享经济的快速兴起。

（2）数字化转型直接带动了技术的开源化和组织方式的去中心化，开始打破知识传播的壁垒，持续大幅降低了创新研发的成本，明显加快了创造发明的速度，链条化、群体性和跨领域的创新成果层出不穷，迭代式、渐进式创新与颠覆性、革命性创新相互并行。产业创新的模式、流程和机制都发生了重大变革，不再受原有既定的组织边界束缚，更多地依托网络在线展开资源运作方式和成果转化方式，不断涌现出多元化、跨地域、高效率的众智、众创、众包、众筹和众扶等新模式，全球开放、高度协同的创新特质更加凸显。

（3）数字化转型加速促进了数字化产品、服务和应用创新的大量涌现，不仅给消费者带来了便利，而且对消费者的数字化素养（包括资源获取能力、理解能力和应用能力）提出了更高要求。目前，一些具备完整商业模式、满足用户根本需求的新兴数字化产品，已经开始有效地培养消费者数字化技能和素养，以便更好地实现数字化价值、享受数字化便利，并逐步培育、壮大和完善新兴的数字消费市场及消费群体。目前，世界各个主要国家正逐步加大对公民数字技能和素养的教育及培养，并将其提升到新时期打造国家新型核心竞争力的战略高度。

2. 数字化转型收益

相关研究及企业的实践表明，企业管理的数字化转型收益主要体现在数字化创新应用促进内部优化、外部创新而带来的风险控制能力加强、运营能力提升、业务流程优化、财务收益以及商业模式创新，如图6-5所示。

图6-5　企业数字化转型收益示意图

资料来源：亿欧智库。

（1）加强集团管控能力。借助数字技术，企业可以实现对运营风险实现高效管控：一方面，通过业务流程数字化，企业可以更快更准地识别风险，更好更优地采取应对措施；另一方面，通过利用机器代替人工，企业可以降低人员操作风险，提升效率性、安全性和稳定性。

（2）提升企业运营能力。在数字化转型过程中，企业通过持续迭代完善决策模型，可以使运营能力得到提升。在传统的决策模型中，人的经验占主导地位，具有非常大的主观性和应用的限定性。同时，由于过去采用孤岛型作业方式，企业间互相隔离，无法实现互相协作。企业借助数字化转型实现数据融合，通过建立企业不同部门数据之间的映射，实现数据共享共用，从而使管理人员能够具备全局视野，实现决策的精准性。

（3）优化企业业务流程。在数字化转型过程中，企业利用各种新的数字技术将越来越多的重复性人工执行任务转变为自动化执行任务，将原有流程中由人来执行转变为由人来监管与设计，大幅提高了生产效率，例如目前已在财务领域广泛使用的机器人流程自动化技术（Robotic Process Automation，RPA）；同时，利用人工智能和大数据等技术，可以建立业务流程之间的数据映射关系，使生产流程得到进一步赋能和优化。

（4）增加企业财务收益。在数字化转型过程中，企业虽然前期需要投入巨额资金，但在后期会得到明显的投资回报。世界经济论坛（World Economic Forum，WEF）对 1.6 万家企业数据进行分析发现，率先开展数字化转型的企业生产率提高了 70%，而跟随者生产率仅提升了 30%，这说明在数字化转型中存在着明显的先发优势。施耐德电气发布的《2019 年全球数字化转型收益报告》中数据化转型的财务收益如表 6-1 所示。

表 6-1　数字化转型的财务收益

序号	一级指标	二级指标	指标值	
			最高值（%）	平均值（%）
1	资本支出	工程成本和时间优化	80	35
		调试成本和时间优化	60	29
		投资成本优化	50	23
2	运营支出	节能降耗	85	24
		节约能源成本	80	28
		生产率	50	24
		设备可用性和正常运营时间	50	22
		维护成本优化	75	28

序号	一级指标	二级指标	指标值	
			最高值（%）	平均值（%）
3	可持续性、速度与性能	二氧化碳足迹优化	50	20
		上市时间优化	20	11
		改善居住者舒适度	33	24
		投资回报	0.75 年	5.3 年

资料来源：《2019 全球数字化转型收益报告》。

（5）创新企业商业模式。企业的商业模式是满足客户需求、实现相关方（客户、员工、合作伙伴、股东等）价值，同时使系统达成持续盈利目标的整体解决方案。企业的商业模式主要由创造价值、传递价值和获取价值三个部分构成，通过重塑这三个方面可以帮助企业实现商业模式创新，具体而言：利用数字化营销，构建以客户为核心的产品方案和解决方案，实现创造价值创新；利用数字化管理流程，构建与前端业务适配的资源配置，实现传递价值创新；构建数字化生态，提供创新业务形态，如共享经济、平台经济、共创经济等，实现价值创新获取。

二、国内企业管理数字化转型实践

1. 国内企业管理数字化转型现状

当前，数字化转型已被国内一半以上的企业视为持续发展的核心，并制定了明确的数字化转型战略和规划。相比而言，目前数字化转型成效最为显著的领域主要包括：①借助协同办公、财务系统、人事系统等平台优化企业管理体系；②通过流程自动化、智慧供应链、智能制造、企业资源计划系统（Enterprise Resource Planning，ERP）、线上平台、在线客服、自动化流程等手段提高运作流程效率；③使用物联网设备、数字化产品、一站式服务来达到产品和服务的创新；④加强推广直播带货、电子商务、精准营销、数字渠道等方式创造新的营销模式。

特别是 2020 年至今的新冠肺炎疫情防控形势，使得国内企业数字化转型向需求端和供给端两个方面加速。从需求端来看，政府和企业的数字化转型意愿被激发，甚至直接创造了许多新的数字化转型需求；从供给端来看，疫情促进了数字基础设施建设完善，助推了数字化新工具的改进升级和市场推广，升级了数字化转型供给端的支撑赋能能力。

发展至今，国内传统企业的数字化转型已经从部分行业头部企业的"可选项"转变为更多行业、更多企业的"必选项"，转型整体成熟度提升，政策、资金、人才等资源投入加大，从管理者到员工都普遍参与到数字化转型中。众多行业头部企业从最初的探索尝试发展到数字化驱动运营阶段，不断发现新的业务价值点，并衍生出新的数字化业务和商业模式。特别是对人工智能、物联网、区块链等新技术的应用和实践，为同类企业提供了宝贵的数字化转型经验。与此同时，受益于我国庞大的生产数据、应用数据和用户数据，众多跨国公司的在华企业在其总部数字化转型的统一规划及部署下，创新地开发了众多本土定制化解决方案，并将制造生产、工厂运维等方面的数字化工具和成功转型经验输出到跨国公司在其他国家的子公司，逐渐成为全球范围内数字化转型的先行者。

2. 国内企业管理的数字化实践探索

（1）制造业企业：以工业互联网作为数字化转型的重要突破口。制造业是国民经济的基础，它融合了劳动密集、知识密集、资金密集、技术密集四大特点于一身。随着数字经济的发展，在创新生产模式、提高资源配置和提高生产效率等方面，制造企业的需求日益迫切，数字化转型主要聚焦在"科技创新、产业生态、集群发展、服务融合、数字运营"五个层面。工业互联网作为新一代信息技术与制造业深度融合的新兴产物，已成为制造业数字化转型的核心、新工业革命的关键支撑和深化"互联网+先进制造业"的重要基石。通过将企业的资本、技术、数据等全要素进行全面互联互通，工业互联网实现了"人—机—物"的全面互联，实现了创新链和供应链、服务链、物流链、资金链对接，实现了全产业链上下游的高度协同，实现了从商品交易到信息交易再到知识和能力交易的全价值链重构。工业互联网使生产工具的效率得到大幅提高，企业决策的流程得到显著优化，以服务化、个性化和融合化为特征的商业范式、组织形式和生产方式得到持续创新，并实现了供给端与需求端的精准对接和实时匹配，推动了制造业发展质量变革、效率变革、动力变革，构筑了新型的生产制造体系和服务体系。

（2）金融类机构：聚焦多源数据分析，有效降低金融风险。金融行业的特殊性要求金融类机构在数字化转型道路上加强风险意识，注重行业监管，为政府、企业和个人提供智精、安全的金融服务。金融机构数字化转型的目标包括三个方面：首先要考虑金融风险的控制，变革应当符合风控监管要求，不能随性而变；其次要打造智慧金融，更好地洞察客户需求，送达金融服务；最后要服务政府改革、服务产业升级、服务民生改善。金融类机构通过运用中台的柔性架构能力，加速创新业务的快速落地，达到促进技术架构与业务架构深度融合和业务信息结构化的目标。特别是对于银行、证券等金融机构，风险控制是最核心的能力。金融机构已广泛采用人工智能的大数据分析来提高风险控制能力，首先采集所有用户的交易记录、贷款数据、征信数据等多源异构数据，然后利用知识图谱、大数据画像和复杂关系网络分析等数字化技术，对数据进行实时处理，建立金融风险监测预测模型。通过大规模的监测快速获取准确的信息，在原有传统模式下难以觉察的风险变得一清二楚，从而可以及时有效地识别逾期、骗贷和骗保等风险，达到规避潜在风险、提高风险控制能力的目的。

（3）零售类企业：通过线上线下一体化，实现用户消费需求的精准挖掘。新零售行业中的大部分企业通常以单点业务环节的信息化为重点，构建了面向研发、生产、营销等的信息管理系统。目前，传统实体零售与网络电商业务都面临增速趋缓，只有通过线上业务与线下网点优势互补、融合发展，才能帮助零售企业准确获取用户消费需求信息。因此，已经有越来越多的零售企业开始运用强化学习、深度学习等人工智能技术将实体门店升级为智慧门店，通过云化、物联化、中台化、移动化和 APP 化，在多个应用场景中，为消费者提供小程序找货、扫码购物、刷脸身份验证和支付等众多数字化服务。在消费者购物的同时，不断通过图像识别、RFID、语音识别和其他技术的支持，收集消费者更多维度的数据，基于决策树、线性回归等算法勾勒用户精准画像，预测用户潜在消费需求，及时调整投放策略，开展精准、个性化和针对性的营销，将线上与线下融为一体，实现消费数据与营销数据的闭环，增强对"千人千面"的精准营销。

（4）物流企业：物流行业是国民经济中的基础性产业，是现代社会经济发展的三个基本要素之一。在物流企业中，作为物流全流程中枢的仓储是连接供应链上下游的一个核心环节。物流企业通过应用物联网、区块链、人工智能以及云计算、大数据等数字技术，实现仓储网络化、数字化和智能化升级改造，以降低物流成本、加快货物周转以及增加服务附加值。在智能仓储中，通过大量使用自主移动机器人（AMR）、分拣机器人、码垛机器人和自动导引运输车（AGV）等仓储物流智能设备，使货物流通的工作效率得到极大的提升。同时，使用三维扫描设备对所有入库物品进行扫描实现物品三维数据信息采集，再通过智能物流管理系统实时建立入库物品的三维数字模型，可以实现对物件状态、库位和库存的全程透明化跟踪以及三维可视化调度，最终实现降低仓储成本、提高运营效率、提升仓储管理能力的目标。

（5）建筑企业：智能建造是以物联网、人工智能、云计算、大数据、可视化建筑信息模型（Building Information Modeling，BIM）等技术为基础，可以实时自适应于变化需求的高度集成与协同的建造系统。通过智能建造，可以助力建筑企业的工程向全方位数字化转变。在现实中，建筑工程项目通常面临参与机构多、时间跨度大、质量要求严和项目管理复杂度高等难题，利用基于数字技术的BIM为建筑工程项目管理解决这些难题提供了新途径。BIM三维数字模型通过采集建筑工程项目现场的各项信息数据，构建与项目施工现场精准映射的集成化可视化项目场景。在空间层面上，智能建造促进了业主、设计、施工、监理、供应商、运营方等所有参与方全链条数据协同与业务协同；在时间层面上，智能建造实现了建筑项目从图纸设计、施工建造、竣工交付到运行维护的全生命周期数据的集成与融合，最终实现了工程周期缩短、建造成本降低、项目质量提升和管理效率提高的多重效果。

（6）能源企业：能源数字化转型是指能源企业应用物联网、大数据、人工智能等新兴信息技术优化能源生产、传输、交易和消费环节的资源配置能力、安全保障能力和智能互动能力，从而实现能源企业智能化、数据化、信息化运营管理与能源行业的智慧化发展形态。当前，全球正在进入能源紧缺时代，提升能源生产和利用效率已成为亟须解决的突出问题。能源数字化转型为解决这一问题提供了有效手段。首先，通过物联网和大数据技术构建从生产、传输到消费各个环节的全产业链数据资源池，并搭建全场景实时大数据可视化分析平台，贯穿能源生产运营全过程，让数据变化趋势可以直观实时展现；其次，通过人工智能技术对各环节实时数据开展深度分析挖掘；最后，在生产端实现对能源生产设备的远程健康管理，在传输端实现为能源传输网络的运行状态实时监控、故障自动识别和故障位置准确预测，在消费端实现为能源供需形势预判、能源使用负荷异动识别、用户使用行为特征分析等复杂问题提供决策依据。

（7）矿产开采企业：矿产开采数字化转型主要是通过矿产开采企业应用物联网、大数据、人工智能等新兴信息技术，将矿产资源的所有空间和属性数据进行管理与整合，进而构建的信息模型，其涵盖了生产、经营、管理、环境、资源、安全和效益等因素，使矿产开采企业在生产、管理与决策中，达到生产方案优化、管理高效和决策科学化的目的。在矿产开采中，地质环境条件通常复杂、恶劣且危险。利用智能化的开采装备，开采的方位和工艺可以更加精确，不仅可以提高开采效率，而且更有助于实现安全生产。同时，基于机器视觉技术和自主控制能力的智能开采设备可以智能感知和测量开采环境，实时反馈开采方位和地质条件等开采工艺数据，并根据开采条件的变化自动调节开采工艺，实现自主定位、自动感知和自适运行，完成无人化的自主开采作业。通过数字化转型，实现生产人员与设备的实时跟踪与定位，生产过程中的智能化调度与控制，使采矿的生产管理与决策的科学性得到全面提升，企业经济效益和竞争能力也得到提升。

（8）畜牧业企业：畜牧业企业数字化转型主要是利用物联网、大数据、区块链等现代信息技术准确掌握畜禽生育进程和生长动态，对其各生育阶段的状态进行动态监测和趋势分析，通过对各类数据整合进行深层的分析和挖掘，为企业管理做出更优决策提供依据，实现智能化管理，增加经营收入。例如，对于畜牧业，畜禽健康状况是关注的焦点。目前，众多农场以物联网感知技术为抓手，通过监测、分析和预测畜禽的体征和行为，实现精准养殖。首先，通过形式多样的动物可穿戴设备，如智能化的耳标、项圈和脚环等，可以实时采集畜禽心率、体重、体温等体征数据以及运动量、活动场地等行为数据，并将数据实时上传到相应大数据监管云平台，实现对数据全天候、全流程的跟踪和记录；其次，针对收集的原始数据，位于云平台的相关配套数据分析软件利用人工智能算法挖掘出深层次的健康信息和行为模式，将其转换为反映禽畜健康状态、喂养需求、繁殖预测相关的直观图表和信息，并发送给养殖人员，从而实现对动物饲养、疫病防控、产品安全等全环节的可视化精准化质量管理。此外，区块链分布式记录和存储特性还可以实现畜禽产品的溯源防伪。

三、国内企业管理数字化转型的挑战

1. 数字经济发展的新逻辑给传统企业带来新挑战

传统工业经济时代的生产要素主要是土地、劳动力、资本和机器等，基本单元是工厂，基础设施主要依赖铁路、公路、电网等，企业扩大再生产的方式是靠资本积累。而数字经济时代，主要的生产要素是数据，基本单元是产业生态，基础设施主要是互联网、物联网和数字化通信等，企业扩大再生产的方式是知识和数据的积累。传统企业要搭上数字经济的便车，必须通过数字技术重塑其发展逻辑，并通过数字技术降低企业的交易成本、管理成本、财务成本等各类成本，提高资源配置效率、运营效率和劳动生产率。数字经济如果要成为支撑经济高质量发展和企业转型升级的新动能，必须加快拓展新型基础设施的覆盖范围，从解决实体企业成本、效率、创新和安全等问题的角度出发，推动企业超越消费互联网的单维度经营理念，从而突破创新困境和市场瓶颈，提高运营效率和风险抵御能力。

2. 企业数字化转型过程中的长期收益与短期收益难以有效平衡

在数字化转型过程中，企业面临的困难不尽相同，但是短期的数字化转型成本压力是所有企业都要面对的一个现实问题。企业的数字化转型需要付出成本和代价，比如引入科技能力提升业务智能化、改善连接方式创造全新的客户体验、融入数字生态体系并接受平台企业的挑战和竞争、打破组织壁垒推行数字文化、运用数据驱动重塑商业场景和供应链、优化员工结构以适应数字化转型要求等。如果不从以上方面进行系统的数字化改造，数字化转型的效果会大打折扣。此外，数字化转型有些显性的成本可以在财务报表上反映出来，而有些隐性的成本则需要企业改善基因以应对创新的挑战，同时这些成本在短期也会影响企业数字化转型的决策和对转型效果的客观评估。特别是对于一些地方性的传统企业，如果因数字化转型而引发结构性失业问题，那么地方政府推行数字化转型的支持力

度和积极性也会大为减弱。

3. 行业属性对于企业数字化转型影响明显

企业数字化转型的核心在于打通信息流，实现产业全流程的智能协同，第一产业、第二产业和第三产业在劳动力替代成本、数据收集和智能化协同、企业转型动力等方面存在明显差异。首先，除信息传输、软件和信息技术服务、科研、设计等服务业外，大多数传统服务业属于劳动密集型产业，技术含量相对于第一、第二产业较低，劳动力的数字化替代成本比较低，数字化转型较为容易；其次，服务业企业多为轻资产公司，数据主要集中在客户、市场、运营和管理等方面，技术数据较少，数据类型相对于第一、第二产业较少，各个环节的智能化协同更容易实现；最后，与第一、第二产业在生产过程中的规范化操作不同，交通出行、上门服务、餐饮外卖、物流、医疗、教育等服务业大多是面对面为顾客提供相关服务，产品具有非标准化的特点，客户和企业之间互动性较强，数字技术对于用户体验的提升效果明显，企业数字化转型动力更强。

4. 企业规模与企业发展阶段对于数字化转型影响显著

当前我国各行业的数字能力建设整体处于初级阶段，但是行业内不同规模和不同发展阶段的企业数字化转型程度分化显著，行业内的数字鸿沟依然普遍存在。世界经济论坛白皮书《行业数字化转型：数字化企业》《埃森哲2015年技术展望》等相关研究报告显示，数字化转型的领军企业已经与行业内其他企业拉开较大差距，特别是在冶金、化工建材、快速消费品、医药和传统零售等领域。数字化转型的领军企业基本属于传统行业内的头部企业或第一梯队，其自身的资产规模、市场规模都比较大，产业链的整合能力比较强，一般具有比较稳定的高素质管理团队和对市场、客户的深刻理解，在数字化转型的过程中对于行业痛点的分析、数字化转型方案的系统性设计以及财务风险的把控能力等方面均具有明显优势。而大量处于行业第二、第三梯队的企业由于资产规模、市场规模过小，加上社保、税收、融资等制度性成本较高，企业生存压力普遍较大，缺乏成熟的战略思考能力和风险防控能力，对于数字化转型的趋势还属于被动适应的态势。

5. 中小企业数字化服务产品供给不足

中小企业顺利开展数字化转型离不开强大的数字化服务产业，而我国目前大量中小型企业尚未完成"两化融合"，缺乏足够的数字化转型能力，因此，需要提升普惠型数字化产品及服务的供给能力。目前，我国中小企业数字化升级的配套服务行业整体保持高速发展，根据腾讯研究院发布的《维度、力度和限度：中国数字经济发展观察报告（2021）》数据显示，我国中小企业数字化升级的配套服务行业整体保持高速发展，2015 年行业市场规模仅 179.4 亿元，至 2019 年已超过千亿级规模，但整体供给与先进国家仍有较大差距。美国企业（约 2000万家）基本上都完成了信息化，同时美国厂商为全球约 3000 万家企业提供信息化服务。

6. 专业技能人才及跨界人才匮乏

从传统企业来看，高素质人才主要集中在研发、运营和市场环节，大数据分析、数字化战略制定与管理、全生命周期数据挖掘等领域的人才较为缺乏。从数字化服务供应商来看，可以运用新一代信息技术对垂直细分领域进行数字化改造的复合型人才也非常稀缺。

第三节　企业管理的数字化转型实施方案

一、聚焦重构价值创造体系，明确企业管理的数字化转型目标

如前所述，数字化转型对于企业商业模式创新的作用路径，主要是影响企业价值创造体系构建。因此，企业管理数字化转型的核心任务是从发展战略、新型能力、解决方案、组织管理和创新转型五个方面着手，重构企业的价值创造体系。

1. 制定转型战略，重构价值主张

开展数字化转型，制定数字化转型战略是首要任务，要将其作为企业发展战略的重要组成部分，要把数据驱动的理念、机制和方法贯穿于发展战略全局，并根据数字化转型的新趋势、新形势和新要求，提出新的价值主张。第一，逐步从

过去的仅关注竞争转向构建多重竞合关系，将竞争合作层次从企业之间的竞争合作升级到供应链、产业链和生态圈之间的竞争合作；第二，打破传统的基于技术专业化职能分工所形成的垂直业务体系，构建以用户的个性化需求为引导的基于能力赋能的新型业务架构，根据业务架构和竞合优势设计端到端的业务场景；第三，改变传统工业化时期依托技术创新的长周期性来获得稳定预期市场收益的价值模式，构建开放的价值生态，通过能力赋能和资源共享实现业务快速迭代和协同发展。

2. 提升新型能力，重构价值创造和传递

根据价值主张新要求，构建支持价值创造和信息传递的新型能力体系。在价值创造中，新型能力主要包括与载体相关的产品创新能力、与对象相关的用户服务能力、与经营活动相关的运营管控能力、与合作伙伴相关的生态合作能力、与主体相关的员工赋能能力和与驱动要素相关的数据开发能力。新型能力是贯穿数字化转型的核心路径，企业通过识别和策划新型能力体系，对新型能力开展持续建设、运行和优化，实现业务能够根据需要调用能力以提升对市场需求的响应速度，从而加速推进业务转型的变革，取得可持续的竞合优势。

3. 构建解决方案，重构价值支持

策划实施系统性解决方案，包括组织、技术、数据和流程四个核心要素，并在此基础上，通过对各个要素的优化和创新，推动新型能力和业务创新转型的有效运行和持续改进。其中，组织要素包括根据业务流程优化要求进行的职能职责调整和符合职能职责和岗位胜任要求开展的人员优化配置；技术要素包括设备设施数字化、网络化、智能化改造升级、IT 软硬件资源、网络和共享平台建设；数据要素包括相关数据的自动采集或在线按需采集、多源异构数据在线交换和集成共享、基于模型的决策支持与优化的数据应用；流程要素包括端到端业务流程设计和应用数字化手段开展的业务流程管控。

4. 优化组织管理，重构价值保障

企业（组织）在开展数字化转型，打造新型能力，推进业务转型过程中，除了需要系统性解决方案提供的技术支持以外，还需要持续推进管理模式变革，并建立适配的治理体系来提供组织管理保障。组织管理包括建立与新型能力建设、运行和优化相适应的组织文化、企业管理方式、工作模式、企业职责、职权架构和数字化治理体系，最终实现人、财、物等资源，以及组织、技术、数据和流程等要素统筹协调、协同创新和持续改进。

5. 推进业务转型，重构价值获取

根据价值主张新要求，通过系统性解决方案形成、新型能力体系打造和组织管理体系构建，形成业务的新模式和新业态，实现最终价值获取。在充分发挥新型能力体系的赋能作用下，加速创新业务体系和业务模式，一方面积极推进对传统业务的转型升级，另一方面积极培育和发展数字新业务。通过实现业务全面服务化，最终构建起开放合作的价值模式，实现对市场需求的快速响应、满足和引领，达到获得价值效益最大化。业务转型主要包括数字化业务、业务数字化、业务集成融合和业务模式创新等内容。

二、聚焦长期发展，明确数字化转型基本原则

1. 坚持业务引领、技术支撑的原则

打破技术和业务的壁垒，实现业技融合是数字化转型的前提。在数字化转型过程中，企业最高层面需要确立转型的总体目标，由于不同企业所处的行业和发展阶段不同，企业应结合自身业务特点，探索适合自己的数字化转型战略方向，有针对性地分阶段实施，行业上下游、产业链各企业之间的协同也在助推这一进程。大数据、人工智能、5G、边缘计算等新型数字化技术的应用不断融入业务场景，也在重塑和创造众多的产业形态。因此，企业需依照自身需求和发展方向，在数字化转型中探索适合的业务场景，不断拓展数字化与业务结合的领域，将业务人员和技术人员形成合力，把业务运营管理经验和数字化技术充分结合起来，让技术在具体业务中落地应用，打造内外部业务流程贯通、企业内部管理和外部业务流程全覆盖的全生命周期数字化业务平台，优化企业业务链、价值链，充分实现业技融合。

2. 坚持统一规划、迭代实施的原则

统一规划指对企业的数字资源进行系统性的梳理。企业的数字资源包括但不仅限于数据、技术和业务等一系列能促成企业数字化转型的资源。企业数字化转型也并不只是单一地从技术层面进行，而是在企业对自身现存的资源进行统一规划的基础上，利用数字技术对自身进行全方位、立体式的赋能，包括整个企业的组织架构、管理制度、人才结构和企业文化。企业只有对现存的数字资源进行统一规划才能避免出现口径不一的数据，造成新的数据孤岛，减少企业转型的阻力。企业进行数字化转型时，除了需要进行统一规划，还需要充分认识到数字化转型是一个持续、迭代的过程。因此，企业应当以提升客户体验为宗旨，以问题、目标和结果为导向，以快速变化的客户需求为提升依据，根据自身的经营特点、人员素质、数字化水平和数字化能力水平制定转型方案，对企业内的组织架构、基础设施和技术平台等内容采取敏捷迭代的方式开展数字化转型。

3. 坚持价值导向、集约建设的原则

企业数字化转型应坚持价值导向，做有价值的转型。尤其是在当前新发展格局的大背景下，运营成本上升，现金流紧张，企业开源受到阻碍，盈利能力面临严峻考验，降低成本、提质增效仍旧是企业当前数字化转型的重点。对新技术的探索要以能否解决业务转型中的切实痛点为根本出发点，进行适度超前投入。同时，企业须高度重视全员数字化素养的培育，把数字优先思想贯穿到企业精神文化、制度文化和物质文化建设全过程，激发全员在面对实际问题时，从"能用、会用"向"想用、爱用"数字化手段转变的能动性。最后，企业数字化转型要树立共享理念，以大共享思维为统领，将能集中的资源都共享，例如，财务共享、人力共享、采购共享、法务共享、IT共享等，在大共享平台上进行资源的统一配置，积累基于最佳业务实践的业务模型、业务构件等资源，对面向未来业务流程的、可复用的标准化微服务组件进行封装，最终实现真正的集约化建设，并建立跨界融合的数字化生态，赋能产业链上下游的生态合作伙伴共同打造数字化转型发展的新模式。

三、聚焦自身禀赋，选择适合的数字化转型路径

1. 以企业发展规模和阶段为出发点，实行差异化转型模式

企业在数字化转型过程中，由于规模不同，因此发展路径也有所不同。首先，对于大型企业来讲，因为自身具有体量优势和规模优势，可以对产业链的上

下游企业进行高效链接，因此，"内生转型"和"外生转型"相结合是其数字化转型的主要特征，从实现"一荣俱荣，一损俱损"的目标。大型企业的数字化转型不仅需要以企业自身发展的内在需求为基础，开展布局实施通用性较强的基础信息技术和服务，而且也要同时兼顾产业链上下游企业的数字化转型需求，积极采用专业性较强的公共信息技术和服务，最终形成协同发展的生态链，从而保持行业头部地位。其次，对于中小企业而言，因自身力量薄弱，通常缺乏转型所需的技术能力，也无法独自承担高额的转型成本，因此，中小企业数字化转型更多是"外生转型"带动"内生转型"。中小企业数字化转型应紧跟上下游企业，利用上下游企业的供应链协同帮助自身转型，通过积极引入保障性信息技术和服务，如大数据、云计算和移动互联网等，使自身数字化水平不断提升，并成为行业供应链上最优的专业化合作伙伴，让自身的价值在链上占据重要一环，保持生态合作，实现生态协同。

同时，企业还应充分考虑自身转型发展阶段等现实条件的约束，实施差异化转型。在不同的转型时期，企业数字化转型关注的重点问题有所差异。在转型初期，企业应当以网络化、数字化、智能化制造转型为目标，以提升产品质量为焦点，为数字化转型奠定质量基础；在转型中期，作为利润和口碑的结合体，一个优质的品牌既能够为企业带来丰厚的利润，又能够获得市场的认可和信任，因此企业应当重点关注产品品牌形象的建立维护以及销售渠道的开拓扩展，这也是企业数字化转型能否成功的关键一环；在转型后期，高度整合资源是转型的核心，包括：①打造数字化组织，全面改造数字化组织结构，实现组织流程和组织部门网络化、数字化；②打造数字化供应链，提高供应链应对市场变化的快速反应能力，快速反应是供应链数字化水平衡量的重要标准之一；③打造数字化研发沟通平台，确保研发部门的沟通渠道畅通，保障研发沟通的实时、高效率和高质量。

2. 以消费者增权为核心，推动商业模式创新

数字化时代极大地拓展和延伸了网络空间，网络将现实世界和数字世界紧密连接起来，为消费者参与企业商业模式创新提供了更广泛的渠道。通过大数据平台，消费者可以充分发挥主观能动性，将历史数据和实时数据高度融合匹配，为推动个性化企业商业模式创新贡献智慧。同时，消费者的深度参与使得商业模式

的创新更加开放、更加科学，也更加有效。

数字化技术不仅可以利用信息的透明性降低企业与消费者的信息不对称程度，而且利用信息即时交互使消费者有效参与到企业运营中，使原本范围广大的结构松散的消费者群体凝聚成有价值的群体，形成消费者增权。随着消费者增权程度的提升，逐步构建了各种新型商业模式，这些以企业与消费者互动为基础的商业模式使企业与消费者之间的协调同步比以前更为迫切和重要。作为企业，应充分利用基于网络平台构建的与消费者的互动关系，通过大数据技术等数字技术，积极了解消费者对现有产品服务的意见和建议，从而把握市场的真实需求，实现产品和服务的质量提升。

消费者增权，即提升消费者的价值体验，是企业商业模式创新的根本动力和出发点。满足消费者需求效率的提高是数字化的核心，也就是要高度重视如何有效提升各个系统节点满足消费者需求的效率。具体来讲，企业应对消费者的隐性需求和个性化需求进行深度挖掘，并做到精准匹配，在材料供应、成品开发、生产运行、成品储运、市场营销和售后服务等全价值链环节满足消费者的隐性需求和个性化需求，使精准成为企业提供产品和服务的基本评价标准。

3. 以提高管理效率为目标，打造敏捷组织

在数字化时代，组织层级间的信息传递要更加快捷和准确，因此科层制组织被扁平化组织取代已是大势所趋。在扁平化组织中，大数据、移动互联网等数字化技术为其奠定了坚实的技术基础，无障碍的信息沟通平台和传递渠道推动了企业经营决策模式的创新，实现了组织各层级间的信息更加顺畅、及时和准确的传递，大幅提高了企业的管理效率。

打造具备快速反应能力的组织体系是实现数字化转型的必然性与组织进化革命的复杂性之间的纽带。敏捷组织作为一种新型的具备快速反应能力的组织形式，从组织结构来看，其呈分布式的网状结构，不再是传统组织的金字塔式的层次结构；从组织构成来看，其是由基于端到端的责任而建立，不再是传统组织的基于专业分工而建立。同时，作为一个学习型组织，敏捷组织还具有较强的自我反馈和调整能力，能够以消费者为中心，以客户需求为驱动，依托具有较强独立性的矩阵式组织，通过高度协作的工作方式高效地提供满足消费者需求的产品和

服务，并在此基础上实现企业价值创造。通过敏捷组织，企业组织架构由原本僵化呆板的多层级模式转变为敏捷高效的扁平化管理，这种组织架构变得更加具有活力，也能够更好地应对数字化转型需求。

4. 以数据要素为驱动，提升数字能力

数字化转型是以数据为核心，通过物联网、大数据、人工智能等数字技术，构建从动态感知、前瞻洞察、智能决策到自动执行的全链路智能化闭环，实现以数据为驱动的智能生产、柔性供应、精准营销、智慧运营、生态协同等业务场景，助力企业实现体验优化、效率提高和价值创造。在这一过程中，数据要素驱动主要体现在数字化服务、数字化生产和数字化管理三个方面。第一，在数字化服务方面，企业通过对服务全过程进行实时数据采集与分析，形成更加完整准确的客户画像，从而精准触达目标客户，实现高效的营销活动投入产出比；同时通过多维度全方位的销售数据分析和可视化呈现，可以优化市场策略，驱动销售业绩增长；并且利用数字技术延长服务链，将一次性服务的价值能够变为多次服务价值，提高企业营收率。第二，在数字化生产方面，基于海量工业数据的实时采集，通过数据的精准分析，实现优化制造资源的配置，提供符合市场需求的高质量产品，助力企业实现柔性生产，实现降本增效；同时利用数字技术为生产流程赋能，实现生产质量全过程监控，不断提升产品质量，助力企业打造良好口碑。第三，在数字化管理方面，通过打通跨系统数据，整合企业内外部数据资源，实现业务场景一体化分析，使企业能够更深入地洞察和指导自身的经营管理，一方面可以促进流程优化，另一方面可以驱动智能化决策。

数据要素驱动力作用的充分发挥，有赖于企业对其数据资产的管理效能，这就要求企业不仅要将数据置于战略性核心资产的地位，还要加强对数据的管理。首先，加快数据在企业的流动速度，将沉淀在企业各个业务环节中的数据充分盘活，打破"数据烟囱"和阻碍数据自由流动的体制机制障碍，以信息流为统领，高效整合企业的人、财、物；其次，提升数据的治理能力，在数据大爆炸的时代，去伪存真、去粗取精，对大量的复杂数据进行清洗整理，掌握富有价值的信息，是企业数字化转型成功与否的关键；最后，深入分析数据背后的逻辑，充分挖掘用户数据背后隐匿的有用商业信息，更好地促进企业向创新发展方式转变，是企业数字化转型的重要目的。

此外，企业数字化转型不仅需要基础数据的支持和应用，还需要由此形成的数字能力——对新知识的学习能力、新挑战的响应能力、新场景的适应能力、新业务的开拓能力。因此，提升数字能力是实现数字化规划落地的基础，是企业数字化转型的主要工作路径。数字能力建设是新一代数字技术对平台全环节、全过程、全链条的改造，主要包括：通过软件或传感器来采集数据，结合本地基础设施建设来存储，或运用云、5G 等技术实现数据上云；通过边缘计算、云计算、区块链等技术，开展数据治理活动，推进企业大数据与感知硬件、核心软件、云平台等融合发展，形成数据驱动的企业发展新模式；采用人工智能、大数据和系统集成等技术，将数据以合理的形式呈现，并应用在各种业务和运营场景中，赋能企业数字化、智能化发展，实现管理升级，提升决策水平，支持和引导业务、组织和流程的变化和优化，实现业务模式创新，最终实现促进数据资源整合，打通各个环节数据链条，形成全流程的数据闭环。

5. 重视数字化生态协作，夯实数字化转型基础

对于企业而言，在新一代信息技术的支持下，企业内外部的互动更加直接，企业与市场的边界更加模糊，组织也从封闭的机器变身为开放的体系，从而使得以平台为核心的产业生态正在逐步取代以超级企业为核心的产业集群。创造生态、融入生态，在生态中协同创新将加速传统企业数字化转型进程已经逐步成为共识。因此，在推进企业管理数字化转型的过程中，企业还应致力于打造更开放、更广泛、更协同的合作生态，聚合创新的新生力量，在技术创新和产品完善的基础上，结合自身规模及实际情况，通过生态协作方式加强行业方案场景化设计。其中：对产业链头部企业而言，可以通过构建产业平台，整合数据、算法、算力，借助平台把客户、供应商、员工和伙伴连接起来，汇聚价值链资源，实现资源优化配置，推动业务创新和管理创新，塑造数据驱动的生态运营能力；对中小微企业而言，可以通过云上平台，借助头部企业释放的平台能力，实现自身转型升级。通过云上平台，头部企业拥有小微企业的数据，更加了解其信用情况，加之头部企业的稳定性可以联合银行做产业金融，产业链上的小微企业可以获得便捷的贷款服务，解决供应链金融面临的难题。

第四节　小结

　　数字化对于企业管理创新的作用机理主要体现在：降低交易成本、拓展分工边界、重塑价值链形态、释放潜在需求。企业管理的数字化转型，本质上是通过数字技术和数学算法显性切入企业业务流，推动资本、技术和人才等要素资源配置优化，改进生产流程、变革管理模式、优化营销方法，从而提高生产效率的一种转型过程。其中：数字化转型的前提是数字技术与业务深度融合；数字化转型的主线是将业务、运营和人员的数字化贯穿到全业务链；数字化转型的目标是通过大数据的分析，重构流程、重构用户体验、重塑模式，实现业务转型和创新发展。

　　现实中的企业管理数字化转型动因在于：传统经营模式下的经营压力加剧；消费者和用户需求变化以及数字化管理正在颠覆多个行业的商业模式；新一代信息技术的支撑；数字化催生的社会经济价值已不容忽视；自上而下的政策引导进一步明确了企业管理的数字化转型方向。此外，在我国大力推进企业工业化、信息化"两化"融合的政策背景下，两化融合管理体系已经被视为是一套"以价值效益为导向、数据为驱动、新型能力建设为主线"系统推进企业数字化转型的体系架构和方法机制，从2013年开始普及推广以来，获得了更多企业的认可和应用，对于企业管理数字化转型的促进成效也相当明显。截至2020年，全国工业企业关键工序数控化率、经营管理数字化普及率和数字化研发设计工具普及率分别达到52.1%、68.1%和73.0%，不仅为传统制造业企业的数字化转型奠定了坚实基础，也佐证了企业管理数字化转型的必要性。

　　随着全球信息产业基础大幅加强和海量数据持续产生，企业管理的数字化转型正在从被动转变为主动、从局部转变为全局、从垂直分离转变为协同集成，在此过程中，企业组织架构和商业模式、创新主体与创新模式、消费者数字化素养等也因此而发生了一系列的变化。实践表明，企业管理的数字化转型收益主要体现在数字化创新应用促进内部优化、外部创新而带来的风险控制能力加强、管理能力提升、业务流程优化、财务收益提升以及商业模式创新。国内企业管理的数字化转型实践中，呈现出不同行业、不同路径的差异化特征，例如：制造业企业以工业互联网作为数字化转型的重要突破口；金融类机构聚焦多源数据分析，有效降低了金融风险；零售类企业通过线上线下一体化，实现用户消费需求的精准挖掘；物流企业围绕仓储数字化、智能化改造，加快货物流通；建筑企业通过虚拟建造，助力工程全方位数字化转变；能源企业通过大数据可视化平台提高能源供给效率；矿产开采企业通过智能装备，推进精准安全的无人开采；畜牧业企业通过动物可穿戴设备，开启智慧养殖数据入口。与此同时，国内企业管理的数字化转型也面临着挑战：数字经济发展的新逻辑给传统企业带来新挑战；企业数字化转型过程中的长期收益与短期收益难以有效平衡；行业属性对于企业数字化转型影响明显；企业规模与企业发展阶段对于数字化转型影响显著；中小企业数字化服务产品供给不足；专业技能人才及跨界人才匮乏。

综上所述，实践中的企业管理数字化转型实施方案可以从三个方面着手：一是聚焦重构价值创造体系，明确企业管理的数字化转型目标，重点解决发展战略、新型能力、解决方案、组织管理和业务转型等关键事项。二是聚焦长期发展，明确数字化转型基本原则，要坚持业务引领、技术支撑的原则，坚持统一规划、迭代实施的原则，坚持价值导向、集约建设的原则。三是聚焦自身禀赋，选择适合的数字化转型路径，其中企业需要做好立足发展规模和发展阶段实行差异化转型模式，以消费者增权为中心，推动商业模式创新；以提高管理效率为目标，打造敏捷组织；以数据要素为驱动，提升数字能力；重视数字化生态协作，夯实数字化转型基础等相关工作。

第七章 典型应用及管理实践案例

第一节 数字化赋能"工业互联网"

一、数字化创新在工业经济中的应用:"工业互联网"

作为数字化创新应用于工业经济发展中的产物,工业互联网是互联网、大数据、人工智能等新一代信息通信技术与工业经济深度融合而催生的一种新型应用模式,包含了网络、平台、数据、安全四大体系。其中:网络体系是基础,包括网络互联、数据互通和标识解析三部分;平台体系是中枢,承担数据汇聚、建模分析、知识复用和应用创新的职能,相当于工业互联网的"操作系统",包括边缘层、IaaS、PaaS 和 SaaS 四个层级;数据体系是要素,工业互联网数据具有重要性、专业性和复杂性的特点;安全体系是保障,核心任务就是要通过监测预警、应急响应、检测评估、功能测试等手段确保工业互联网健康有序发展。工业互联网通过"人—机—物"的全面互联,实现了全要素、全产业链、全价值链的连接,从而达到降低企业经营成本、提高企业经营效率的目标。同时,也成为了工业数字化、网络化和智能化转型的基础设施,并且形成了一种全新工业生态。

从工业经济发展的角度看,工业互联网一方面通过跨设备、跨系统、跨厂区、跨地区的全面互联互通，实现各种生产和服务资源在更大范围、更高效率、更加精准的优化配置，从而促进制造业提质、降本、增效、绿色、安全的高质量发展；另一方面通过促进设计、生产、管理、服务等环节由单点的数字化向全面集成演进，加速创新方式、生产模式、组织形式和商业范式的深刻变革，催生出平台化设计、智能化制造、网络化协同、个性化定制、服务化延伸、数字化管理等诸多新模式、新业态和新产业。

从网络设施发展的角度来看，工业互联网一方面促进了人与人相互连接的公众互联网、物与物相互连接的物联网向"人—机—物"的全面互联拓展，大幅提升了网络设施的支撑服务能力；另一方面可以与交通、物流、能源、医疗、农业等实体经济在相关领域深度融合，实现产业上下游、跨领域的广泛互联互通，从而极大地拓展了网络经济的发展空间。

因此，加快发展工业互联网，促进新一代信息技术与制造业深度融合，既是顺应技术、产业变革趋势，也是加快建设制造强国、网络强国的关键抓手。与消费互联网相比较，工业互联网在技术要求、连接对象和用户属性等方面有着其特殊性（见表 7-1）。这也使得工业互联网的多元性、专业性、复杂性更为突出，建设难度更大，建设周期更长。2017 年 11 月 27 日，国务院印发的《关于深化"互联网+先进制造业"发展工业互联网的指导意见》中明确了建设和发展工业互联网的主要任务；2020 年 6 月 30 日，中央全面深化改革委员会审议通过《关于深化新一代信息技术与制造业融合发展的指导意见》，强调加快推进新一代信息技术和制造业融合发展；2020 年 12 月 22 日，工业互联网专项工作组印发的《工业互联网创新发展行动计划（2021-2023 年）》提出，到 2023 年，支持建设 30 个 5G 全连接工厂、20 个区域级分中心和 10 个行业级分中心，打造 3~5 个具有国际影响力的工业互联网平台；2021 年 11 月 17 日，工业和信息化部印发了《"十四五"信息化和工业化深度融合发展规划》，进一步提出要加快推进原材料、装备制造、消费品、电子信息、绿色制造、安全生产等重点行业领域数字化转型升级，实施工业互联网平台推广工程等两化深度融合重点工程。发展至今，我国的工业互联网已延伸至 40 个国民经济大类，涉及原材料、装备、消费品和电子等制造业领域，以及采矿、电力、建筑等实体经济重点产业，实现了更大范围、更高水平、更深程度的发展，已经形成了千姿百态的融合应用实践。

表 7-1 工业互联网与消费互联网的主要差异性

名称	技术要求	连接对象	用户属性
工业互联网	直接涉及工业生产，要求传输网络的可靠性更高、安全性更强、时延更低	连接"人—机—物"以及全产业链、全价值链，场景更为复杂	面向千行百业，必须与各行业各领域技术、知识、经验、痛点紧密结合
消费互联网	关注用户体验，但对传输网络的可靠性、安全性等要求弱于工业互联网	主要连接人，场景相对简单	面向大众用户，用户共性需求强，但专业化程度相对较低

资料来源：笔者根据相关文献收集整理。

二、我国"工业互联网"的发展概况

1. 发展现状

（1）工业互联网产业规模增长迅速。目前，我国工业互联网产业整体呈现供需两旺的趋势。根据中国信息通信研究院数据显示，2018 年，我国工业互联网产业经济总体规模为 1.42 万亿元，2020 年上涨至 2.13 万亿元，同比实际增长分别为 55.7%、47.3%。根据中国工业互联网研究院数据显示，2020 年我国工业互联网产业增加值规模达到 3.57 万亿元。但是我国的工业数字化转型仍然处于起步阶段。根据工业和信息化部公开数据，截至 2020 年底，我国工业企业智能制造就绪率不足 10%。"十三五"期间，我国工业企业关键工序数控化率达到 52.1%，工业互联网市场空间巨大。"十四五"时期将是我国建设制造强国、构建现代化产业体系和实现经济高质量发展的关键阶段。

（2）工业互联网赋能产业转型的应用场景广泛。工业互联网在赋能产业转型方面主要包括生产过程优化、管理决策优化、社会化生产协作和产品全生命周期管理四个方面。首先，通过采集和汇聚设备运行数据、工艺参数、质量检测数据、物料配送数据和进度管理数据等生产数据，实现工艺、生产、质量、物流等生产全流程优化；其次，通过对供应链的有效管理，实时跟踪现场物料消耗，实现精准配货和零库存管理，提高企业决策管理和供应链管理水平；再次，依托工业互联网平台实现生产侧与需求侧、创新资源、生产能力的全面对接，协同推动设计、制造、供应和服务环节的并行组织和优化，促进社会化生产协作；最后，通过对设计、生产、运行和服务数据的全云化集成，并与新一代信息技术深度融合，实现产品全生命周期管理。

（3）工业互联网通用平台竞争激烈。目前，工业互联网平台企业百花齐放，不同公司呈现出多样化的表现形态。从市场结构来看，头部企业基本完成布局。目前，作为国家级的工业互联网赋能平台，根云平台已覆盖81个细分工业行业，已连接69万台工业设备，覆盖5000亿元工业资产；徐工汉云平台覆盖20个行业子平台，聚合行业头部企业超过100家，聚合中小企业方案服务商120家；海尔卡奥斯平台已连接企业近80万家，3.4亿海内外用户，连接的设备数量和产品数量达4300多万件。

2. 存在的问题

（1）基础设施数字化水平低。从企业角度来看，我国工业设备设施数字化、网络化基础薄弱，中小企业缺乏数字化转型所需资源，设备改造资金投入不足，数据采集能力较弱；从软件方面来看，计算机辅助设计（Computer Aided Design，CAD）、制造执行系统（Manufacturing Execution System，MES）、产品生命周期管理系统（Product Lifecycle Management，PLM）等工业软件配置率较低，大多数工业企业尚未在软件方面做好数字化转型和智能制造转型的准备。

（2）软件和硬件国产化面临技术壁垒。目前，我国工业用软件和硬件国产化比例较低，关键技术的突破面临壁垒。在硬件方面，根据创道硬科技研究院研究数据显示，以得州仪器、英飞凌、恩智浦、瑞萨等为代表的六大外国工业芯片厂商市场占有率超过45%，而我国高端工业芯片（如工业射频、高端模拟、千万门级FPGA、高性能存储及控制器等）的国产化率不足1%，另外我国工业机器人国产化率仅为28%，工业机器人核心部件严重制约；在软件方面，国内CAD软件市场也由外国公司主导，达索、西门子、欧特克等外企的市场占有率超过90%，国产品牌市场份额不足10%，特别是半导体集成电路领域的电子设计自动化软件（Electronics Design Automation，EDA）尤为突出。目前，我国工业软件市场规模仅占全球工业软件市场的6%。

（3）知识产权保护意识较为薄弱。一直以来，我国软件领域版权保护意识较差，工业软件盗版现象较为严重。由于国外软件价格昂贵，国内软件厂商往往利用低价方式来争取客户、开拓市场。但盗版软件的泛滥使得国内厂商的价格不再具有优势，直接影响国产软件的研发、销售，生存空间被严重挤压，对国产工业软件行业的发展造成不利影响。

3. 措施建议

（1）推进工业互联网协同创新与融合应用。工业互联网是一个融合性、系统性的工程，包括设施建设、技术创新、融合应用、产业生态和安全保障等诸多方面，单凭企业单打独斗不可能实现，需要充分调动工业企业、基础电信企业、工业软件企业、工业控制企业、设备制造企业和解决方案提供商等各方的积极性，加强大中小企业融通发展，推动形成主体多元、协同创新的产业生态，构建由多个平台、多方参与、多种技术组成"共享与协同"的工业互联网生态共同体。首先，鼓励领先企业推广供应链体系和网络化组织平台，构建符合中小企业发展需求的"工业互联网+安全生产"解决方案、数字化平台、产品和服务，带动中小企业实现订单、产能、资源共享和数字化能力提升，形成"大型企业引领推广，中小企业广泛应用"的融通发展模式；其次，积极探索第一、第二、第三产业融通集成应用场景，在第一产业和第三产业中，推广基于工业互联网的先进生产模式、资源组织方式、创新管理和服务能力，打造跨产业数据枢纽与服务平台，形成产融合作、智慧城市等新生态模式；再次，持续利用财政专项资金和产业投资基金扶持工业互联网发展，深入实施工业互联网创新发展工程，鼓励地方政府通过设立工业互联网专项资金、风险补偿基金等手段支持产业发展，进一步落实研发费用加计扣除等税收优惠政策；最后，共建资本、生态与产业的"连接器"，围绕工业制造研、产、供、销、服等环节，形成多行业解决方案，促进创新创业企业与资本、生态与产业的充分链接，推动创新技术的商业化落地。同时，鼓励各地工业和信息化主管部门、通信管理部门加强协同合作，形成推动发展的合力，充分发挥国家制造强国建设领导小组工业互联网专项工作组的协调作用，加强战略谋划，形成跨部门、跨领域、跨行业的合力，完善政策体系和推进措施。

（2）推进工业互联网大数据及工业 AI 普及应用。加大鼓励各地工业互联网、工业云基地的建设，建立"用数据说话、用数据决策、用数据管理、用数据创新"的机制。通过推动工业互联网大数据中心建设，建立和完善工业数据汇聚、开放和共享使用的激励机制，提升国家中心的数据汇聚、分析、应用能力，通过制定规范的数据交换接口标准，加强工业大数据公共服务平台和各子行业的基础数据集开放程度，推动国家中心、各区域和行业分中心之间数据资源的高效共享流通。同时，加强基础技术研究，强化基础技术支撑，鼓励高校、科研机构加强对工业互联网基础理论研究，提升原始创新能力，积极推进工业边缘操作系统、5G芯片、智能传感器等基础软硬件研发；加强对工业机理模型、先进算法和数据资源的积累、突破、融合，推动数字孪生、边缘计算、区块链等与工业互联网的融合技术研究，从而强化工业软件模拟仿真与数据分析能力，实现智能网联装备和工业控制系统实时优化能力提升。

（3）加强知识产权保护与立法，为创新提供保障。加强制造业的知识产权和专利保护有助于提升我国制造业的自主创新能力，从而更好地解决"卡脖子"现象。从管理层面，充分发挥国家层面工业互联网标准协调推进组、总体组和专家咨询组的作用，开展工业互联网标准化需求研究，系统推进工业互联网标准规划、体系研究及相关政策措施落实，加强跨行业、跨领域标准的协同研制，加快基础共性、关键技术、典型应用等产业急需标准研制；从立法层面，相关部门要完善相关知识产权的立法和规章，建立法律框架，强化工业互联网知识产权保护和运用，推广实施《专利导航指南》（GB/T 39551-2020）系列国家标准，提升行业知识产权服务能力，并同步提升工业互联网知识产权数量和质量，同时完善知识产权落地的保护体系，确保相关法律规定能够有效落实；从社会层面，积极营造重视知识产权的宣传氛围，推动全社会重视知识产权保护和创新能力发展，共同营造开放、多元、包容的知识产权发展环境，加强与主要国家、地区的对接合作，建立和培育政府间、国际组织间、产业组织间及企业间的多样化合作伙伴关系，推动多边、区域层面政策规则的协调，共同探索数据流通、知识产权等领域的全球治理体系建设。

三、数字化创新应用在工业企业管理中的实践案例

三一重工股份有限公司（简称"三一重工"）属于最早一批开始进行数字

化转型的企业,其转型实践时间长、投资金额大、数字化转型成果显著,目前位居我国工程机械行业主导地位,三一重工工业互联网架构如图7-1所示。

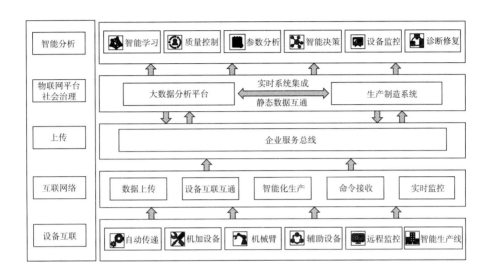

图7-1 三一重工工业互联网架构

资料来源:头豹研究院。

在数字化转型过程中,三一重工数字化发展先后经历了三个阶段:

第一阶段:从研发到管理进行全面数字化升级。三一重工全力推进研发、采购、制造、营销服务、管理的数字化。在设备端,大量使用机器人,实现产线自动化,进入工业3.0阶段;在数据端,设备与系统相连,部分环节业务实施线上运营。通过实施CRM(营销信息化)、PLM(研发信息化)、SCM(产销存一体化)等数字化平台升级,推动各项业务在线化和智能化。2020年4月,三一重工将MES制造执行系统升级为MOM智能管理系统,在生产环节自动化的基础上连接PLM、WMS等多套系统,为未来多个灯塔工厂互联做准备,实现从局部智能到全面智能的大跨越,未来将是同时指挥多个灯塔工厂的大脑。

第二阶段:厂房数字化转型成果显著,实现行业内第一个满产灯塔工厂。三一重工18号厂房是行业内第一个达产满产的灯塔工厂,也是亚洲最大的智能化生产车间。18 号厂房划分为 6 大功能区，即装配区、高精机加区、结构件区、立库区、展示厅和景观区，厂房内应用了大量智能机器人和 AGV，全程做到无人化、自动化、智能化，整体效率提高 50%，并通过安装在 48 万台三一设备上的控制器，积累设备运行数据，利用 MOM 智能管理系统连接工厂，实时数据共享。18 号厂房内的 ECC 大屏上可以实时更新遍布全国各地的设备运行情况，并能够与客户实施交互，客户的个性化需求会直接分解下达到各个设计生产工位，一线工人按照定制化需求快速准确的生产和交付，客户也能实时查看所订购设备的生产进度和所处环节，做到制造现场与客户的实时交互。目前，三一重工正在将 18 号厂房的成功经验快速复制到在建的 22 座智能工厂中，打造工业数字化转型典范，进入工业 4.0 阶段。

第三阶段：对外赋能，通过体外孵化树根互联，打造产品化平台型工业操作系统。作为国家级的工业互联网赋能平台，树根互联已覆盖 81 个细分工业行业，持续助力不同领域、不同规模的企业数字化转型，并积极与各行业软件、硬件、通信商开展深度合作，构建生态圈，形成生态效应。目前，树根互联的工业互联网赋能平台"ROOTCLOUD 根云平台"已经服务了 45 个国家和地区的企业，并持续开拓全球服务能力，不仅帮助我国企业"走出去"，而且也吸引了众多国外企业入驻平台。目前，树根互联已服务德国、印度、肯尼亚、南非、印度尼西亚、墨西哥、越南等众多国家的当地企业。

目前，三一重工数字化改造实施效果明显，如表 7-2 所示。

表 7-2　三一重工数字化改造实施效果

特性	实施效果
高效率	主要产品下线时间缩短 98%，节奏加快： 泵车：经过 2019 年数字化升级，18 号厂房目前泵车下线所需时间从 2 天缩短至 1 小时，2020 年底降至 40 分钟，整体缩短 98%； 挖掘机：在江苏昆山和上海临港的挖掘机生产基地，单台挖掘机下线所需时间从 1 天缩短至 5 分钟，缩短 99%； 智联重卡：2019 年单台智联重卡下线时间仅需 6 分钟，单条产线日产能 100 台，产能提高 50%

特性	实施效果
柔性化	2020 年以前单条产线只能装配 1~2 种车型，经数字化转型后，可以生产 5~10 种车型，厂房内 6~8 条产线可同时组装 69 种产品，高度柔性化生产降低了生产成本，大幅提高了生产效率，能够更好更快满足客户的个性化需求
高产值	2019 年工人人均创收为 410 万元，同比增长 27.7%，呈快速增长趋势，首次超过卡特彼勒（全球最大的工程机械和矿山设备生产厂家）的 363.4 万元，比卡特彼勒高 12.9%，且差距拉大
无人化	公司总人数自 2011 年的 5.2 万人降至 2019 年的 1.8 万人，缩减 64.3%。以 18 号厂房为例，占地 10 万平方米的超级工厂只需不到 500 名工人，以往公司两条泵车产线需要 800 人，经过大规模机器换人，目前仅需 200 人，减少 75%

资料来源：头豹研究院。

第二节　数字化助力"智慧农业"

一、数字化创新在农业发展中的应用："智慧农业"

"三农"问题是关系国计民生的根本性问题。改革开放以来，特别是党的十八大以来，党中央、国务院全面统筹推进"三农"工作，部署乡村振兴战略。时至今日，我国农业农村发生了历史性变革，取得了历史性成就。在乡村振兴国家战略背景下，数字经济是新常态下农业农村重要的增长驱动力。2019 年，中共中央办公厅、国务院办公厅印发《数字乡村发展战略纲要》，制定了数字乡村发展战略目标，为农村全面、全方位振兴加速提质；2020 年，农业农村部、中央网络安全和信息化委员会办公室印发《数字农业农村发展规划（2019－2025 年）》，明确部署了新时期推进数字农业农村建设的总体思路、发展目标和重点任务；2020 年，中央网络安全和信息化委员会办公室等七部门印发《关于开展国家数字乡村试点工作的通知》，对开展国家数字乡村试点工作进行了部署；2021 年，《中华人民共和国乡村振兴促进法》正式颁布，明确提出要推进数字乡村建设，培育新产业、新业态、新模式和新型农业经营主体，促进小农户和现代农业发展有机衔接。

以人工智能、大数据、云计算和 5G 等数字技术的研发和应用为核心内容的数字经济的快速兴起，也为农业农村发展注入新动能。数字经济典型的"小前台＋大中后台"运行模式有效契合了我国农业生产"大国小农"的实际情况，能够在最短时间内对海量数据、订单进行有效的供需匹配，为高效提供农业生产社会化服务提供了可行路径。

所谓智慧农业是指新一代信息技术与农业活动中的决策、生产、流通交易等环节深度融合的新型农业生产模式与综合解决方案，通过对"人—机—物"等的全面连接，一方面对农业生产开展全流程跟踪式监测、管理，利用数据驱动物资流、资金流和信息流，实现农业产品的种植、灌溉、采收、储存、加工等过程的高端化、智能化、绿色化；另一方面打通供需连接渠道，打造快速、高效、精准的农业产销供应链生态系统，重塑农业与消费者之间双向互动关系，构建起覆盖农业全产业链、全价值链的全新生产和服务体系。

二、我国"智慧农业"的发展概况

1. 发展现状

（1）乡村信息基础设施与平台建设发展迅速。信息基础设施的全面升级为农业生产提供了充分开展数字化技术的条件，同时物联网、智能设备、移动互联网等技术也已得到广泛应用，如农业农村部网站数据频道集聚农业农村部数据服务资源，打造了一站式数据服务窗口，利用数据系统为农药与兽药的投放服务，基于数字化技术的信息平台开展安全追溯保障农产品质量。根据工业和信息化部公布数据，在"十三五"期间，工业和信息化部联合财政部先后组织实施了 6 批电信普遍服务试点，支持 13 万个行政村通光纤和 5 万个 4G 基站建设，全国行政村通光纤和 4G 覆盖率均超过 98%，电信普遍服务试点地区平均下载速率超过 70M，农村和城市实现"同网同速"，数字乡村基础设施建设的不断完善保障了农村群众的上网用网需求。根据工业和信息化部发布的《2021 年通信业统计公报》数据显示，截至 2021 年底，我国农村宽带用户总数达 1.58 亿户，农村宽带接入用户占比 29.4%，农村互联网应用发展迅速。

（2）精准农业为农业生产模式带来结构性提升。利用大数据、物联网等新一代信息技术手段，可以精准把控农业生产各个环节，监测、干预农作物生长环境信息，进而降低消耗，提升产量。精准农业的发展更好地串联了农业产品"产供销"全供应链环节，实现了农业生产供给侧和消费者需求侧的共赢。未来我国农业将逐步走上机械化、规模化、产业化、精准化的道路，根据头豹研究院发布的《2019-2020 年中国精准农业行业研究报告》预测，2023 年我国精准农业行业整体规模将达到 190.6 亿元。

2. 存在的问题

（1）农民群体信息科技能力水平有待提升。目前，我国农村广大地区存在"小规模经营+老龄化+大范围兼业"，这样的产业特征导致农业从业人员难以理解数字化技术的相关问题，使得农业数字化技术的推广与应用、生产方式的变革都面临着更大的挑战。从劳动力年龄结构来看，近阶段农业从业人口老龄化趋势更为显著，我国适龄劳动人口在 2010 年前后达到了峰值，随后开始呈现负增长趋势，人口老龄化趋势突出显现；从劳动力兼业结构来看，纯农户和高度兼业农户的比例不断下降，非农户的比例不断上升，2003 年我国非农户占比仅为33.28%，而 2021 年非农户占比增加到 64.72%；从人口特征来看，我国农村地区年轻劳动力向城市流动，剩余劳动力自身条件差并且长期处在相对封闭的环境，缺少对现代数字化技术的了解。此外，大多数农民接受教育年限较少，文化程度介于小学到初中之间，缺乏数字技术相关的认知能力，不善于通过数字化平台捕捉涉农关键信息，为智慧农业的推广带来障碍。

（2）粗放型投入对农业生产效率的带动效应递减。化肥和农药作为农户提升生产效率最重要的生产投入之一，曾经是农业"绿色革命"的重要标志，并且已被广泛证实是改革开放以来我国农业生产效率提高最为核心的因素。但是，目前我国农业生产中化肥和农药施用过量十分普遍。农业农村部在 2015 年印发的《到 2020 年化肥使用量零增长行动方案》中提到，"我国农作物亩均化肥用量 21.9 千克，远高于世界平均水平（每亩 8 千克），是美国的 2.6 倍，欧盟的2.5 倍"。因此很难再通过继续增加化肥农药投入来提高生产效率。此外，农业所占国民经济比重较小，且效率较为低下。2019 年，我国农业就业人口占总人口的 25.1%，但农业生产总值仅占国内生产总值的 7.1%。低强度、小规模的传统农业生产面临发展瓶颈，单纯扩大农业生产规模难以带来质的飞跃，需要借助基于新一代信息技术的智慧农业来改变传统生产方式，实现绿色低碳发展，从根本上提高我国农业的生产效率。

（3）靠天吃饭的粮食安全问题突出。目前我国还有占耕地面积一半的旱地仍然需要"靠天吃饭"，粮食稳产和增产依赖于风调雨顺。大旱、大涝等自然灾害会严重影响我国农作物产量，农业粮食安全问题依然面临较大风险。在灾害应对中，人工智能、大数据、5G 等数字化技术为应对自然灾害带来了全新的方式，可以有效减少自然灾害对我国农业造成的损失。根据国家统计局相关数据统计，2020 年我国因干旱、洪涝、低温冷害、风雹等自然灾害造成的农作物受灾面积约为 19960 千公顷，农作物绝收面积为 2710 千公顷。虽然现在已有一些科技企业开发、提供农业灾害预警的相关内容，但仍缺乏统一的预警标准，智慧农业的灾害预警、防控水平需要进一步提升。此外，人均耕地面积少、农业资源环境约束以及城镇化进程等问题对合理规划耕地内容也都提出了迫切要求。借助数字化技术，可以为农业生产打好辅助、做好灾害预防、控制好农药化肥施用、优化耕地利用率，成为保障粮食安全的一道全新的防火墙。

3. 措施建议

（1）搭建因地制宜的智慧农业体系，破解数字化转型"集成应用困境"。当前，在我国农村，绝大多数生产领域的数字化转型面临着"集成应用困境"，转型还停留在基础建设和单向应用层面，政府投入的智慧农业项目大部分都存在不同程度的"平台建设倾向"问题。这些平台投入经费有限，功能较为简单，而且相似性较高，并且不注重持续迭代升级，不具有成长性。因此，相关部门应积极推进数字技术在农村地区的布局与应用，实现农村地区多产业融合发展。同时制定农业相关数据标准，鉴于各地气候条件、污染情况、自然资源和生物多样性存在差异，应根据不同省份的农业环境情况精准推送农业信息内容，构建符合智慧农业需要的农业大数据体系，在政府部门之间、政府与企业之间、政府与社会之间的建立数据共享机制，打破数据"孤岛化"现象。而且化零为整式的农业大数据体系，可以提供可通用参考的知识经验，针对产地实地情况开展科学分析与反馈。通过加大对"互联网+农业技术"创新创业项目的支持，可以鼓励企业积极参与到农业数字化技术的开发与落地之中，特别是互联网企业和农业信息化企业要充分发挥核心带动作用，积极开展农业情况报告、农业市场分析和农村数字金融等与农业发展息息相关的业务，引导传统农业企业的数字化转型。

（2）加强农村地区信息基础设施建设，提升农业数字化技术应用水平。发展数字经济必须认真落实新发展理念，要善于创造软环境，适度超前进行基础设施建设，这也是以"有形之手"改善市场失灵的可行措施。一方面，各级政府应积极牵头，推动农村地区信息基础设施的建设工程，为智慧农业普及打下物质基础。特别是针对农村与偏远地区网络基础设施的建设，要继续稳步推进"宽带中国"行动计划，以着力实现农村通信网络的全方位升级扩容为目标，在部分有条件、有需求的农村地区，加快部署建设5G、千兆光纤、卫星4G等网络基础设施，满足农业生产日益增长的数字消费需求，并鼓励互联网企业介入，主动开展农村数字化建设。另一方面，技术支撑是智慧农业的发展基础，需尽快补齐核心技术自主创新不足的短板。目前，在智慧农业的核心领域，如作物生长模型、生产控制软件等，我国与国外差距比较明显，大田农业、实施农业等智慧种植平台仍处于商业化探索初期。很大一部分智慧农业项目所使用的生长模型来自荷兰瓦赫宁根大学、美国普渡大学等国外大学研究机构。因此。我国需要加强智慧农业专门性技术，特别是农业生产控制软件、作物（动物）生长模型等关键领域的研发，并深化通用性技术在农业领域的创新应用，将农作物栽培、病虫害防治和农药化肥精细化投入等列为重点应用场景，推动前沿技术在农业生产方面的创新与融合应用。

（3）加强农民信息素养的提升，提供有针对性的技能培训。目前，我国大量的农业生产者存在着文化程度低、信息化素养差等现象，他们大多尚未完全步入数字时代。一定程度的数字技能是传统农业生产经营转向数字化、智能化必不可少的基础。建议从基础教育做起，提升农民的文化素质，保障农民在接受技术推广时的学习效果。一是要谋划面向广大农村地区的数字技能发展战略，借鉴经济合作与发展组织（Organization for Economic Co‐operation and Development,

OECD）等机构的实践经验，结合地区经济水平、居民受教育情况等特征，开展数字技能评估，研究制定"数字技能工具包"（Digital Skills Toolkit），努力改善广大农村地区居民的基础数字能力和数字技能方面的实践经验，提升对农业生产者对数字经济的认知程度。二是打造多方主体参与的数字技能培育生态。以政府或行业协会等作为发起主体，聚集"政、教、产、学、研、用"多方共同推进农村地区数字技能培育，引导企业在基础性的教育之外，提供平台、人员、资源等多维支持，开展符合市场需求和农业转型需要的技能培训服务。三是构建数字技能普及培育体系。一方面要在学历教育中普及数字技能课程，确保全民能够获得基础性的数字技能，同时针对农村中老年群体、基层干部等特殊群体开展专门的数字技能培训；另一方面完善数字技能职业教育体系，拓宽相关教育渠道，结合产业数字化发展进程，打造符合农业生产经营需求的职业教育课程。四是在农村地区大力推广各类信息传播工具、平台，结合农村地区的特点和农民的生活习惯，将农业专家与农户沟通的内容进行沉淀和总结，逐步在对应的平台发布涉农信息，为农民通过使用现代信息工具搜寻和获取信息提供便利。

三、数字化创新应用在农业企业管理中的实践案例

先正达集团是中国中化控股有限公司生命科学业务板块下属企业，目前拥有世界一流植保开发能力和全球顶尖种业生物技术，是全球植保第一、种业第三的农业科技与创新企业，业务包括植保、种子、作物营养以及智能农业平台 MAP（Modern Agriculture Platform）等。

"先农数科"团队是先正达集团 MAP 板块的核心团队，以搭建种植业生产管理一体化云平台为基础，面向生产服务和管理打造集农业生产、管理、政务于一体的 APP 端和 PC 端，统一涉农系统门户，并以企业为纽带，实现涉农服务一键办、涉农信息及时达、涉农数据随时采。通过建设生产体系和供销体系，全面打通数据链路，汇聚"生产—服务—管理"多维数据，构建农户、社会化服务和金融保险机构信用体系和大数据体系，助力地方政府搭建智慧农业与数字乡村智慧决策系统，通过数据推动农村第一、第二、第三产业融合发展，实现传统农业向现代农业的转型跃迁。

以构建数字化农业农村"三位一体"新型合作经济组织体系为目标，依托卫星遥感、云计算、物联网和大数据等数字技术，"先农数科"构建了数字乡村智能决策系统，实现了"无忧种植""无忧销售""无忧贷款""无感补贴"等服务应用场景，拉动了生产、供销、信用等服务的全面升级，如图7-2所示。

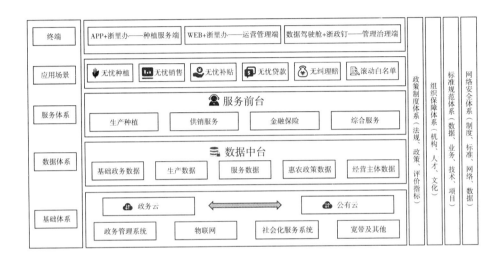

图7-2　数字乡村智能决策系统

资料来源：中国信息通信研究院。

（1）"无忧种植"应用场景。针对农户种植过程中提质增效和农产品质量安全等问题，整合了各类涉农组织资源，根据农户实际地块地理位置、种植作物类型及种植品种，智能化匹配专业合作社，提供全程定制化和标准种植方案，并借助遥感、气象、人工智能病虫害识别等智能种植工具对种植风险进行实时监控。

（2）"无忧销售"应用场景。针对信息不对称造成的小农户供需对接不畅和农产品滞销等问题，通过市场行情系统、供销直通系统（包括供需对接、电商汇聚、合作社统销等子系统），引入了多家订单农业企业，利用大数据、人工智能、区块链等技术，快速对接多种类型的市场及收购主体，实现区域农产品全程品质溯源和销售通畅。

（3）"无忧贷款"应用场景。针对农民担保物缺失所造成的融资难、融资贵、资金用途监控难等问题，利用大数据、人工智能等技术，建立农户信用评分指数模型，依据种植作物的种类、品种及成本等信息，完成对农户信用资质的精准评分。银行及金融机构可以根据信用资质给予农户精准授信，提升农户授信额度，从而解决农户融资难问题。同时，也为银行及金融机构解决了后顾之忧。

（4）"无感补贴"应用场景。针对农业补贴发放流程复杂烦琐造成的农户申领补贴不便捷、到款速度缓慢、补贴发放不到位等问题，平台利用卫星遥感、人工智能和用户画像等数字化技术，根据农户种植地块的权属类型、种植作物类型、种植面积、农事操作及供销、信用数据等信息，对补助政策进行智能匹配，并对接相关财政部门利民补助"一键达"等补贴系统，实现精准推送和全过程直达快兑的穿透式管理。

（5）数字化智能驾驶舱。在治理端，通过建立数字化智能驾驶舱，并预设业务风险预警模型，可视化展示区域产业动态，实时感知产业风险，辅助精准施策。

数字乡村智能决策系统在浙江省瑞安实施以来，已经实现了种植全流程闭环服务，打通了农资农服供应和农产品销售双向通道，构建了农户信用身份和涉农服务白名单体系，并建立了动态感知和智能预警机制。目前，平台已在瑞安开通了 14 套涉农系统，推出了 28 项涉农服务，建立了全域三位一体智农综合管理驾驶舱，实现了快速发现问题、快速决策问题和实时追踪问题。

第三节　数字化创新"金融科技"

一、数字化创新在金融业中的应用："金融科技"

随着人工智能、大数据、云计算、区块链等技术在金融行业的广泛深入应用，科技对于金融的驱动作用被不断强化，创新型的金融产品和服务层出不穷，给金融产业链、供应链和价值链带来了深刻影响。同时，金融业在国民经济中的

地位也越来越高。根据中国银行保险监督管理委员会发布的相关数据显示，截至
2020年底，我国银行业金融机构总资产已达319.7万亿元，其在经济发展中的核
心地位、经济活动中的纽带作用、经济运行中的血液功能日益凸显，为我国经济
的飞速发展创造了良好条件。然而，金融业发展中所存在的信息不对称、风险控
制的过度化等行业痛点问题日益凸显，用传统的金融理论或手段已经难以实现有
效管理目标。基于新一代数字化技术的金融科技通过构建灵敏的风险预警系统，
不仅可以对商业银行的业务流程进行优化，对各类风险进行有效控制，而且可以
实现精准服务，大幅度降低经营成本，推动整个银行业降本增效和高质量发展。

所谓金融科技就是技术驱动下的金融创新，旨在通过新兴技术改造或创新金
融产品、经营模式和业务流程等，推动金融发展提质增效，其本质依然是金融，
不改变业务的功能实质和风险属性。金融科技是指金融服务与底层技术的深度融
合（见图7-3）。

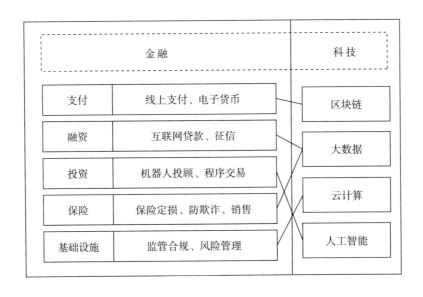

图7-3　金融科技是金融服务与底层技术的深度融合

资料来源：笔者根据相关文献收集整理。

目前，互联网平台与各类数字化技术的快速普及为金融科技提供了良好的发

展契机。从宏观视角来看，金融科技的重要性已经获得国家层面的广泛认可。2019 年 8 月，中国人民银行印发的《金融科技（FinTech）发展规划（2019－2021）》中明确指出金融科技是技术驱动的金融创新，要充分发挥金融科技赋能作用，推动我国金融业高质量发展。从微观层面来看，我国互联网金融发展迅猛，金融机构的数字化转型持续快速推进，相关产品和工具应用日益丰富，金融业务的效率和包容性也大幅度增长。由于数字化转型已成为应对市场竞争的焦点，因此各大金融机构纷纷以数字科技为核心竞争导向，加大对信息科技的投入力度，如图7-4 所示。

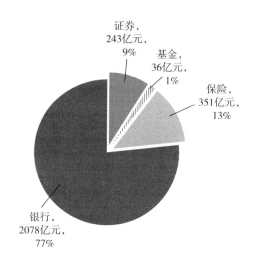

图 7-4　2020 年不同金融机构信息科技投入额及占比

资料来源：《2021 中国金融科技企业首席洞察报告》。

二、我国"金融科技"的发展概况

1. 发展现状

（1）移动支付领域进展显著，取得先发优势。支付宝、微信等移动支付工具在我国迅速普及，目前已经成为日常生活中的重要金融服务，充分满足数据原生代对金融服务的诉求。艾瑞咨询统计数据显示，2020 年，我国第三方移动支付市场交易总规模已达到 271 万亿元。此外，在中国人民银行的顶层设计和推动下，数字人民币作为货币形态的数字化跃迁逐渐在各地推广，不断开展各类试点工程，也必将成为数字经济时代下的重要基础设施。

（2）数字信贷使小微企业、个体工商户和农户的贷款难问题从根本上得到改善。金融机构利用机器学习、云计算等技术开展精细化的智能风控，及时发现各类金融风险问题，大大提高了融资的可得性。根据中国银行业协会发布的《2020 年中国银行业服务报告》数据显示，截至 2020 年末，银行业金融机构用于小微企业的贷款余额 42.7 万亿元，其中普惠型小微企业贷款余额 15.3 万亿元，较年初增幅达 30.9%。

（3）数字保险使社保和商业保险的覆盖范围显著拓宽。根据《社会蓝皮书：2021 年中国社会形势分析与预测》中发布的数据，在"十三五"期间，我国基本医疗保险覆盖超过 13 亿人，基本养老保险覆盖近 10 亿人。借助金融科技，我国基本养老保险已经实现跨省结算，同时保险机构积极运用人工智能、大数据、5G 等新技术开展视频连线和远程认证等业务，实现了业务关键环节线上化。根据中国保险行业协会披露的数字，2020 年互联网人身保险业务保持平稳增长，累计实现规模保费 2110.8 亿元，同比增长 13.6%。

（4）科技赋能传统券商数字化转型已见雏形。智能科技已经渗透到券商全业务链条，深入构建了智能营销、智能服务、智能投研、智能投行以及智能运营共五大智能场景，加快了各券商由证券业务向财富管理转型的步伐。根据中国证券投资协会相关统计，证券业信息技术投入金额从 2017 年的 159.86 亿元增长至 2020 年的 262.87 亿元，年均增速 18.03%。信息技术投入占上年度专项合并口径营业收入比重从 2017 年的 4.90% 增长到 2020 年的 7.47%。2017 年至今证券业在信息技术领域累计投入达 845 亿元，行业还在持续加大信息技术领域的投入，为行业数字化转型和高质量发展奠定了坚实基础。

（5）数字创新助力决战决胜脱贫攻坚。在多种数字化技术的支持下，金融机构的功能逐步从"输血"向"造血"转换，实现精准匹配，帮扶贫困户发展适宜产业。截至 2020 年 9 月末，全国扶贫小额信贷累计发放 5038 亿元，支持贫困户 1204 万户次。同时，银行积极搭建网络供应链平台，建立产销对接机制，通过线上营销、征信、担保、支付等方式，帮助贫困户牵线搭桥将农副产品销往各地。

（6）金融科技有力地支持了我国的防疫抗疫。在疫情防控期间，利用大数据、云计算、物联网和5G等新技术，金融机构通过手机APP、虚拟营业厅等非接触式服务，提供了安全便捷的"在家"金融产品，保障了基本金融业务不中断。同时，不少金融机构还通过互联网开辟相应绿色通道，大幅提高了金融服务的时效性，积极支持各类企业迅速完成复工达产。

2. 存在的问题

（1）金融科技面临较强的网络安全威胁。在金融科技助力下，开放银行、数字人民币等新金融形态正逐渐成为趋势。目前，我国银行业务的离柜交易率已达到90%以上，金融服务对网络高度依赖。但开放、快捷与便利的同时也带来十分紧迫的网络安全问题，相对于传统金融风险，网络安全风险的扩散速度更快、风险控制更难、危害范围更广、影响程度更大，具有更强的"蝴蝶效应"。同时，突发性网络安全事件也对金融机构的应急管理提出了更高要求。

（2）金融科技技术体系需要进一步完善。目前各类数字化技术仍处于发展阶段，仍然面临技术不成熟带来的风险。例如在信贷场景中，数据缺陷或算法偏差可能导致偏见，对于特定人群有可能产生歧视，而对高风险人群则有可能忽视其风险，进而造成损害。目前，金融行业尚缺少有效机制发现上述偏差。

（3）金融科技企业对数据确权与隐私保护力度需要进一步加强。数据是金融数字化的必要资源，客户的一般画像数据、金融画像数据在金融科技中发挥着重要作用，数据资产成为科技公司产品开发、精准营销、业务拓展的基石。但在金融科技相关业务中，用户面临着在不知情的情况下被收集数据，或被APP过度索权的风险，平台应高度重视并控制个人信息安全的风险敞口。数据作为生产要素之一，需要尽快准确界定数据财产权益的归属，明确各方对数据的权益，积极完善数据流转和价格形成机制，充分并公平合理地利用数据价值，依法保护所有交易主体利益。

（4）金融科技需要更加公平的市场竞争。金融科技行业发展具有典型的"马太效应"和"赢者通吃"特征。大型科技公司往往利用其数据垄断优势，对企业和个人的数据过度采集、使用甚至盗卖，从中获取超额收益，阻碍公平竞争。同时金融科技行业存在新型"大而不能倒"风险，少数科技公司目前在小额支付市场已经占据主导地位。一些大型科技公司涉足各类金融和科技领域，跨界混业经营。对这些机构风险的复杂性和外溢性必须时刻关注，及时精准防控，消除可能的系统性风险隐患。

3. 措施建议

（1）参照国际经验完善金融科技监管体系。虽然大数据、云计算、区块链等技术手段在提高金融效率、降低金融成本、创新金融服务等方面效用明显，但是由于金融科技的网络效应和长尾效应特点，实际上增加了潜在的系统性金融风险。因此，随着金融科技快速发展，亟须完善金融科技监管体系，包括加强完善云计算、人工智能、大数据、区块链、移动互联网等热点技术在金融领域应用的技术标准和安全规范，落地相关金融科技产品检测、认证和备案管理等多种监管配套措施。在继续贯彻对金融科技审慎监管的原则下，可以参照相关国际经验（如新加坡《金融科技服务合规框架》），促进金融科技在有效监管的前提下，健康有序发展。同时强化中国版"监管沙盒"，针对某些金融科技创新一时难以判断影响的情况，可以选择先在小范围内试行，由监管部门与企业共同设定运行范围和参数。如果创新经过验证，确实可以提高效率并且风险可控，则允许其在更大的范围内应用，从而打造出培育创新与规范发展的长效机制。

（2）建立金融数据统筹管理机制。在金融科技创新过程中，数据安全和隐私保护已经成为不可回避的问题。过度采集、非法共享、随意滥用消费者数据的现象层出不穷，由人脸识别等新技术引发的隐私保护新风险必须引起广泛关注。在数字经济大发展的背景下，数据成为重要的生产要素，每天都有大量的数据产生和使用，与之相关的数据保护问题逐渐成为金融科技创新发展的关键。建议在国家层面构建统筹协调、务实高效的工作机制，明确业务部门与科技部门的职责分工，形成数据治理、业务、技术全方位视角的数据标准，采集规范治理机制，借助当前成熟的个人和企业征信系统，统筹管理个人和企业敏感金融信息。比如，个人和企业在金融机构或互联网金融企业办理业务时，只需要提供国家分配的 ID（如身份证），即可完成身份的认证和检查以及基本信息的获取，确保数据的安全和可靠。在技术层面，基于隐私计算，构建数据安全桥梁，实现金融业数据安全管理，释放出多源数据价值。例如，银行在对小微企业的授信过程中，将涉及电信、税务、工商、互联网等多维度数据，隐私计算中的匿名追踪查询可以保证银行在查询外部数据的时候，避免企业用户的敏感信息被缓存。通过隐私计算，不仅能够在保密的前提下同时满足双方利益诉求，而且可以利用部分非密信息标签作为监管补充，防范系统性风险。

（3）制定开放银行监管规则。开放银行是近年来广受关注的金融科技新业态，是传统银行经营理念与战略思维的新升级。根据 2017 年高德纳咨询公司（Gartner）给出的定义，开放银行是指一种与商业生态系统共享数据、算法、交易、流程和其他业务功能的平台化商业模式。开放银行不仅是服务渠道或单一业务领域的数字化转型，而且是银行整体能力的深度开放和与生态伙伴的全面合作。在开放银行模式下，银行与生态合作伙伴能够在共享信息服务资源的基础上，将金融的服务资源与合作伙伴的服务能力进行深度协调合作，实现银行的金融服务与客户的生活场景、消费场景深度融合，最终带来更加高效、便捷和舒适的服务体验。目前，全球开放银行呈现蓬勃发展态势，我国也进入快速发展阶段。开放银行虽然可以有效提升银行金融服务效能，但是同时也使得风险敞口更多，风险管控链条更长，风险洼地的效应更加明显。因此需要尽快在国家层面形成开放银行的监管规则，建立明确而又清晰的开放银行市场监管规范，促进开放银行建设尽快落地并产生切实成果，缩短与国外先进国家及地区的差距。

（4）加强顶层规划推动我国监管科技体系建设。我国金融业发展至今，与市场发展相比，监管体系和法律制度建设严重落后。随着金融科技借助互联网技术在各行业组织的渗透，这种发展与监管之间的失衡被放大。我国监管科技的发展落后于金融科技，出现了发展错位，因此在顶层设计上金融科技的发展与监管要上升到同等重要地位，鼓励创新与规范发展并重。在《数据安全法》《个人隐私保护法》《网络数据安全管理条例（征求意见稿）》等相关法律法规陆续出台的情况下，监管如何快速有效执行以及企业如何应对合规，成为社会各界必须面对的问题。建议从顶层规划角度制定我国监管科技发展规划，积极推动监管科技产业布局，鼓励监管端、机构端和技术供应商端多方共同参与，通过技术手段开展信息采集和分析，提升智慧化监管水平，提高监管覆盖面和效率，增强机构合规性，防范化解金融风险，从而进一步服务实体经济发展。未来新金融必然要与新监管相匹配，既要保持创新的活力，又要防止打着"金融创新"的旗号"割韭菜"，防止金融业务"无照驾驶"导致监管失效。

三、数字化创新应用在金融企业管理中的实践案例

宁波银行成立于 1997 年 4 月 10 日，是一家具有独立法人资格的城市商业银行。2007 年 7 月 19 日，宁波银行在深圳证券交易所挂牌上市，成为国内首家上市的城市商业银行。近年来，面临科技化、市场化、国际化的行业环境，叠加经济增速放缓、金融脱媒、监管趋严的影响，银行业两极分化现象加剧。宁波银行认为只有具备科技竞争力的银行才能在行业分化的过程中抢抓机遇、脱颖而出。因此，宁波银行坚持"科技是第一生产力"的理念，将提升科技竞争力放在重要位置，多年前就开始了数字化技术的探索和应用。

2020 年，为顺应经济社会发展和客户金融需求的变化，借助金融科技赋能银行业务拓展和经营管理已成为行业趋势。宁波银行在已有的数字化建设基础上，制定了"智慧银行"战略，提出了"两大保障、五大平台、四类应用"的具体方向，以期打造系统化、数字化、智能化的宁波银行，如图 7-5 所示。

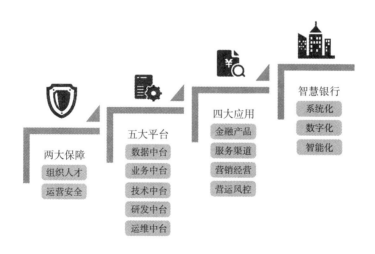

图 7-5 宁波银行"智慧银行"战略

资料来源：宁波银行 2020 年年报。

1. 组织变革，推动科技与业务融合

2018 年，为加快业务与科技融合，提高需求响应能力，宁波银行进行了一次组织架构调整——在总行各业务部门设置 IT 支持部。2020 年推出"智慧银行"战略后，宁波银行再次对组织架构进行变革，成立了金融科技管理委员会。该委员会的设立，从顶层设计强化了资源统筹协调，保障了宁波银行"智慧银行"整体战略的实施和落地。同时，在总行各业务部门设置 IT 支持部的基础上，宁波银行又在各分行设立金融科技部，形成了"横向到边、纵向到底"矩阵式管理的金融科技板块体系，使得数字化转型能够更贴近业务前台。通过加强前中后台联动，打破了科技部门与业务部门的壁垒，加快了业务与科技融合，提高了客户需求响应效率和应用落地效率。

2. 技术支撑，深入应用大数据和人工智能

大数据技术是宁波银行探索最早、最深入的技术之一。从 2012 年建立数据中心起，宁波银行不仅上线了大数据平台，而且已经实现了对风控、营销等业务的全方位支持。宁波银行的大数据平台分期上线了历史数据查询、数据仓库、流处理、搜索等功能和应用，以及客户标签、营销获客、风险控制等数据应用，可通过多源、多类型数据的分析和挖掘，实现秒级返回，数据分析和数据应用效率大幅提高。未来，宁波银行将不断沉淀数据资产、挖掘数据价值，赋能经营决策。同时，宁波银行也建立了 AI 中台，将 AI 能力引入具体业务中。AI 中台囊括了众多人工智能技术，完成了对光学字符识别（Optical Character Recognition，OCR）、智能字符识别（Intelligent Character Recognition，ICR）、自然语言处理（Natural Language Processing，NLP）、机器人流程自动化（Robotic Process Automation，RPA）、图像识别、语音识别、知识图谱等技术应用的初步验证，并且已经应用至零售业务、对公业务来提高业务处理效率。截至 2020 年底，已经在营销、风控、客服、运营等领域实现了智能化应用布局。

3. 数字赋能，业务价值全面提升

宁波银行于 2014 年提出"大零售"转型战略，推动个人和小微企业业务发展，并持续加大金融科技投入力度，全面促进科技与金融业务深度融合。在"大零售"转型和金融科技共同作用下，宁波银行的个人业务和中小微企业业务均实

现快速增长。首先，在个人业务方面，为紧跟线上化、移动化发展趋势，宁波银行通过打造网上银行、手机 APP、微信银行、直销银行等线上渠道，推动产品在线化，并通过线下柜员机以及网点客户经理，引导线下客户转移到线上，进一步推动线上化业务发展。随着客户逐渐转移到线上，通过构建客户数字标签体系来拓展服务边界，宁波银行不断提高其营销和运营能力，增强客户黏性，提升单个客户的价值。在数字化助力下，宁波银行的个人客户数量快速增长，从 2014 年末的 249.81 万户，增长到 2020 年末的 1211 万户，年均复合增长率为 30%。截至 2020 年末，个人贷款总额 2616.53 亿元，占贷款和垫款总额的 38.05%，不良贷款率为 0.89%，处于较低水平。其次，在中小微企业业务方面，宁波银行主要采取线上线下相结合的方式为客户提供服务。在线下，主要通过推进"211"工程和"123"客户覆盖率计划，对经营区域内的小微企业客户进行全覆盖走访和有效触达，提供综合化经营服务。在线上，通过手机 APP、PAD 等移动工具提高营销服务实时化、便捷化，通过对客户数据分析，精准筛选出客户需求，并进行高效对接，既能满足客户多样性、个性化的需求，又可以提高客户服务的效率。通过数字化，宁波银行的中小微业务取得了长足发展。截至 2020 年末，零售公司业务（小微企业业务）存款余额 1168 亿元，是 2013 年末的 4.35 倍，年均复合增长率为 23%；贷款余额 1085 亿元，是 2013 年末的 4.80 倍，年均复合增长率为 25%。

第四节　数字化升级"数字政府"

一、数字化创新在政府治理中的应用："数字政府"

数字政府是指运用现代网络通信与计算机技术，政府机构日常办公、信息收集与发布、公共管理等事务在数字化、网络化的环境下进行的国家行政管理形式，主要体现在政府办公自动化、政府实时信息发布、各级政府间的可视远程会议、公民随机网上查询政府信息、电子化民意调查和社会经济统计、电子选举等方面。较之传统的政府治理模式，数字政府具有信息化、管理网络化、办公自动化、政务公开化、运行程序更优化的特点。数字政府是数字化技术与政府治理融合后而催生出的一种新型治理模式，融合过程中的数字化创新应用，打破了时间、空间以及部门分隔的制约，为政府内部管理、公共服务供给、政府监管与公共政策等的优化提供了技术赋能，重塑了政府治理的环境、能力、结构、方式、绩效与文化等，从而推动政府治理在经济决策的科学化、社会治理的精准化、公共服务的高效化、政府治理的民主化等方面得以提升。

随着人工智能、大数据、云计算、5G等新兴技术的加速创新和规模化应用，我国正在全面迈入数字时代。作为"数字中国"建设的重要组成部分，数字政府建设是一种全新的政府运行模式，是推进国家治理体系和治理能力现代化、推动经济社会高质量发展的重要抓手，同时也是践行新发展理念、增进人民福祉的必然要求，毫无疑问，数字政府是未来政务信息化的重要发展方向。

2002年，中共中央办公厅印发了《国家信息化领导小组关于我国电子政务建设指导意见》，作为电子政务建设的纲领性文件，要求启动和加快建设包括办公业务资源系统、宏观经济管理、金财、金盾、社会保障等在内的十二个重要业务系统，即"十二金"工程。以"十二金"工程为代表的信息化建设，推动了事关国民经济运行的一系列重要领域的数字化进程，例如，和社会经济运行密切相关的海关、金融、财税等领域。经过近20年的进程，我国数字政府建设目前进入全面提升阶段，在创新政府治理和服务模式、提高政府公信力和执行力、提升行政管理和服务效率等方面发挥着越来越明显的作用。目前，全国多地正积极通过创新政务服务，力争让百姓少跑腿、数据多跑路，不断提升服务均等化、普惠化、便捷化水平。例如，智慧法院依托人工智能技术，以高度信息化方式支持司法审判、诉讼服务和司法管理，实现全业务网上办理、全流程依法公开、全方位智能服务。

根据《2020中国数字政府建设白皮书》显示，目前我国数字政府建设的信息化阶段已经基本完成，正在步入加速发展的数据化时代，围绕政务数据的多维度创新方兴未艾。目前，在多方努力下，我国数字政府建设的脚步正逐渐加快，政府治理效能和智慧服务体验也在不断提升。未来，人工智能和大数据等新技术的结合将进一步全方位赋能政府的决策、服务和治理能力，推动数字政府发展进入智能化阶段。

二、我国"数字政府"的发展概况

1. 发展现状

（1）政府数字化转型对数字经济有明显拉动效应。近年来，数字技术不断变革与创新，全球数字化转型正成为经济社会发展的新要素、新动能和新制高点。政府数字化转型拓展了数字市场的空间，对数字经济企业和产业均产生正向的拉动作用。据麦肯锡预测，当前技术水准下的政府数字化转型每年可产生超过1万亿美元的价值。

（2）国家制定政府数字化转型顶层设计。全球许多国家相继出台并实施了数字政府相关战略，加速推动政府数字化转型。如美国出台了《数字政府战略》《联邦数据战略 2020 年行动计划》，英国出台了《政府转型战略（2017 - 2020）》，澳大利亚出台了《数字化转型战略 2018-2025》等。我国也先后出台多项政策推动数字政府行业快速发展，如《"十三五"国家信息化规划》《关于加快推进"互联网+政务服务"工作的指导意见》《"十三五"国家政务信息化工程建设规划》《进一步深化"互联网+政务服务"推进政务服务"一网、一门、一次"改革实施方案》《加快推进全国一体化在线政务服务平台建设的指导意见》《中华人民共和国政府信息公开条例（修订）》等。

（3）我国正从"互联网+政务"的多领域合作进阶到政府全方位数字化转型。我国的政府数字化转型不断深化，转型模式以中央顶层设计与地方试点实践相结合为主，以新型数字技术赋能政府治理现代化，对政府的施政理念、方式和手段产生根本性的影响。典型模式包括深化"放管服"改革背景下的"互联网+政务服务""一网通办""一网统管"等。数字政府部门是智慧政务项目最大的需求方，从细分市场来看，近年来公开的政务类中标项目显示，信息中心、大数据局、街道等数字政府部门占比较高；从产业环节来看，信息化系统或平台、数据库、云计算等占比较高。

（4）数字服务成为创新公共服务一体化供给模式的主要方式。从供给侧来看，政府改进政务服务模式，明确各部门之间的责任分配，打破了数据孤岛，以审批更简、监管更强、服务更优为目标，大幅提升公共服务能力；从需求侧来看，居民可以获得更多的信息服务和数字服务，提升数字服务获取的便捷程度。

2. 存在的主要问题

（1）政务数据管理问题更加复杂严峻。"条块分割"是传统科层制管理模式的典型特征，在这种管理模式下很容易形成部门间信息化建设的"信息孤岛"和"数据烟囱"，造成政府行政体制内部的数据不贯通、信息不对称、流程不清晰、线上线下不融合等问题，直接影响到政府的服务质量和行政效率。例如，目前公民的户籍、教育、就业、医疗、婚姻、生育等一些基本信息还由各相应主管部门分散管理，处于割据的碎片化状态，未能实现部门间、地区间互通共享或共享程度不高；公安、税务、海关等系统由于采用垂直管理，导致各主管部门、各地区、各平台之间数据标准不统一、数据接口不联通、数据信息不共享。因此，政府数字化转型首先要解决政府各部门信息化独立建设、分散管理、各自为政、数据重复采集和共享应用困难等问题。

（2）政务数据的质量和相关的数据治理有待进一步提升。面对政府数字化转型的紧迫要求，各地政府纷纷设置了大数据发展管理局、政务服务数据管理局、行政服务中心、公共服务中心等相关机构和相应的 APP 应用程序。但各政府部门通常都有一套自己的信息系统，且系统类型复杂、功能重复、标准不统一，导致数据共享困难。简言之，各级政府数据在信息化系统建设上缺乏长远规划，存在"重建设、轻管理"，因后续无人维护，导致数据质量难以保证、数据应用有限，容易陷入到精力耗散、资源浪费的困境。

（3）各地政府部门在推进治理数字化过程中的协同性、统筹性不足。近年来，中央自上而下对于数字政府建设、数字化治理都给予了高度重视，但在具体落实环节，虽然国家层面制定了"一盘棋"的政策，强调在统一框架体系下建设相关基础设施，但由于各地方的资源禀赋不同，人才等基础设施不均衡，导致出现了数字化基础设施重复建设、数字化发展不平衡等现象。

3. 措施及相关建议

（1）政府要做好顶层设计和统筹规划。首先，政府数字化转型作为一项复杂的系统工程，既是"一把手"工程，也是"一盘棋"工程，需要各地、各部门的主要领导高度重视和大力推动，要做好通盘谋划、全局统筹和战略部署，强化对政府数字化转型的顶层设计、整体联动、规范管理，加快一体化在线政务服务平台的构建。其次，要加强建设政务数据治理体系，建立健全政务数据治理的体制机制，探索推行政府首席数据官制度，通过开展政务数据管理能力成熟度评估，促进政务数据管理能力全面提升，为政务数据的共享开放和流通扫除制度障碍。最后，深层次挖掘我国政府数字化转型动力，推动行业和企业共同成为政府数字化转型的关键力量源泉，从而减轻政府投资压力，更好地促进政府数字化转型，推动政府治理体系和治理能力现代化。

（2）针对多头监管和监管空白问题，加强政府间政策和监管的协同。进入数字经济时代后，"互联网+"蓬勃发展，数字化技术向各领域广泛渗透、跨界融合，使得原本条块清晰的机构职责和监管边界面临挑战，"初期没人管、后来多头管"的问题也随之产生，因此要加强政府间政策和监管的协同。首先，明晰数字经济各领域、各方面的主管部门和机构职责，避免职责交叉或监管空白；其次，促进各部门监管规则的统一化，强化部门之间的分工合作和协调配合，避免政策冲突；最后，完善会商机制，针对影响面广、涉及面大的问题，各部门要形成合力，全方面、全链条监管。

（3）注重优化数字经济营商环境，提升监管的开放和透明程度。监管水平是影响营商环境的重要因素，在数字经济这个市场化程度极高的领域更是如此。数字经济要做强、做优、做大，不仅要注重"放、管、服"改革的动能释放效应，更要注重提升监管的透明度和法治化水平。第一，对于与数字经济发展不适应的行政许可、资质资格等事项进行分类清理和规范；第二，强化以信用为基础的数字市场监管能力；第三，建立健全触发式监管机制，充分体现国家对数字经济新业态、新模式在合法性问题上包容审慎的态度。

（4）加强政府数字化治理能力建设，提升治理的精准性、协调性和有效性。数字化发展一方面对政府治理能力提出巨大挑战，同时也为政府治理效能的提升提供了新的工具和手段。面对海量、动态、复杂的数字生态，用"数字化"应对"数字化"成为必然选择。政府数字化治理能力需着重聚焦三个方面：第一，加强数字经济统计监测，提升分析评估和决策支撑能力；第二，关注数字技术风险预警和应急处置，防范由于新技术的滥用可能导致的社会、经济和道德风险等问题；第三，建立健全数字服务监管体系，提升对人工智能、大数据、云计算等平台企业的经营者及其行为的监管能力。

（5）加快健全数字经济监管制度规则，构建统一公平、竞争有序的数字市场。近年来，我国对数字市场公平竞争环境建设高度重视，积极推进反垄断和反不正当竞争的执法，并高度重视相关制度的建设和完善，加快建立健全市场准入制度和公平竞争审查机制，进一步完善数字经济公平竞争监管制度，坚决预防和制止滥用行政权力排除、限制竞争的行为。在"十四五"时期，我国还将加速构建以《反垄断法》为核心的数字市场公平竞争相关法律制度。

（6）建立并完善政府、平台、企业、行业组织和社会公众多元共治新格局。多元共治一直是我国应对数字化挑战所积极倡导和努力构建的治理模式。其中，如何发挥好平台企业的治理优势和社会公众的治理约束是关键。第一，平台企业的主体责任和义务要明确，不仅要保护平台从业人员和消费者合法权益，而且要积极推进行业服务标准建设和行业自律；第二，社会监督、媒体监督和公众监督的作用要进一步强化，畅通多元主体的诉求渠道，依法保障多元主体的合法权益，制定并公示争议解决规则，及时化解矛盾纠纷，维护公众利益和社会稳定。

三、数字化创新在地方政府管理中的实践案例

广东省作为我国第一经济大省，数字政府建设也走在全国前列。在国家组织开展的省级政府和重点城市一体化政务服务能力的评估中，广东连续三年获得全国第一名，广州市、深圳市都位居全国重点城市前列，形成了一批在全国具有影响力的经验做法，为全国数字政府建设探索出广东样本。

1. 开展顶层设计

2018 年 10 月 26 日，广东省人民政府办公厅印发《广东省"数字政府"建设总体规划（2018–2020 年）》，通过加强顶层设计，进一步完善数字政府建设相关标准规范，积极推动政务数据资源开发利用的制度化、规范化、法制化，促进数字政府持续健康发展。同时，为推动数字政府建设，广东省按照"政企合

作、管运分离"的原则,一方面成立了省级数字政府建设领导小组,组建了广东省政务服务数据管理局负责全省数字政府的统筹规划和管理部署;另一方面与互联网公司合作成立混合所有制属地公司——省级数字政府建设运营机构,负责具体建设运营工作,改变了以往各个部门既是使用者又是建设者的双重角色,将部门变成服务的使用者、评价者,把原来分布在各个部门的建设能力集中起来,统一建设、统一运营、统一调度,形成了建设能力的集约效应,共同推动了广东省数字政府建设进程,并已经取得了良好成效。

2. 开创"3+3+3"数字政府建设模式

为助力推进"数字政府"改革建设各项重点工作,优化营商环境,改善政务民生服务,让"数字政府"触手可及,腾讯、联通、电信和移动共同投资成立了数字广东网络建设有限公司(以下简称"数字广东"),数字广东是以广东省数字政府建设的建设运营机构这一定位而成立的,承担数字政府建设运营中心的职责。首先,数字广东通过"数字政府"工具箱为广东省数字政府改革提供政务云平台、政务大数据中心、公共支撑平台三大基础资源平台;其次,根据民生、营商、政务等相关业务场景,提供"粤省事"移动民生应用平台、"粤商通"涉企移动政务服务平台、"粤政易"移动协同办公平台三大应用;最后,针对民众、企业、政府三大群体提供相应服务。数字广东"3+3+3"的建设模式从便利民生事项办理、优化营商环境、提高政府行政效率等多方面助力"数字政府"建设,如图7-6所示。

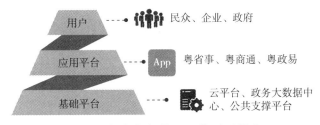

图7-6 数字广东"3+3+3"建设模式

资料来源:《2020中国数字政府建设白皮书》。

3. 工作重点

广东省通过大数据、政务云、政务网三大信息基础设施,构建了全省统一身份认证中心、可信电子证照系统、非税支付平台、社会信用公共平台、移动政务应用平台、数据共享平台、地理信息公共平台、智能客服平台八大应用支撑平台，实现了扁平高效的协同办公应用、科学智能的经济调节应用、统一协作的市场监管应用、共享共治的社会治理应用、普惠便利的公共服务应用、多方共治的环境保护应用、便捷优质的政务服务应用、数据驱动的决策保障应用、高效顺畅的跨域协作应用九大创新政务应用。

其中，"粤省事"作为我国首个集成民生服务的微信小程序，是广东省数字政府改革建设的重要成果。"粤省事"自 2018 年 5 月上线以来，到 2019 年 7 月已有约 1317 万实名用户，597 项服务实现"零跑动"，累计查询和办理业务 2.1 亿件。广东本地居民只需要刷脸登录平台，就可以一站式"指尖办理" 687 项高频政务服务，还可以关联身份证、社保、驾驶证等 59 类电子证照，实现了"一机在手"就带齐了所有证照。目前，"粤省事"已成为广东居民日常生活的重要工具。

2021 年 8 月，作为全国首份针对数字政府建设的省级专项规划，广东省政府出台的《广东省数字政府改革建设"十四五"规划》中提到，未来广东数字政府建设将重点实现"四个提升"：由数字政府建设向全面数字化发展提升；由数字化向智慧化提升；由侧重政务服务向治理与服务并重提升；由数据资源管理向数据资产开发利用提升。到 2025 年，广东省将全面建成"智领粤政、善治为民"的"广东数字政府 2.0"，努力实现"五个全国领先"，让改革发展成果更多更公平惠及全体人民。

第五节　数字化促进"智慧城市"

一、数字化创新在城市管理中的应用："智慧城市"

IBM 经过研究认为，城市是由关系到城市主要功能的不同类型的网络、基础设施和环境六个核心系统（组织/人、业务/政务、交通、通信、水、能源）以协作方式组成的宏观系统。智慧城市起源于传媒领域，是指利用各种信息技术，将城市的系统和服务打通、集成，以提高资源运用效率，优化城市管理和服务的城市信息化高级形态。而在《创新2.0视野下的智慧城市》一文中则强调，智慧城市不仅是物联网、云计算等新一代信息技术的应用，还是针对知识社会的创新2.0方法论应用（宋刚和邬伦，2012）。因此，智慧城市的形成有赖于两大推动力：一是以物联网、云计算、移动互联网为代表的新一代信息技术，推动了智慧城市发展的主要技术概况（见表7-3）；二是知识社会环境下逐步孕育的开放的城市创新生态。前者是技术创新层面的技术因素，后者是社会创新层面的社会经济因素。

表7-3　推动智慧城市发展的主要技术及概况

技术	概况
物联网	通过物体传感、主动参与、被动感知等方式传递位置、行为活动、环境信息，实现远程互动和控制，并有可能广泛应用在生产生活的各个领域
人工智能	以深度学习为代表的人工智能技术快速普及，并在安防、医疗健康、金融、电商零售、自动驾驶等领域实现商业落地
云计算	成熟的 IaaS、PaaS、SaaS 服务为大规模软件、硬件、数据的操作、管理、调度提供环境，满足共享和交互需求
大数据	截至2020年，我国网民规模为9.89亿，移动互联网用户超16亿，网络连接形成的海量非结构化数据超出传统数据多个数量级，流数据的即时管理、交换、储存、挖掘技术迅速成熟
通信技术	5G、NB-IoT、eMTC 等技术商用化提速，使连接容量和速度实现跳跃发展，为更加综合复杂的城市应用赋能

资料来源：笔者根据相关文献收集整理。

中国通信标准化协会在《智慧城市术语》中对智慧城市的定义是"智慧城市是以物联网、云计算、宽带网络等信息通信技术为支撑，通过信息感知、信息传递及信息利用，实现城市信息基础设施和系统间的信息共享和业务协同，提高市民的生活水平和质量，提升城市的运行管理效率和公共服务水平，增强经济发展质量和产业竞争能力，实现科学发展与可持续发展的信息化城市"。交通、治安、环境、公共服务构成了智慧城市建设的主要板块，它们各司其职同时又相辅相成，如图7-7所示。在网络和信息技术支持下，共同维护城市稳定有序的社会环境，推动加速智慧服务产业的发展，使城市科学化、安全化、生态化、高效化运行。简言之，智慧城市将新一代信息技术充分运用到城市中的各行各业，实现信息化、工业化与城镇化深度融合，舒缓因人口过于集中带来的医疗、教育、交通资源短缺和环保问题。

图 7-7　数字化智慧城市的主要功能

资料来源：于海澜，唐凌遥．企业架构的数字化转型［M］．北京：清华大学出版社，2019.

自 2008 年 IBM 首次提出"智慧城市"概念后，我国也开始了智慧城市的理论和实践。在城镇化建设加快的背景下，住房和城乡建设部办公厅于 2012 年 12 月出台了《国家智慧城市试点暂行管理办法》，正式启动了我国建设"智慧城市"的试点。此后，伴随着 5G、大数据、人工智能等 ICT 技术的高速发展，智慧城市建设从数字化到互联网、物联网再到数字孪生大数据系统的技术路径越发清晰。目前，我国开展智慧城市、信息消费、"宽带中国"、信息惠民等试点的城市已经有 600 个左右，基本覆盖了我国各个省、自治区和直辖市，近九成的地级及以上城市都开始了智慧城市建设。

近年来我国智慧城市建设相关政策如表 7-4 所示。

表 7-4　我国智慧城市建设相关政策

年份	智慧城市建设相关政策
2012	《国家智慧城市试点暂行管理办法》 《国家智慧城市（区、镇）试点指标体系》

年份	智慧城市建设相关政策
2013	《关于促进信息消费扩大内需的若干意见》
2014	《国家新型城镇化规划（2014-2020年）》 《关于促进智慧城市健康发展的指导意见》 《促进智慧城市健康发展部际协调工作制度及2014-2015年工作方案》
2015	《关于推进数字城市向智慧城市转型升级有关工作的通知》 《关于开展智慧城市标准体系和评价指标体系建设及应用实施的指导意见》
2016	《新型智慧城市评价指标体系》 《新型智慧城市建设部协调工作组2016-2018年任务分工》
2017	"十九大"报告：智慧社会 《智慧城市时空大数据与云平台建设技术大纲（2017版）》 《关于全面推进移动物联网（NB-IoT）建设发展的通知》 《推进智慧交通发展行动计划（2017-2020年）》 《智慧交通让出行更便携行动方案（2017-2020年）》
2018	《智慧城市顶层设计指南》 《北斗卫星导航系统交通运输行业应用专项规划（公开版）》 《国家健康医疗大数据标准安全和服务管理办法（试行）》
2019	《2019年新型城镇化建设重点任务》 《智慧城市时空大数据平台建设技术大纲（2019版）》
2020	《中共中央关于制定国民经济和社会发展第十四个五年规划和二〇三五年远景目标的建议》 《2020年新型城镇化建设重点任务》 《关于支持国家级新区深化改革创新加快推动高质量发展的指导意见》

资料来源：前瞻产业研究院。

二、我国"智慧城市"的发展概况

1. 发展现状

（1）各地智慧城市投资额逐年增长。近年来，我国智慧城市建设进入爆发式增长阶段。根据中国信息通信研究院公开数据显示，全国94%的省会和71%计划单列市已开展新型智慧城市顶层设计，积极推动各类智慧城市工程落地。同时，各级政府积极吸引社会资本参与投资智慧城市建设，有力拉动了相关产业的发展。2019年，全国智慧城市投资总额达1.7万亿元，占全国固定资产投资的3.1%。截至2021年6月底，纳入财政部政府和社会资本合作项目库的智慧城市类项目已超过80个，其中国家级示范项目1个。

（2）各地城市数字基础设施规模继续扩大。目前，我国 90%以上的地级市已建成市级云平台，平台规模不断增加，业务系统共享和融合程度不断提升。同时各地加大力度建设数据中心、传输网络、大数据平台、信息安全设施等促进数据互通的信息基础设施，并且各城市结合自身情况，积极探索各类基础设施之间、各部门之间数据互联互通的方式。

（3）城市大数据平台逐步完善。随着物联感知数据收集能力不断增强，人工智能、大数据、云计算、物联网等数字技术应用范围逐步扩大，数据资源更为丰富。智慧城市数据来源逐步从政务信息扩展到智慧终端、互联网、企业等多种类型，目前已建成多渠道提供信息、各方数据共享复用的城市大数据运营体系。根据腾讯研究院相关数据显示，截至 2020 年 6 月，我国 36 个主要城市全部建设了统一政务共享交换平台，其中近三成的城市正在推进建设城市级大数据平台。

（4）智慧城市应用不断拓展和丰富，惠民便企服务场景成为智慧城市重点建设领域。智慧城市的建设大幅提升了政府治理和公共服务能力，推动了政府机关的治理手段、治理方式更加数字化、网络化、智能化。智慧城市在"互联网+"与监管、环境治理、平安城市等领域叠加形成一批新亮点，共建、共治、共享的智慧治理格局正加快构建和完善。

（5）智慧城市建设运营愈加重视生态和长效。智慧城市建设一般围绕数据融通、系统贯通、机制畅通、生态全通等多个方向开展顶层设计，因此需要具有个性化服务能力、运营能力、生态搭建能力的机构提供支撑。目前，各地政府已经越来越重视智慧城市的长效运营和可持续发展，积极鼓励多元主体参与建设运营积极探索建立与技术支撑、制度建设相匹配的智慧运营服务体系和联合运营生态，政策体系日益完善。

2. 存在的主要问题

（1）智慧应用成效有待进一步提升。由于对智慧城市的内涵理解不够深入透彻，存在"重概念、轻内涵"的情况，忽视了统筹协调机制和管理运营机制、跨部门数据共享等关键性问题，导致部分智慧应用浮于表面。

（2）数据要素价值有待进一步释放。当前智慧城市仍以信息系统建设为主要方式，存在"重系统、轻数据"的情况，对数据资源的采集共享、开发利用关注不足，导致数据要素赋能的应用成效难以真正发挥，数据要素价值仍需进一步释放。

（3）统筹推进机制有待进一步完善。智慧城市建设运营是一项庞大的系统工程，涉及主体多、涵盖范围广、协调难度大。尽管各地方大多都成立了与智慧城市建设运营相关的统筹管理机构，但存在"重局部、轻协同"的情况，各自为政、条块分割、信息孤岛等问题并未得到根本解决，协同推进的合力仍需进一步加强。

（4）因地制宜推进有待进一步强化。智慧城市建设存在"重共性、轻个性"的情况，有时会出现同一技术方案在异地直接简单复用的情况。虽然服务和管理需求有共性，但智慧城市建设并不只是单纯的技术问题，我国幅员辽阔，各地经济社会发展水平和信息化发展基础存在较大差异，因此痛点、难点问题往往不尽相同，因地制宜推进需要进一步强化。

（5）多元共建模式有待进一步探索。智慧城市的内涵远不止数字政府，并非仅依靠政府就可解决所有事情城市发展质量的提升、管理服务的优化离不开城市居民和相关单位的共同参与，要克服"重政府、轻社会"的观念，积极探索政府、公司、市民多元共建模式。

（6）运营效果评价有待进一步深化。"重建设、轻运营"的观念尚未真正转变，地方政府普遍对智慧城市运营重视不足，往往只考核部门工作任务落实情况，鲜有针对系统平台建成后运营成效的评价考核，因此针对长效运营的考核指标体系亟须建立。

3. 措施及相关建议

智慧城市建设作为一项复杂的系统工程，其运营包含的内容和领域众多，从支撑智慧城市系统运行的共性要素看，可以大致分为支撑智慧城市运行的信息通信基础设施运营、数据资源运营、各类智慧城市信息系统运营、统一服务应用门户运营和安全保障体系运营等。这些方面相辅相成，共同支撑最优质的智慧城市服务高效供给。

（1）规划先行，做好顶层规划设计和统筹实施。首先要树立可持续发展运营理念，以终为始做好运营规划。不仅要明确运营内容，还要明确运营方式，明确未来运营主体、运营模式，以及如何实现自我造血循环，实现可持续发展。针对政企联合、多元参与的发展趋势，第一，制定涵盖体制架构、业务架构、绩效架构、信息架构和技术架构的顶层设计规划；第二，建立发展领导小组，形成"一把手"推进、多部门协同的推进机制，保障运营能够建立顺畅的机制，获得持续的投入；第三，明确统筹管理的牵头部门，负责协调推进设施共建、数据共享、平台共用等问题，并做好运营风险和成效评估，形成监督问责闭环；第四，建立以大数据、人工智能为代表的技术支撑团队，做好技术层面的统筹管理、业务指导；第五，设立政府平台公司或联合运营公司，建立政企合作纽带，开展相关领域的智慧城市建设运营，探索开展政府数据的授权运营。

（2）因地制宜，选择适合自身的运营模式。智慧城市建设运营有政府购买服务、政府和社会资本合作（Public Private Partnership，PPP）、工程总承包（Engineering Procurement Construction，EPC）、政府平台公司运营、联合公司运营等多种模式，各地可以结合自身发展阶段和需求选择最适合的模式。在选择过程中，要以运营目的和成效要求为导向，充分发挥不同智慧城市运营模式优势。对于涉及敏感信息、以提升政府治理能力为主的强化管理类项目，如平安城市、智慧城管等，建议由政府主导建设运营，并根据项目能力要求，选择政府投资政府运营或政府投资企业运营等模式；对于公共服务需求大、收益长期稳定类型的项目，如智慧停车、智慧养老等，宜采用由市场主导的建设运营模式。但无论选择哪种运营模式，在运营规划设计和执行过程中，都要注意避免"零敲碎打"造成"运营孤岛"，导致运营价值下降。

（3）管运分离，强化专业化运营和政府监督。在智慧城市运营中，加强政企合作，推动管运分离，充分发挥政府和企业双方的优势。一方面是加强政府引导，发挥政府在统筹协调、顶层设计等方面的引导作用，通过完善机制设计、保障数据供给、加强监督考核等方式，充分调动各方参与运营的积极性，保障智慧城市运营始终以人民为中心、以服务为核心。另一方面是强化企业专业运营，发挥市场在资源配置中的决定性作用，通过平台公司、联合公司、PPP 等方式，引进专业化的运营团队，培育本地化智慧城市运营生态和专业人才，形成政府引导、多元参与、合作共赢的可持续发展格局；同时，加强监督考核，发挥有效市场、有为政府的作用，引入第三方开展建设运营评估评价，发现问题和短板，持续修正和完善，确保建设运营成效。

（4）自我"造血"，加强数据要素增值模式探索。作为与土地、劳动力、资本、技术同等重要的生产要素，数据资源为开展数据运营、拓展财政收入、推进数据要素向数据财富转换提供了无限可能。一是加强数据管理，建立健全数据资源管理机制，制定数据采集、传输、存储、共享、利用的标准规范，形成数据共享开放和共享利用的常态化工作机制；二是推进数据立法，建立数据要素"权、责、利"对等机制，以法律形式确立数据隐私和安全红线，明确政务数据的所有权、管理权和使用权，形成政务数据共享开放、开发运营的"权、责、利"体系；三是推动数据定价，建立数据要素市场化运行机制，建立数据要素价值评估模型，形成依据数据成本、类型、属性、质量等多种因素构成的数据资源流动定价机制；四是创建全面的数据战略和数据平台，建立信息共享平台，促进信息资源的综合利用，通过数据赋能提升城市管理能力，优化社会服务供给。

（5）注重场景，持续以用户为中心提供服务。面向场景应用需求，整合服务资源，通过统一门户向用户提供便捷的应用服务，是智慧城市发展回归到"以人为本、以服务为核心"发展模式的必然趋势。智慧城市应坚持以用户为中心开展场景应用运营，挖掘潜在真实需求，合理设计应用场景，通过优化服务流程和提升服务体验吸引用户并增强用户黏性，形成持续性、成规模的增值服务需求，从根本上保障运营服务的可持续性。深化城市服务供给，兼顾高频服务需求和必要公共服务需要，从用户视角找准需求和开发场景，提供好用、易用、便用的服务方式，实现用户愿用、常用的目标。

三、数字化创新在城市运营管理中的实践案例

基于百度的人工智能、互联网地图、大数据和区块链等核心技术，丽江构建了智慧城市大脑1个感知网络、1个基础云平台、4个城市大脑中心和N个智慧应用板块的"1+1+4+N"框架。智慧丽江以城市大脑建设为核心，通过统一技术标准和数据，打通了公安、交警、旅游、城管、环保等单位158个接口和6200余万条数据，并通过 AI 和大数据分析提供决策参考，实现了丽江在城市 AIoT、

党建政务、文化旅游、社会治理、交通治理、生态环保等方面全方位的智慧化服务，提升了人民群众幸福感和满意度，如图 7-8 所示。

图 7-8　丽江智慧城市

资料来源：《百度智慧城市白皮书（2021 年）》。

1. 城市 AIoT 板块

基于智能语音识别和自然语言理解等核心 AI 能力，智慧丽江城市大脑实现通过语音调度完成场景切换、呼出城市 IoT 设备、摄像头设备等功能，实现了"AI+IoT"，极大地提高了城市运行指挥中心的人机互动能力和城市综合指挥效率。

2. 党建政务板块

借助大数据和智慧手段，丽江市率先在云南省建成"智慧党建"大数据指挥中心。目前已经实现全市 65 个乡（镇、街道）、466 个村（社区）党政融合平台全部上线运行，在经济发展、产业发展、脱贫攻坚、基层治理和文明服务等各项工作中融入党的建设，并通过优化村级为民服务事项流程，有效解决服务人民群众的"最后一公里"问题。

3. 文化旅游板块

作为全国重要的旅游城市，围绕"抓监管、强运营、重服务"总体要求，利用百度搜索、人口、舆情等方式洞察数据，通过人工智能技术赋能，为游客群体的社会属性画像，指导政府和景区深入分析旅游需求，深度分析服务群体，帮助政府科学布局旅游资源，指导景区业态调整优化，助力旅游智能监管能力大幅度提升。

4. 交通治理板块

通过数据融合汇聚，目前，AIOT 平台已接入丽江市城市街道、视频、停车场车位等数据，结合百度地图、城市智能引导屏、运营车辆实时通信等手段，实现交通事故感知、实时交通诱导、交通路况展示、人流车流预测等智能应用场景，大幅度减轻了丽江古城环线内堵人、堵车的"老大难"问题。

5. 社会治理板块

目前，平台已接入 600 多个城市摄像头，通过采集多元化数据，智能识别包括店外经营、暴露垃圾、无照游商、乱堆物料、垃圾满溢、车辆违停在内的十多种城市事件，实现了城市管理事件全天候自动识别、上报、结案的业务闭环，为城市精细化治理赋能，有效提高了城市管理效率，降低了管理成本。

6. 生态环保板块

生态环保板块主要通过智慧环保解决方案来解决生态环保监管问题，基于城市大脑的感知中心，通过接入重点景区物联网感知设备及管理系统，利用"天空地"一体化监测体系、智慧环保 GIS 系统、网格化环境监管系统等，实现环境指标检测、排污企业监督、环保事件派单等功能，为环境管理和保护提供全方位的服务支持，有效提升环保监管效能。

7. 公共服务板块

融合了丽江市市民热线、政务服务网、社区网格、教育、医疗等数据，以合适的产品形态和用户功能，迅速覆盖全体市民，从多角度评价城市公共服务能力，切实提高了公共服务水平和人民群众的幸福获得感。

参考文献

［1］ Abrell T, Pihlajamaa M, Kanto L, et al. The role of users and customers in digital innovation：Insights from B2B manufacturing firms ［J］. Information and Management, 2016, 53 (3)：324-335.

［2］ Amit R, Zott C. Value creation in e-business ［J］. Strategic Management Journal, 2001, 22 (6/7)：493-520.

［3］ Basole R C. Accelerating digital transformation：Visual insights from the API ecosystem ［J］. IT Professional Magazine, 2016.

［4］ Benitez J, Llorens J, Braojos J. How information technology influences opportunity exploration and exploitation firm's capabilities ［J］. Information and Management, 2018, 55 (4)：508-523.

［5］ Boland R J, Lyytinen K, Yoo Y. Wakes of innovation in project networks：The case of digital 3-D representations in architecture, engineering, and construction ［J］. Organization Science, 2007, 18 (4)：631-647.

［6］ Bruce G B, Gideon J. The application of cloud computing to astronomy：A study of cost and performance ［J］. Computer Society, 2010 (10)：1-7.

［7］ Castells M. The Rise of the Network Society, The information age：Economy, society and culture ［M］. UK：Blackwell Publishers, Inc. , 1996.

［8］ Dimitrov Dimiter V. Medical internet of things and big data in healthcare ［J］. Healthcare Informatics Research, 2016, 22 (3)：156-163.

［9］ Fichman R G, Santos B L D, Zheng Z Q. Digital innovation as a fundamental and powerful concept in the information systems curriculum ［J］. MIS Quarterly, 2014b, 38 （2）: 329-353.

［10］ Flath C M, Friesike S, Wirth M, et al. Copy, transform, combine: Exploring the remix as a form of innovation ［J］. Journal of Information Technology, 2017, 32 （4）: 306-325.

［11］ G20 杭州峰会通过《G20 数字经济发展与合作倡议》为世界经济创新发展注入新动力［EB/OL］. 中国日报网, ［2016-09-28］. http: //china. chinadaily. com. cn/2016-09/28/content_ 26926631. htm.

［12］ Ghasemaghaei M, Calic G. Assessing the impact of big data on firm innovation performance: Big data is not always better data ［J］. Journal of Business Research, 2020, 108 （C）: 147-162.

［13］ Hitt L M, Brynjolfsson E. Productivity, business profitability, and consumer surplus: Three different measures of information technology value ［J］. MIS Quarterly, 1996, 20 （2）: 121-142.

［14］ Huang J, Henfridsson O, Liu M J, et al. Growing on steroids: Rapidly scaling the user base of digital ventures through digital innovation ［J］. MIS Quarterly, 2017, 41 （1）: 301-314.

［15］ Jahanmir S F, Cavadas J. Factors affecting late adoption of digital innovations ［J］. Journal of Business Research, 2018 （88）: 337-343.

［16］ Cai J, Li N. Growth through inter—sectoral knowledge linkages ［J］. Review of Economic Studies, 2018, 86 （5）: 1827-1866.

［17］ Krasnokutskaya E, Song K, Tang X. The role of quality in internet service markets ［J］. Journal of Political Economy, 2020, 128 （1）: 75-117.

［18］ Nakamura N. Fujitsu's leading platform for digital business ［J］. Fujitsu Scientific & Technical Journal, 2017, 53 （1）: 3-10.

［19］ Nambisan S, Lyytinen K, Majchrzak A, et al. Digital innovation management: Reinventing innovation management research in a digital world ［J］. MIS Quarterly, 2017, 41 (1): 223-238.

［20］ Negroponte N. Being Digital ［M］. New York: Random House, Inc.,
1995.

［21］ Porter M E, Heppelmann J E. How smart, connected products are transforming competition ［J］. Harvard Business Review, 2014, 92 (11): 64-88.

［22］ Rai A, Patnayakuni R, Seth N. Firm performance impacts of digitally enabled supply chain integration capabilities ［J］. MIS Quarterly, 2006, 30 (2): 225-246.

［23］ Rifkin J. The zero marginal cost society: The internet of things, the collaborative commons, and the eclipse of capitalism ［M］. London: St. Martin's Press, 2014: 245-249.

［24］ Rojas M G A, Solis E R R, Zhu J. Innovation and network multiplexity: R&D and the concurrent effects of two collabo—ration networks in an emerging economy ［J］. Research Policy, 2018, 47 (6): 1111-1124.

［25］ Tapscott D. The digital economy: Promise and peril in the age of networked intelligence ［M］. Columbus of United States: McGraw-Hill, 1994.

［26］ Teece D J. Profiting from innovation in the digital economy: Enabling technologies, standards, and licensing models in the wireless world ［J］. Research Policy, 2018, 47 (8): 1367-1387.

［27］ Tumbas P, Matkovic P, Tumbas S, et al. Effect of digital innovation on the contents of business informatics curricula ［J］. Studies, 2014 (3): 4.

［28］ Urbinati A, Bogers M, Chiesa V, et al. Creating and capturing value from Big Data: A multiple-case study analysis of provider companies ［J］. Technovation, 2019: 21-36.

［29］ Yoo Y, Boland Jr R J, Lyytinen K, et al. Organizing for innovation in the digitized world ［J］. Organization Science, 2012, 23 (5): 1398-1408.

［30］ Yoo Y. Computing in everyday life: A call for research on experiential computing ［J］. MIS Quarterly, 2010, 34 (2): 213-231.

［31］Yoo Y. It is not about Size：A Further thought on Big Data ［J］. Journal of Information Technology，2015，30（1）：63-65.

［32］YooY. The tables have turned：How can the information systems field contribute to technology and innovation management research？［J］. Journal of the Association for Information Systems，2013，14（5）：227-236.

［33］安筱鹏. 数据要素如何创造价值［J］. 中国战略新兴产业，2021（4）：5.

［34］百度智能云. 百度智慧城市白皮书［R］.2021.

［35］百度智能云. 各擅胜场　智绘未来——区域性银行数字化转型白皮书［R］.2021.

［36］蔡昉. 读懂中国经济：大国拐点与转型路径［M］. 北京：中信出版集团，2018.

［37］钞小静. 新型数字基础设施促进我国高质量发展的路径［J］. 西安财经大学学报，2020，33（2）：15-19.

［38］陈剑，黄朔，刘运辉. 从赋能到使能——数字化环境下的企业运营管理［J］. 管理世界，2020，36（2）：117-128.

［39］陈晓东，刘冰冰. 区域数字经济协调发展的实现路径［J］. 开放导报，2021（6）：71-80.

［40］程实，钱智俊. 内外循环演进的顺势之道与制胜之基［R］. 香港：工银国际，2020.

［41］大象如何转身——2021年中央企业数字化转型研究报告［EB/OL］. 亿欧智库，［2021-04-26］. https：//www. iyiou. com/research/20210426852.

［42］郭海，韩佳平. 数字化情境下开放式创新对新创企业成长的影响：商业模式创新的中介作用［J］. 管理评论，2019，31（6）：186-198.

［43］国家信息中心智慧城市发展研究中心. 中国智慧城市长效运营研究报告（2021）［R］.2021.

［44］何伟. 我国数字经济发展综述［J］. 信息通信技术与政策，2021，47（2）：1-7.

［45］洪正华. 抢抓数字经济机遇　加快云南省数字化发展——云南省数字经济发展实践［J］. 大数据，2021，7（3）：156-160.

［46］黄汉权，姜江，盛朝迅. 推进新旧动能转换的对策建议［J］. 经济研究参考，2018（36）：11-13.

［47］江小涓. "十四五"时期数字经济发展趋势与治理重点［J］. 上海企业，2020（10）：66-67.

［48］蒋永穆，豆小磊. 共同富裕思想：演进历程、现实意蕴及路径选择［J］. 新疆师范大学学报（哲学社会科学版），2021，42（6）：16-29.

［49］荆文君，孙宝文. 数字经济促进经济高质量发展：一个理论分析框架［J］. 经济学家，2019（2）：66-73.

［50］李柏洲，尹士. 数字化转型背景下 ICT 企业生态伙伴选择研究——基于前景理论和场理论［J］. 管理评论，2020，32（5）：165-179.

［51］李春发，李冬冬，周驰. 数字经济驱动制造业转型升级的作用机理——基于产业链视角的分析［J］. 商业研究，2020（2）：73-82.

［52］李辉，梁丹丹. 企业数字化转型的机制、路径与对策［J］. 贵州社会科学，2020（10）：120-125.

［53］李纪珍，钟宏. 数据要素领导干部读本［M］. 北京：国家行政管理出版社，2021.

［54］李帅峥，董正浩，邓成明. "十四五"时期数字经济体系架构及内涵思考［J］. 信息通信技术与政策，2022，48（1）：24-31.

［55］李晓华，王怡帆. 数据价值链与价值创造机制研究［J］. 经济纵横，2020（11）：2+54-62.

［56］李晓华. "十四五"时期数字经济发展趋势、问题与政策建议［J］. 人民论坛，2021（1）：12-15.

［57］李艺铭，安晖振. 数字经济：新时代再起航［M］. 北京：人民邮电出版社，2017.

［58］厉以宁，黄奇帆，刘世锦，等. 共同富裕：科学内涵与实现路径［M］. 北京：中信出版社，2021.

［59］林毅夫．新时代的中国和世界［J］．经济导刊，2018（10）：22-24.

［60］林子雨．大数据导论——数据思维、数据能力和数据伦理［M］．北京：高等教育出版社，2020.

［61］刘鹤．加快构建以国内大循环为主体、国内国际双循环相互促进的新发展格局［N］．北京：人民日报，2020-11-25.

［62］刘勇，李丽珍．"双循环"新发展格局下企业转型发展的机理、路径与政策建议［J］．河北经贸大学学报，2021，42（1）：41-50.

［63］吕明元，麻林宵．"十四五"时期我国数字经济与实体经济融合的发展趋势、问题与对策建议［J］．决策与信息，2022（2）：66-71.

［64］罗以洪．大数据人工智能区块链等ICT促进数字经济高质量发展机理探析［J］．贵州社会科学，2019（12）：122-132.

［65］戚聿东，肖旭．数字经济时代的企业管理变革［J］．管理世界，2020，36（6）：135-152+250.

［66］任泽平．中国金融科技报告2020［R］．泽平宏观，2021.

［67］任泽平团队．中国收入分配报告2021：现状与国际比较［R］．泽平宏观，2022.

［68］赛迪顾问股份有限公司．2020中国数字政府建设白皮书［R］．2020.

［69］赛迪智库数字经济形势分析课题组．数字经济：对实体经济赋能效应将进一步释放［J］．网络安全和信息化，2021（3）：4-6.

［70］数字中国建设发展进程报告（2019年）［EB/OL］．网信办，［2020-09-10］．http：//www.cac.gov.cn/2020-09/10/c_1601296274273490.htm.

［71］宋刚，邬伦．创新2.0视野下的智慧城市［J］．城市发展研究，2012，19（9）：53-60.

［72］腾讯研究院．维度、力度和限度：中国数字经济发展观察报告（2021）［R］．2021.

［73］王春英，陈宏民．数字经济背景下企业数字化转型的问题研究［J］．管理现代化，2021，41（2）：29-31.

［74］王凯．数字经济演化、约束与发展趋势——信息时代商业模式进化的

经济动力［J］．当代金融家，2021（11）：116-119．

［75］王玉，张占斌．数字经济、要素配置与区域一体化水平［J］．东南学术，2021（5）：129-138．

［76］王振，惠志斌，徐丽梅，王滢波．全球数字经济竞争力发展报告（2020）［M］．北京：社会科学文献出版社，2020．

［77］文宏．基层政府数字化转型的趋势与挑战［J］．国家治理，2020（38）：11-14．

［78］邬贺铨．2019年数字经济的机遇和挑战［J］．金融电子化，2019（3）：7-8．

［79］吴绪亮．管理的未来：新基建时代管理理论的数字化革命［J］．清华管理评论，2020（9）：98-103．

［80］习近平．决胜全面建成小康社会 夺取新时代中国特色社会主义伟大胜利：在中国共产党第十九次全国代表大会上的报告［M］．北京：人民出版社，2017．

［81］夏杰长，刘诚．数字经济赋能共同富裕：作用路径与政策设计［J］．经济与管理研究，2021，42（9）：3-13．

［82］夏杰长，姚战琪，徐紫嫣．数字经济对中国区域创新产出的影响［J］．社会科学战线，2021（6）：67-78+281-282．

［83］谢卫红，林培望，李忠顺，郭海珍．数字化创新：内涵特征、价值创造与展望［J］．外国经济与管理，2020，42（9）：19-31．

［84］熊鸿儒．中部崛起与数字化转型升级［J］．中国工业和信息化，2019（9）：28-34．

［85］闫德利．数字技术简史：三位奠基人、三个阶段、五大定律、十项发明［EB/OL］．腾讯研究院，［2021-11-26］．https：//www.tisi.org/22891．

［86］闫德利．数字经济迈向产业互联网新阶段［EB/OL］．腾讯研究院，［2020-05-27］．https：//www.tisi.org/14524．

［87］严成樑．社会资本、创新与长期经济增长［J］．经济研究，2012（11）：48-60．

［88］杨东，裴梦亚，史会斌，董明．数字化驱动的制造企业商业模式创新研究综述［J］．科学与管理，2021，41（3）：42-47.

［89］杨开忠．全面建设现代化国家的西部大开发战略［J］．中国经济学人（英文版），2021，16（3）：62-83.

［90］杨青峰，李晓华．数字经济的技术经济范式结构、制约因素及发展策略［J］．湖北大学学报（哲学社会科学版），2021，48（1）：126-136.

［91］亿欧智库．大象如何转身：2021 年中央企业数字化转型研究［R］．2021.

［92］于海澜，唐凌遥．企业架构的数字化转型［M］．北京：清华大学出版社，2019.

［93］于施洋，王建冬，郭巧敏．我国构建数据新型要素市场体系面临的挑战与对策［J］．电子政务，2020（3）：2-12.

［94］约瑟夫·熊彼特．经济发展理论［M］．北京：商务印书馆，1990.

［95］张斌．区块链技术与管理创新［M］．北京：经济管理出版社，2021.

［96］张夏恒．中小企业数字化转型障碍、驱动因素及路径依赖——基于对 377 家第三产业中小企业的调查［J］．中国流通经济，2020，34（12）：72-82.

［97］章燕华，王力平．国外政府数字化转型战略研究及启示［J］．电子政务，2020（11）：14-22.

［98］赵超．数字经济驱动区域协同创新发展的作用机理和基本类型［J］．岭南学刊，2021（6）：116-123.

［99］郑江淮，张睿，陈英武．数字化转型如何助力构建新发展格局——基于新旧动能转换的视角［J］．China Economist，2021，16（3）：2-23.

［100］中国电子技术标准化研究院．中国区块链与物联网融合创新应用蓝皮书［R/OL］．［2017-09-10］．http：//www.cesi.cn/images/editor/20171227/20171227154302690.pdf.

［101］中国信息通信研究院．G20 国家数字经济发展研究报告（2018 年）［R］．2018.

［102］中国信息通信研究院．新型智慧城市产业图谱研究报告（2021）［R］．

2021.

［103］中国信息通信研究院．中国数字经济发展白皮书（2021 年）［R］．
2021.

［104］朱建明，高胜，段美姣，等．区块链技术与应用［M］．北京：机械
工业出版社，2017.